Fußball-WM für Dummies

Enrico Barz

Fußball WM für Dummies

WILEY-
VCH

WILEY-VCH Verlag GmbH & Co. KGaA

Bibliografische Information Der Deutschen Bibliothek
Die Deutsche Bibliothek verzeichnet diese Publikation
in der Deutschen Nationalbibliografie;
detaillierte bibliografische Daten sind im Internet über
http://dnb.ddb.de abrufbar.

1. Auflage 2005

Printed in Germany

Gedruckt auf säurefreiem Papier

Korrektur Jürgen Dubau
Satz Conrad und Lieselotte Neumann, München
Druck und Bindung M.P. Media-Print Informationstechnologie, Paderborn
Cover Image 100 Ltd.

ISBN-13: 978-3-527-70248-0
ISBN-10: 3-527-70248-2

Cartoons im Überblick

von Rich Tennant

»Steffen, Du hast heute wirklich gut verteidigt, hör jetzt gefälligst auf. Die Bälle kommen mit mir nach Hause.«

Seite 103

Seite 59

»Okay, welcher Agent hat denn dem Torwart erzählt er soll ein Trampolin benutzen?«

Seite 219

»Alle vier Jahre, immer zur Weltmeisterschaft, setzt unser Herr Vorstandvorsitzender auf eine alternative Gewinnstrategie.«

Seite 25

Seite 195

Fax: 001-978-546-7747
Internet: www.the5thwave.com
E-Mail: richtennant@the5thwave.com

Inhaltsverzeichnis

Kapitel 2
Lasst die Spiele beginnen 39

Kapitel 3
Willkommen in Deutschland 45

Einführung

Zunächst möchte ich Sie alle, ob fußballvorbelastet oder nicht, herzlich willkommen heißen bei *Fußball-WM für Dummies*. Dieses Buch soll Sie vorbereiten auf eines der größten und bedeutendsten Sportereignisse der Welt, das im Jahr 2006 in Deutschland stattfinden wird. Ob wirtschaftlich, politisch, gesellschaftlich, sportlich ohnehin – die Fußball-WM wird das alles beherrschende Thema des Jahres hierzulande sein. Versuche, sich dem zu entziehen, scheinen angesichts des Medien- und Kommunikationszeitalters zwecklos. Daher kann ich Sie nur beglückwünschen zu Ihrer Entscheidung, offensiv mit dem Thema umzugehen.

- ✔ Sie wollen nicht abseits stehen, wenn der Fußball wie jeden Tag zur Sprache kommt?
- ✔ Sie wollen sich von selbsternannten Fußballexperten nichts vormachen lassen?
- ✔ Sie wollen an diesem Ereignis von weltumspannender Bedeutung teilhaben?
- ✔ Sie wollen die Atmosphäre in Deutschlands WM-Stadien genießen?
- ✔ Sie wollen die Faszination Fußball spüren?
- ✔ Sie wollen sich vom grassierenden Fußballfieber anstecken lassen?

Dann tauchen Sie ein in die Welt des Fußballs. Lassen Sie sich einweihen in die Geheimnisse des Sports. Lernen Sie grundlegende Dinge über das Spiel kennen. Sie werden bald feststellen, dass sich Ihnen die Thematik ziemlich schnell erschließt und dass der Fußball alles andere als emotionslos, langweilig und kompliziert ist. Nicht umsonst begeistert er weltweit mehrere Hundert Millionen Menschen. Schön, dass auch Sie zu großen Fußballfamilie gehören möchten.

Über dieses Buch

Dieses Buch ist so angelegt, dass jedes Kapitel einzeln und losgelöst vom großen Rest betrachtet werden kann. Sie können sich also mit Informationen versorgen, ohne das Buch komplett durchlesen zu müssen.

Sollten Sie nun aber nicht so recht wissen, wo genau Sie beginnen sollen, empfehle ich Ihnen, sich zunächst dem ersten Kapitel zu widmen. Hier erhalten Sie einen guten Einstieg in die Materie. Vielleicht genügen diese wenigen Seiten bereits, um Sie restlos für den Fußball zu begeistern und Ihnen die Faszination dieses Sports zu vermitteln. Schnell werden Sie dann herausfinden, an welcher Stelle Sie Ihre Erkundungstour fortsetzen möchten.

Wie Sie dieses Buch verwenden

Dieses Buch lässt sich sehr gut als Nachschlagewerk nutzen. Sie können im Inhaltsverzeichnis gezielt nach bestimmten Informationen suchen und sich dann Kenntnisse zu einem ausgesuchten Thema aneignen. Es ist nicht nötig, aber auch nicht verboten, das Buch von vorn beginnend durchzuarbeiten.

Dennoch bestehen natürlich inhaltlich Verbindungen zwischen den Kapiteln. Sollten Sie also an einer Stelle Verständnisschwierigkeiten haben, versuchen Sie, zu diesem Thema an anderer Stelle weitere Informationen zu finden. Hierbei kann es sinnvoll sein, im Stichwortverzeichnis am Ende des Buches nachzuschlagen.

Selbstverständlich lassen es die gut 200 Seiten nicht zu, das Thema Fußball vollkommen erschöpfend aufzuarbeiten. Bei einem Einsteigerbuch wäre dies auch eher kontraproduktiv. Daher ist es sinnvoll, sich weitreichendere Informationen abseits dieses Buches zu suchen. An einigen Stellen finden Sie beispielsweise Internetadressen. Diese Links können Ihren zusätzlichen Wissensdurst stillen. Die Adressen erkennen Sie an folgender Form: http://www.internetadresse.de.

Törichte Annahmen über den Leser

Auch wenn dieses Buch selbst den Fachleuten noch die eine oder andere neue Information bieten wird, so handelt es sich doch in erster Linie um ein Einsteigerbuch. Somit wird größtenteils weitgehende Unkenntnis der Materie angenommen.

Natürlich ist der Fußball in Deutschland die Sportart Nummer eins. So hat nahezu jeder schon einmal die Namen Franz Beckenbauer oder Oliver Kahn gehört. Wer sich nicht gerade völlig abschottet, der wird auch unweigerlich mit der Fußballberichterstattung in Berührung kommen. Es ist daher nicht auszuschließen, dass gerade Ihnen manche Information nicht neu ist. Ein anderer aber hat genau das bisher nicht gewusst. Ziel muss es also sein, den kleinsten gemeinsamen Nenner zu finden. Wenn Sie dies beim Lesen dieses Buches berücksichtigen, dann können Sie sich über die noch immer verbleibende große Zahl neuer Erkenntnisse freuen.

Wie das Buch aufgebaut ist

Dieses Buch besteht aus fünf Teilen, die ihrerseits in mehrere Kapitel untergliedert sind. Der Aufbau des Buches und die Anordnung der Kapitel wurden mehrfach getestet und so gestaltet, dass Informationen überschaubar dargestellt und leicht auffindbar sind.

Teil I: Das Turnier der Turniere: Die Fußball-WM

Der Teil I dieses Buches hat natürlich einerseits einstimmenden Charakter. Es geht darum, Ihnen den Sport selbst und die weltweite Begeisterung dafür näher zu bringen. Daneben sollen aber auch bereits erste grundlegende Informationen zur Fußball-WM vermittelt werden. Und werden bereits die Spielorte und Stadien vorgestellt.

Teil II: Deutschland – Der Gastgeber

Dieser Teil widmet sich dem Gastgeberland Deutschland. Zum einen ist da die Mannschaft, die bei der WM und bereits im Vorfeld besonders große Beachtung genießt. Darüber hinaus werden hier die Gegebenheiten vor Ort beleuchtet: Wie komme ich ins Stadion? Wo gibt's noch Tickets? Was ist los in den zwölf Spielorten? Was wird abseits der Stadien geboten?

Teil III: Die Hauptdarsteller der WM – Alle Mannschaften im Überblick

Auf diesen Seiten werden die Mannschaften der übrigen 31 WM-Teilnehmer, sortiert nach Kontinenten, beleuchtet. Wie heißen die wichtigsten Spieler? Wer trainiert die Teams? Zudem gibt es einen Überblick über den Modus der WM-Qualifikation.

Teil IV: Fußball kompakt

Teil IV befasst sich unter anderem mit den wichtigsten Fußballregeln. Einige elementare Vorschriften zum Verständnis des Spiels werden hier erklärt. Zudem geht es um ein paar Strategien, die den ganz großen Erfolg verheißen. Diese könnten natürlich in der Form auch bei den zahlreichen anderen Fußballturnieren weltweit angewandt werden.

Teil V: Der Top-Ten-Teil

Einen derartigen Teil finden Sie traditionell in jedem Buch der *Dummies*-Reihe. In übersichtlicher Form werden hier weitere Themen abgehandelt. Da zum Beispiel die komplette WM-Geschichte den Rahmen dieses Buches gesprengt hätte, werden gezielt zehn besondere Ereignisse herausgegriffen und kurz erläutert. Der weitergehenden Versorgung mit Informationen dienen die zehn Internetadressen. Informativen Charakter haben die Vorstellungen der möglichen WM-Superstars. Für hohen Unterhaltungswert sorgen unter anderem die zehn Fußballweisheiten.

Die Symbole in diesem Buch

Die zahlreichen Icons in diesem Buch sollen Ihnen bei der Orientierung behilflich sein. Durch diese Symbole lässt sich erkennen, um welche Art Informationen es sich handelt und wie bedeutend sie für das Verständnis sind.

Die Anekdoten aus der Welt des Fußballs dienen in erster Linie der Auflockerung. Sie können mal lustig und mal informativ sein. In jedem Fall sollen diese Geschichten gute Laune verbreiten.

Hier finden Sie Informationen und Erklärungen zur Vertiefung. So werden über das gesamte Buch verteilt zusätzlich zahlreiche Begriffe aus der Welt des Fußballs erläutert.

Für Heiterkeit sorgen auch die Sprüche, Weisheiten und sonstigen Ergüsse von Fußballspielern, Trainern und Journalisten. Die Zitate sind sorgsam ausgewählt, denn nicht immer, wenn ein Spieler direkt nach Spielschluss ein Mikrofon unter die Nase gehalten bekommt, entstehen sinnvolle Aussagen. Meist fördert das nur Statements nach einem allseits bekannten Schema zutage. Lustig ist das nicht immer. Wenn aber dem Spieler beispielsweise beim Ringen nach Worten und auf der Suche nach Erklärungen ein Fremdwort in die Quere kommt, dann ...

Dieses Icon soll Sie vor Fehlannahmen schützen. Auch im Fußball unterliegt nicht immer alles einer uneingeschränkten Logik. Vor allem das Reglement insgesamt, über die elementaren Spielregeln weit hinausgehend, hält mitunter einige schwierige Sachverhalte bereit.

Bei diesen Tipps handelt es sich um weiterführende Informationen, die nicht unbedingt für das grundsätzliche Verständnis nötig sind. Dennoch werden hier nützliche und interessante Informationen geliefert.

Hinter diesem Symbol verbirgt sich der Hinweis, dass die Thematik bereits an anderer Stelle des Buches ausführlich abgehandelt wurde. Vermutlich werden Sie sich dann selbst erinnern, darüber bereits etwas gelesen zu haben.

Vereinzelnd werden Sie auch auf dieses Icon stoßen. Es macht Sie auf ironische Andeutungen aufmerksam. Nicht immer also sind die entsprechenden Zeilen absolut ernst zu nehmen.

Und los geht's

Damit sollten alle Vorkehrungen getroffen sein, damit Sie sich beim Lesen bestens zurechtfinden. Mit dem Kauf dieses Buches haben Sie ja bereits Ihr Interesse an der Materie bekundet. Und wenn Sie sich jetzt als absoluter Fußballneuling der Faszination dieses Sports hingeben möchten, dann sind alle Voraussetzungen geschaffen, um mit viel Spaß und Freude in die Geheimnisse des Fußballs einzutauchen.

Im Vorfeld der WM können Sie mittels dieses Buches dafür sorgen, dass Sie optimal vorbereitet sein werden, wenn der erste Anpfiff ertönt. Doch auch während des Turniers wird Ihnen das Werk jederzeit hilfreich zur Seite stehen.

Auf jeden Fall wünsche ich Ihnen gutes Gelingen beim Erwerb der grundlegenden Fußballkenntnisse. Und uns allen wünsche ich eine großartige WM 2006, wundervolle Erlebnisse, fantastische Stimmung, tolle Spiele und dass Ihr persönlicher Favorit Sie nicht enttäuschen wird.

Teil I

Das Turnier der Turniere: Die Fußball-WM

»Alle vier Jahre, immer zur Weltmeisterschaft, setzt unser Herr Vorstandvorsitzender auf eine alternative Gewinnstrategie.«

In diesem Teil ...

Dieses Buch vermittelt Ihnen die wichtigsten Informationen zum Thema. Selbstverständlich war es nicht möglich, auf jedes Detail einzugehen. Sie sollen schließlich nicht von einer Flut an Fakten erschlagen werden. Teil I führt Sie daher auch vorsichtig an die Materie heran. Ein paar einleitende Seiten zur weltweiten Begeisterung für den Fußball sollen dies bewerkstelligen.

Dann aber wird es auch schon recht zügig zur Sache gehen. Schließlich wollen wir uns auch nicht zu lange mit der Vorrede aufhalten. Daher gibt es gleich ein paar konkrete Informationen zum WM-Turnier selbst und zu den Stadien bzw. Spielorten.

Faszination Fußball

1

In diesem Kapitel

- Geschichtlicher Abriss
- Ein weltumspannendes Spiel
- Allumfassend organisiert

Der Fußball zieht weltweit die Menschen in seinen Bann. Millionen haben aktiv oder passiv an diesem Spiel teil, und in nahezu jedem Land wird Fußball gespielt. Schließlich lassen sich die Voraussetzungen dafür denkbar einfach schaffen. Ein Ball und ein paar Leute genügen – und schon kann es losgehen. Und selbst der organisierte Fußball wird unter dem Dach der FIFA rund um den Globus betrieben.

Die Ursprünge des Fußballs

Wie hat eigentlich alles begonnen? Wo hat diese Sportart, die weltweit die Massen begeistert, ihre Wurzeln? Um diesen Fragen auf den Grund zu gehen, muss im Geschichtsbuch weit zurückgeblättert werden. Deshalb soll an dieser Stelle ein kurzer Blick in die Historie gewagt werden.

Die Chinesen waren die Ersten

Landläufig gilt England als das »Mutterland des Fußballs«. Das jedoch ist nicht ganz richtig. Die Ursprünge liegen viel weiter zurück. Bei der zeitlichen Eingrenzung sind sich die Gelehrten jedoch nicht ganz einig. Die Angaben schwanken mitunter gewaltig. Dennoch gilt es als erwiesen, dass die Kunst, den Ball mit dem Fuß zu beherrschen, auf das China des 2. oder gar 3. Jahrtausends vor Christus zurückgeht. Damals sollen sich die Chinesen mit einem fußballähnlichen Spiel vergnügt haben. Es gab die verschiedensten Formen, mitunter durften auch die Hände eingesetzt werden. In jedem Fall entwickelte sich das Spiel im Laufe der Zeit regelrecht zum Volkssport. Allerdings ließen die Chinesen später wieder davon ab.

In anderen Ländern und auf anderen Kontinenten gab es im Verlauf der Geschichte ähnliche Entwicklungen. So fanden beispielsweise die Japaner, die Griechen und die Römer auf unterschiedlichste Art und Weise Gefallen daran, den Ball mit dem Fuß zu spielen. Doch setzte sich der Fußball in Europa erst viel später durch. Es gab einige Hindernisse und Widerstände zu überwinden. Noch um das Jahr 1350 verbot der englische König Eduard III. das Spiel, um die Konzentration auf kriegsrelevante »Sportarten« wie Bogenschießen zu erhalten.

England, die Wiege des modernen Fußballs

Doch der Siegeszug des Fußballs war nicht aufzuhalten. In England hat man den Sport nie aus den Augen verloren. Mitte des 19. Jahrhunderts nahm das Spiel in der heutigen Form Konturen an.

Besonders in Akademikerkreisen erfreute sich das Spiel zunehmender Beliebtheit. Umgehend wurde versucht, dem Ganzen organisatorische Strukturen zu verleihen. Am 26. Oktober 1863 wurde in London der erste Fußballverband, die noch heute existente englische Football Association (FA), gegründet. Im gleichen Jahr begann die Zeitrechnung des modernen Fußballs. Die noch heute gängigen Richtlinien haben hier ihren Ursprung – die »Cambridge-Regeln«. An der dortigen Universität einigte man sich in den schwierigen Reglementfragen und so wurde die endgültige Trennung zwischen Fußball und Rugby vollzogen.

Da ist es eigentlich nur logisch, dass dann auf der Insel am 30. November 1872 auch das erste Länderspiel der Geschichte stattfand. Schottland und England trafen in Glasgow aufeinander. Die Partie endete mit einem unspektakulären 0:0.

Die Organisation des Fußballs schritt immer weiter voran. 1871 wurde der erste Wettbewerb aus der Taufe gehoben. Der englische Pokal, bekannt als FA-Cup, wird noch heute alljährlich ausgespielt. Auch Schottland, Wales und Irland gründeten nachfolgend eigene Verbände. Der Siegeszug des Fußballs war nicht mehr aufzuhalten. Die rasche Ausbreitung machte natürlich nicht an den Landes- oder Inselgrenzen halt. Die Begeisterung für das Spiel schwappte über den Ärmelkanal, und das europäische Festland war dann auch bald vom Fußballvirus infiziert.

Fußball hatte aber immer noch Gegner. In Südamerika beobachtete man das Treiben mit Argwohn. Alle Europäer wurden über einen Kamm geschoren und als »verrückte Engländer« bezeichnet.

In Deutschland gab es anfangs ebenfalls massive Widerstände gegen das »undeutsche Engländerspiel«. Die traditionell von den Turnern geprägte Sportlandschaft hatte nichts für die »knochenbrecherische Fußlümmelei« übrig. Allenfalls Rudern, Radfahren und Pferderennen wurden geduldet.

Mehr und mehr Länder weltweit folgten nun dem Beispiel Englands und gründeten eigene Verbände – die ersten noch vor der Jahrhundertwende. Nur die Franzosen stellten ihre nationalen Interessen hinten an und engagierten sich bei der Bildung einer internationalen Plattform für den Fußball – die Fédération Internationale de Football Association (FIFA). Doch bis zum ersten WM-Turnier war es noch ein weiter Weg.

Weltweite Begeisterung

Unbestritten ist der Fußball die weltweit populärste Sportart überhaupt. In vielen Ländern ist das Spiel mit dem runden Leder die Nummer eins. Darum dreht sich dort die Sportberichterstattung in der Hauptsache. Alles andere droht da fast schon zu Randsportarten zu verkommen.

Geschätzte 200 Millionen Menschen spielen weltweit aktiv Fußball. Sie sind zwar entweder mit mehr oder auch weniger Talent gesegnet, aber gemeinsam haben sie, dass sie auf dem Platz ihre Emotionen aus- und erleben und dass sie alle nach dem Spiel ein Tor mehr geschossen haben wollen als der Gegner. Dabei kann es einer allein nicht richten, die Mannschaft muss im Ganzen funktionieren. Erst diese Voraussetzung erlaubt es, dass einzelne Spieler aufgrund ihrer besonderen Fähigkeiten glänzen können. Wer die Philosophie des Fußballs verinnerlicht hat, erfreut sich an einem gelungenen Spielzug unter Beteiligung von mehreren Spielern einer Mannschaft vielleicht mehr als an einer überragenden Einzelleistung.

»In Vollendung praktiziert ist Fußball eine Kunst – genau wie die Malerei.« – Alfredo di Stéfano, zwischen 1957 und 1961 in 31 Länderspielen 23facher Torschütze für die spanische Nationalmannschaft.

Ungezählt sind jene, die ihre Faszination für Fußball im Stadion oder vor dem Fernsehgerät ausleben. Aus ihrer Sicht sind es gerade die Individualisten, die herausstechen. Ein Solo über den halben Platz, angereichert mit dem ein oder anderen Trick und erfolgreich abgeschlossen mit einem Tor – das gefällt den Fans natürlich ganz besonders. Dazu sind aber nur wenige fähig. Umso mehr Aufmerksamkeit erfahren derartige Leistungen. Und gerade die herausragenden Einzelkönner machen oft den Unterschied aus, wenn beide Gegner als Mannschaften gut harmonieren, sind sie doch in der Lage, ein Spiel mit nur einer gelungenen Aktion zu entscheiden.

Wirtschaftliche und gesellschaftliche Bedeutung

Fraglos zählen die Fußballweltmeisterschaften zusammen mit den Olympischen Spielen zu den bedeutendsten Sportereignissen weltweit. Aber nicht nur sportlich sind diese Veranstaltungen auf allerhöchstem Niveau.

Mittlerweile stellt der Fußball, und dabei insbesondere die WM-Turniere, einen ungeheuren Wirtschaftsfaktor dar – ein riesiges Geschäft, bei dem eine Menge Geld im Spiel ist. Die Medienpräsenz ist enorm, und die gesellschaftliche Bedeutung der Sportart wächst ständig. Sponsoren stehen Schlange, machen Millionenbeträge locker und versprechen sich davon optimale Werbung für ihre Unternehmen. Fernsehsender bzw. die dahinter stehenden Medienkonzerne zahlen Unsummen für die Übertragungsrechte – Investitionen, die sich durch die Ausstrahlung der Spiele allein kaum refinanzieren lassen.

Der Fußballkrieg

Auch auf politischer Ebene wird der Fußball instrumentalisiert. So brach am 14. Juli 1969 der Fußballkrieg aus. Hierbei handelte es sich um einen Militärkonflikt zwischen Honduras und El Salvador. Auslöser waren Ausschreitungen bei den WM-Qualifikationsspielen zwischen den Mannschaften beider Länder am 08. und 15. Juni, bei denen es Todesopfer gab.

Der wahre Grund für den Zwist waren jedoch die etwa 300.000 Wirtschaftsflüchtlinge aus El Salvador, die über die offenen Grenzen nach Honduras kamen und dort brachliegendes Land in Besitz nahmen. Ihnen lastete die honduranische Bevölkerung die wirtschaftlichen Probleme des Landes an. Die Behörden forderten die Salvadorianer auf, in ihre Heimat zurückzukehren. Durch die Stellung eines Ultimatums eskalierte der Konflikt. Die salvadorianische Regierung startete eine militärische Intervention, um ein Bleiberecht der Flüchtlinge in Honduras durchzusetzen.

Die kriegerische Auseinandersetzung dauert zwar nur rund 100 Stunden, kostete aber etwa 3.000 Menschenleben. Die Organisation Amerikanischer Staaten (OAS) forderte unter Androhung von Sanktionen den Rückzug der salvadorianischen Truppen. Dem kam El Salvador nach, ohne dass die Vertreibung der Emigranten aus Honduras eingestellt wurde.

Die Vermarktung des Fußballs nimmt immer größere Ausmaße an. Selbst Logos oder simple Bezeichnung sind mittlerweile markenrechtlich geschützt. Das geht zum Beispiel so weit, dass Hersteller von Computerspielen die aktuellen Spielernamen nicht verwenden dürfen, es sei denn, sie haben für teures Geld eine Lizenz erworben. Insbesondere die FIFA ist in dieser Beziehung äußerst achtsam. Gegenüber ihren Sponsoren möchte sie die Exklusivität des »Produkts« Fußball wahren. Schließlich erkaufen sich die Unternehmen diese über beträchtliche Summen. Am Hungertuch muss man beim Weltfußballverband also nicht nagen. Selbst die nationalen Verbände bekommen ein großes Stück vom Kuchen.

Die »Ware Fußball« – als solche wird dieser Sport von den Menschen, die mit ihm Geld verdienen, gerne bezeichnet – ist ein Massenprodukt. Und gerade während der WM in Deutschland werden sich hierzulande selbst Fußballmuffel dem Ereignis nur schwer entziehen können. Das Turnier wird im Sommer 2006 wohl das alles beherrschende Thema sein. Zwangsläufig entwickelt sich der Sport dann zum gesellschaftlichen Mittelpunkt in Deutschland. Alles wird sich allein darum drehen. Dann gehört es zum guten Ton, sich die Spiele anzusehen und vor allem auch mitreden zu können.

Die WM der Ausrüster

Einen Wettstreit der besonderen Art tragen anlässlich der WM die Sportartikelfirmen aus. Es geht darum, wer die meisten der teilnehmenden Mannschaften ausrüstet. Die Unternehmen lassen sich das einiges kosten. Von Budgets im dreistelligen Millionenbereich ist die Rede, mit denen *Adidas*, *Nike* und *Puma* zu Felde ziehen. Jeder Spieler, der mit einem Logo des Sponsors auf dem Trikot über den Rasen schreitet, bedeutet einen immensen Imagegewinn. Zudem kurbelt das die Umsätze enorm an. Die Logos sind zwar recht klein und für den Fernsehzuschauer nur in Nahaufnahmen sichtbar, doch lenkt hier kein Aufdruck eines zusätzlichen Trikotsponsors ab, da dies laut FIFA-Statuten nicht gestattet ist. Momentan scheint *Nike* die Nase vorn zu haben. Die US-Amerikaner werden sich um die Ausrüstung von mindestens sieben Mannschaften kümmern, darunter Brasilien, die Niederlande und Portugal. Auch *Puma* hat sich einen großen Namen gesichert – Italien. Dazu kommen noch Polen und einige afrikanische und asiatische WM-Teilnehmer. Quantitativ bewegt sich *Puma* somit im Bereich von *Nike*. *Adidas* hingegen sieht ein wenig seine Felle davonschwimmen. Zwar schmücken die Textilien aus Herzogenaurach Argentinier, Deutsche und Franzosen, sonst aber keine der großen Mannschaften. Das Poker ist allerdings noch längst nicht beendet. Einige Teams sind noch zu haben. Ausrüsterwechsel könnte es durchaus noch geben. Auf einen Werbeträger aber kann *Adidas* mit Sicherheit zählen. Der WM-Spielball kommt schon traditionell aus dem fränkischen Unternehmen. Im Schatten der großen Drei versuchen sich weitere Sportartikelhersteller in Szene zu setzen. *Umbro* kann dabei immerhin mit England und Schweden aufwarten. Und *Lotto* hofft, die Ukraine und Serbien-Montenegro halten zu können.

Fußball in der Kultur

Fußball ist nicht nur ein Sport, der auf einem rechteckigen Feld ausgetragen wird, der mit einem Schlusspfiff und meist einer fröhlichen und einer weniger fröhlichen Mannschaft endet. Fußball schlägt sich auch in eigentlich fußballfernen Bereichen nieder. Für gewöhnlich käme man nicht auf die Idee, den Sport mit Kunst und Kultur in Verbindung zu bringen, aber einigen Kulturschaffenden kam dieser Gedanke offensichtlich schon. Das soll natürlich nicht als Anspielung auf die Sängerkarrieren Franz Beckenbauers und diverser deutscher Nationalmannschaften missverstanden werden.

Das bekannteste Beispiel aus der jüngeren Vergangenheit ist wohl der Film »Das Wunder von Bern« von Sönke Wortmann. Der Film stellt den Sieg der deutschen Nationalmannschaft bei der Weltmeisterschaft 1954 dar. Wortmann war als Regisseur allein schon aus der Tatsache heraus, dass er einst mit der Spielvereinigung Erkenschwick in die Zweite Liga aufstieg, der rechte Mann am rechten Ort.

Fast schon sprichwörtlich ist Peter Handkes Roman »Die Angst des Tormanns beim Elfmeter«, auch wenn sich der Roman nur sehr am Rande mit Fußball auseinander setzt. Wobei besonders beflissene Fußballfans bemerken, dass ja eigentlich der Schütze und nicht der Torhüter Angst vor dem Elfmeter haben müsste, weil vom Torhüter niemand etwas erwartet und er, wenn er doch hält, ein Held werden kann.

Auch die Lyrik wäre um einiges ärmer, wenn es denn keinen Ballsport gäbe. So schrieb einst Rainer Maria Rilke:

Du Runder, der das Warme aus zwei Händen
im Fliegen, oben, fortgiebt, sorglos wie
sein Eigenes; was in den Gegenständen
nicht bleiben kann, zu unbeschwert für sie,

zu wenig Ding und doch noch Ding genug,
um nicht aus allem draußen Aufgereihten
unsichtbar plötzlich in uns einzugleiten
das glitt in dich, du zwischen Fall und Flug

noch Unentschlossener: der, wenn er steigt,
als hätte er ihn mit hinaufgehoben,
den Wurf entführt und freilässt -, und sich neigt
und einhält und den Spielenden von oben
auf einmal eine neue Stelle zeigt,
sie ordnend wie zu einer Tanzfigur,

um dann, erwartet und erwünscht von allen,
rasch, einfach, kunstlos, ganz Natur,
dem Becher hoher Hände zuzufallen.

Ein Tipp für unbeirrbare Fußballverächter

Wer mit Fußball so gar nichts am Hut hat und sich vom WM-Fieber um nichts in der Welt anstecken lassen möchte, der sollte sich eine einsame Insel im Pazifik suchen – ohne auch nur ein Fernsehgerät oder Radio. Zeitungen sind dann ebenfalls tabu, denn selbst die kleinsten Lokalredaktionen werden gewiss aus Deutschland berichten. Ganz offensichtlich wird es nicht gerade einfach, dem Fußballrummel zu entkommen. Wer es tatsächlich versuchen möchte: Viel Glück dabei!

Ballkünstler mit Künstlernamen

Obwohl manche Menschen Fußballer als Ballkünstler sehen, sind sie vor dem Gesetzgeber Sportler und haben als solche kein Recht darauf, sich einen Künstlernamen eintragen zu lassen. So weit so gut, zum Problem wurde dieser Umstand nur, als sich der Fußballer Andreas Neuendorf seinen Spitznamen »Zecke« auf sein Trikot schreiben lassen wollte. Nach den Statuten des DFB darf dort nur der richtige, sprich der im Personalausweis stehende Name stehen. Aber Herr Neuendorf war einfallsreich: Er malte einige Bilder, versteigerte sie für wohltätige Zwecke, gab sich seinen Spitznamen als Künstlernamen und darf deshalb mit einem »Zecke«-Trikot auflaufen.

Seinen Spitznamen hat er übrigens nicht wegen seiner Bissigkeit, sondern einem gewöhnlichen Zeckenbiss und einem entsprechenden Kommentar seines Mannschaftskollegen Ulf Kirsten zu verdanken.

Fußball pur gibt's nur im Stadion

Die eigentliche Begeisterung jedoch herrscht im Stadion. Dort, hautnah dabei, sind die Emotionen direkt zu spüren – eine einzigartige Atmosphäre, die kein Fernsehgerät ins Wohnzimmer transportieren kann. Zusammen mit zehntausenden, manchmal bis zu siebzigtausend Menschen in einer der hochmodernen Arenen wird ein Fußballspiel zum wirklichen Erlebnis.

So etwas gibt's nur einmal, das kommt nie wieder. Zumindest nicht so schnell. Wer weiß schon, wann je wieder eine Fußball-WM in Deutschland stattfinden wird? Also gilt es, diese Chance zu nutzen.

Was gibt es Schöneres, als im Stadion Menschen zu beobachten, die sich für die größten Fußballexperten halten, die Mannschaft natürlich vollkommen anders aufstellen würden als der Trainer, alles besser sehen als der Schiedsrichter, die ihre gute Kinderstube völlig vergessen, fluchen und singen – zumeist im Chor mit anderen mäßig begabten Stimmbandakrobaten? Erstaunlich, dass dabei, auch dank der guten Akustik in den Stadien, ein recht akzeptables Klangerlebnis entsteht.

Solch ein internationales Turnier bringt natürlich Menschen aus aller Welt in die Arenen und damit auch eine andere Fankultur – Südamerikaner, Afrikaner, Südeuropäer oder die besonders sangesfreudigen Anhänger von den britischen Inseln. Diese Vielfalt ist sicher einzigartig.

»Hass gehört nicht ins Stadion. Solche Gefühle soll man gemeinsam mit seiner Frau daheim im Wohnzimmer ausleben.« – Hans-Hubert »Berti« Vogts, 96 Länderspiele für Deutschland.

Der Weltfußballverband

Der Weltfußballverband FIFA ist die mächtigste Institution im Fußball und versucht, bis in die untersten Ebenen der nationalen Ligen Einfluss zu nehmen. Penibel wird darauf geachtet, dass alle Vorgaben eingehalten werden. Verstöße gegen die Statuten werden da mit recht rigorosen Sanktionen geahndet. Und gerade auch in Regelfragen liegt alle Macht bei der FIFA. Änderungen werden großen Widerständen zum Trotz durchgedrückt.

Ein Beispiel für das strikte Vorgehen der FIFA ist die so genannte »Trikot-Affäre«. Beim African Nations Cup 2004 waren Kameruns Nationalspieler in modischen Einteilern aufgelaufen. Diese Kleiderordnung jedoch stellt einen klaren Verstoß gegen das Reglement dar. Die FIFA kannte zunächst kein Erbarmen. Die Kameruner sollten in der Qualifikation zur WM 2006 mit einem Sechs-Punkte-Abzug und 200.000 Schweizer Franken Geldstrafe bedacht werden. Letztlich gab es doch noch ein Einlenken. Die Afrikaner konnten zumindest ohne die schwere Hypothek der verlorenen Punkte in den Wettbewerb starten, was ihr Scheitern dennoch nicht verhinderte.

Bereits im Jahr 2002 waren die »unzähmbaren Löwen« modisch aufgefallen. Auch ihre ärmellosen Trikots wurden damals von der FIFA beanstandet. Bei der WM in Japan und Südkorea zierten die Shirts dann auf Anordnung des Weltfußballverbandes schwarze Ärmel.

Die Vatikanliga

Die Faszination Fußball hat inzwischen auch schon Mutter Kirche erreicht. Schließlich gibt es inzwischen schon eine theologische Rechtfertigung für diesen Sport. Der Theologe Giovanni Semeria stellte fest: »Die Unterwerfung unter eine Autorität ist die erste Lektion, die man beim Fußballspiel lernt.« Der Vatikan ist aber nicht in der FIFA, sei es, weil die Kleidervorschriften für Priester mit den Trikotvorgaben der FIFA unvereinbar sind oder vielleicht, weil die Vatikanliga auf einem kleineren Feld mit kleineren Mannschaften spielt. Der Staat hat ja schließlich nur circa 500 Einwohner und die weiblichen Bewohner fallen ohnehin aus, weil man in einer Nonnenkluft beim besten Willen kein Fußball spielen kann.

Wie dem auch sei, natürlich hat der Vatikan auch eine Nationalmannschaft. Diese kann aber leider nur recht selten antreten, weil die meisten Spieler der Vatikanliga, die Angestellten der Museen und der Verwaltung, nicht die Staatsbürgerschaft des Vatikan besitzen, und die Schweizer Gardisten, die als Soldaten des Vatikan die richtige Nationalität haben, in so großer Anzahl nicht entbehrt werden können. Bei der kleinsten Armee der Welt wird eben jeder Mann gebraucht.

Das letzte Spiel war 1994 und endete mit 0:0 gegen San Marino.

FIFA

Kurz vor WM-Beginn feiert die Fédération Internationale de Football Association (FIFA) ihren 102. Geburtstag. Recht klein hat alles angefangen. Vertreter aus Frankreich, Belgien, Dänemark, den Niederlanden, Schweden, der Schweiz und Spanien unterzeichneten am 21. Mai 1904 in Paris die Gründungsakte. Überraschenderweise fehlten hier die Engländer, die sich trotz ihres Beitritts im Jahre 1905 auch später noch viele Jahre lang der großen Fußballfamilie verweigerten und beispielsweise die ersten drei WM-Turniere ignorierten.

Mittlerweile sind aus den sieben Nationen 207 Mitgliedsverbände geworden, zuletzt kamen im Jahr 2005 Timor-Leste und die Komoren hinzu. In annähernd jedem Land auf dem Globus wird demnach organisiert Fußball gespielt.

Joseph Blatter – Herrscher über den Weltfußball

Ein Satz hat Joseph »Sepp« Blatter deutschlandweit berühmt gemacht. Am 06. Juli 2000 ist es gewesen, als er in der Messe Zürich live vor laufenden Kameras verkündete: »And the winner is ... Deutschland!« Das war die Entscheidung bei der Vergabe der WM 2006.

Blatter, geboren am 10. März 1936 im schweizerischen Visp, beerbte am 08. Juni 1998 in Paris den Brasilianer Dr. João Havelange als FIFA-Präsident. Der gelernte Wirtschaftswissenschaftler hat sich regelrecht hochgedient. Schon seit 1975 ist er in unterschiedlichsten Funktionen beim Weltverband aktiv.

Zuvor jagte er bis 1971 auch selbst dem Ball hinterher. Die Erfolge jedoch bewegten sich in überschaubarem Rahmen. Aber immerhin spielte er in der höchsten Amateurliga der Schweiz.

Angesichts der weltweiten Bedeutung der FIFA lässt sich leicht erahnen, dass die Position des FIFA-Präsidenten ein außergewöhnliches Machtpotenzial darstellt. Dieses weiß Blatter weidlich auszunutzen. Aufgrund seiner umfangreichen Erfahrung macht ihm auf dem Gebiet der Sportdiplomatie keiner etwas vor. Sein Engagement für den Fußball beschränkt sich dabei nicht nur auf die Spitzenathleten. Auch dem Breitensport gilt sein Augenmerk. Und vor allem die humanitären Projekte der FIFA entstanden zum Großteil auf die Initiative von Blatter.

Eckdaten bis zum Turnierbeginn

Es gibt bis zum WM-Finale am 09. Juli 2006 noch einige markante Daten zu nennen. Viele Termine jedoch sind noch gar nicht genau fixiert, sollen aber dennoch Erwähnung finden.

Weltmeisterschaft ist nicht gleich Weltmeisterschaft

Wer glaubt, es gäbe nur eine Fußballweltmeisterschaft, der liegt weit daneben. Neben der Damen-WM, zu der Sie mehr in Kapitel 16 finden, gibt es andere Weltmeisterschaften, die sich durch Besonderheiten der Spieler auszeichnen. So gibt es eine Obdachlosenweltmeisterschaft, den Titel holte Italien, und eine der Homosexuellen, hier waren die Franzosen erfolgreich.

Dazu kommt noch die Weltmeisterschaft der Länder und Völker, deren völkerrechtlicher Status ungewiss ist oder die aus anderen Gründen nicht in die FIFA eintreten können, wollen oder dürfen. Das ist der so genannte »VIVA World Cup« Hier spielen Nationen wie Monaco, das nicht in der FIFA ist, weil sonst der AS Monaco nicht mehr in der französischen Liga spielen dürfte, oder Gibraltar, auf das Spanien, das bei einer Aufnahme mit einem Boykott der offiziellen Turniere drohte, Ansprüche erhebt. Mit von der Partie sind auch Mannschaften der Basken und Kurden, die jeweils noch keinen offiziellen Staat besitzen. Die Basken spielten übrigens schon gegen offizielle Nationalmannschaften wie Bolivien.

Auch hier sieht man, dass Fußball die Menschen auf verschiedenen Ebenen zusammenbringen kann.

Die Auslosung

Von ganz besonderer Bedeutung war sicherlich der 9. Dezember 2005. An diesem Tag fand um 20:30 Uhr in der Messehalle 1 in Leipzig die Auslosung der acht WM-Gruppen statt. Der Spielplan füllte sich mit Leben und, das Turnier nahm langsam Konturen an. Die WM-Teilnehmer konnten sich erstmals konkret mit ihren Gegnern auseinander setzen und die Chancen auf ein erfolgreiches Turnier ausloten.

Die Vorbereitungen

Auch organisatorisch bleibt noch einiges zu tun, um die Gäste aus aller Welt würdig empfangen zu können. Der Ticketverkauf muss weiter vorangetrieben, die Infrastruktur auf den Ansturm der Massen vorbereitet, die unzähligen freiwilligen Helfer müssen eingewiesen werden und vieles mehr. Alles in allem möchte sich Deutschland natürlich als perfekter Gastgeber präsentieren. Selbst Franz Beckenbauer geht extra auf Reisen, um allen WM-Teilnehmerländern einen Besuch abzustatten und sie persönlich nach Deutschland einzuladen.

Auf der sportlichen Seite legt auch niemand die Hände in den Schoß. Die Mannschaften versuchen, sich bestmöglich auf das Turnier vorzubereiten. Für die Trainer gilt es, die ideale Zusammenstellung für die Teams zu finden. Erst wenige Tage vor WM-Beginn müssen die 23 Spieler jeder Nation gemeldet werden.

In Sachen Schiedsrichter überlässt man ebenfalls nichts dem Zufall. Unter Federführung der FIFA erfolgt eine gewissenhafte Vorbereitung. Zahlreiche Lehrgänge stimmen sie und ihre Assistenten, auch Linienrichter genannt, optimal auf die großen Aufgaben ein. Bereits im März 2006 werden 30 Schiedsrichtergespanne für die WM nominiert.

Die Gala

Zwei Tage vor dem Eröffnungsspiel feiert die FIFA sich und die anstehende Weltmeisterschaft erstmals mit einer großen Gala. Die Show im Berliner Olympiastadion soll die perfekte Einstimmung auf das bedeutendste Fußballereignis der Welt sein.

Die Gala wird vom österreichischen Künstler André Heller arrangiert. Etwa 7.000 kostümierte Darsteller werden mit Tanz, Lichteffekten und Feuerwerk für eine spektakuläre Veranstaltung sorgen. Die Show am Abend des 7. Juni 2006 soll die emotionale Kraft des Fußballs unterstreichen und das Publikum im Stadion sowie die Millionen Fernsehzuschauer in aller Welt in ihren Bann ziehen.

Übrigens wurde die Zeremonie in Berlin um einen Tag vorverlegt, um bis zum ersten Spiel im Olympiastadion optimale Rasenbedingungen schaffen zu können.

Die offizielle Eröffnung

Der 9. Juni 2006 ist der Tag, auf den alle hinfiebern. Dann ertönt in München der Anpfiff zum Eröffnungsspiel der 18. Fußballweltmeisterschaft. Genau einen Monat wird das Turnier andauern, bevor am 9. Juli 2006 in Berlin der neue Weltmeister gekürt wird.

»Einige Leute halten Fußball für einen Kampf auf Leben und Tod. Ich mag diese Einstellung nicht. Ich versichere Ihnen, dass es weit ernster ist.« – Bill Shankley, schottischer Fußballer und ehemaliger Trainer des FC Liverpool.

Maskottchen und Logo

Ständige Begleiter der Fußball-WM sind schon im Vorfeld das Logo und die Maskottchen. Ersteres ist natürlich ein ganz besonderes Markenzeichen und sorgt für einen hohen Wiedererkennungswert.

WM-Logo

Mit genauen Vorstellungen wandte sich die FIFA bereits im Jahr 2001 an die Londoner Agentur »Whitestone«, die bereits für das WM-Logo 2002 verantwortlich zeichnete. Das Gastgeberland sollte sich in der Grafik genauso wieder finden wie der WM-Pokal. Zusammen mit der Münchner Agentur »abold«, die den englischen Kollegen im Auftrag des Organisationskomitees zur Seite stand, legte man sich schöpferisch mächtig ins Zeug. Am Ende der langwierigen und aufwendigen kreativen Arbeit lächelten die »Celebrating Faces Of Football« – die feiernden Gesichter des Fußballs.

Maskottchen mit Leben erfüllt

Ein ähnlicher Stellenwert wie dem Logo kommt den Maskottchen zu. Sie jedoch übernehmen mehr den aktiven Part der Außendarstellung. »Goleo VI«, ein Löwe, und der Wunderball »Pille« treten bei zahlreichen Veranstaltungen auf. Den WM-Maskottchen wurde zusätzliches Leben eingehaucht, u.a. mit erfundenen Lebensläufen. Sprechen können sie natürlich auch. Bei der Umsetzung hat die FIFA keine Kosten und Mühen gescheut. Die weltweit führenden Puppenbauer der »Jim Henson Company« waren gerade gut genug für dieses Projekt.

Alle bisherigen WM-Maskottchen seit 1966

- ✔ Das erste Maskottchen gab es bei der WM **1966**. Bereits damals handelte es sich um einen Löwen. Er trug den Namen World Cup Willy.
- ✔ **1970** in Mexiko war es ein Junge namens Juanito.
- ✔ **1974** – Die bisher einzige WM in Deutschland wurde begleitet von den Jungen Tip und Tap.
- ✔ Das Maskottchen der WM **1978** in Argentinien kam nochmals in Jungengestalt daher – Gauchito.
- ✔ Die Spanier setzten **1982** auf Obst – Naranjito, eine Orange.
- ✔ Das Maskottchen der WM **1986** stellte einen Mexikaner namens Pique dar.
- ✔ In Italien **1990** hieß die Figur Ciao, ein Stabmännchen in den italienischen Landesfarben.
- ✔ **1994** in den USA ist man auf den Hund gekommen – Striker.
- ✔ Die Franzosen **1998** verblieben im Tierreich. Ihr Hahn trug den Namen Footix.
- ✔ Futuristisch wurde es im Jahr **2002**. Bei den drei Maskottchen Ato, Kaz und Nik handelte es sich um Spheriks – Energiepartikel in der Atmosphäre.

Lasst die Spiele beginnen

2

In diesem Kapitel

- Der Spielplan weist den Weg
- Das WM-Regelwerk kurz und bündig
- Das Objekt der Begierde
- Die Pfeifenmänner
- Die Bundesliga bei der WM

Für den gesamten Ablauf der WM müssen selbstverständlich einige Voraussetzungen geschaffen werden. Zum besseren Verständnis sind in der Folge die wichtigsten Dinge aufgeführt.

Über allem steht der Spielplan

Der Spielplan bildet das Gerüst des Turniers. Hier wird festgelegt, welcher Weg für die Mannschaften im günstigsten Fall bis ins Finale führt. Dann bei der Auslosung am 09. Dezember 2006 in Halle 1 der Leipziger Messe füllt sich der Spielplan mit Leben, wenn. die WM-Teilnehmer auf die acht Vorrundengruppen verteilt werden. Einzig die Mannschaft von Gastgeber Deutschland hat ihren Platz als Kopf der Gruppe A bereits sicher, was zur Folge hat, dass die drei Vorrundenspiele der DFB-Elf in München, Dortmund und Berlin stattfinden.

Im Anhang am Ende dieses Buches finden Sie einen Spielplan zum Selbsteintragen.

Aufklärung in Sachen WM-Reglement

An der WM-Endrunde nehmen 32 Mannschaften teil. 31 von ihnen mussten sich in einer zum Teil sehr langwierigen Qualifikation durchsetzen. Von vornherein gesetzt war lediglich Gastgeber Deutschland.

Die Vorrunde

In den acht WM-Vorrundengruppen absolvieren nach dem Modus »Jeder gegen Jeden« alle Mannschaften drei Spiele. Der Tabellenstand wird folgendermaßen ermittelt:

1. Punktzahl aus allen drei Gruppenspielen

   Für den Fall, dass dann zwei oder mehr Teams gleichauf liegen, sieht die Regel diese weitere Gewichtung vor:

2. Punktzahl aus dem direkten Aufeinandertreffen
3. Tordifferenz aus dem direkten Aufeinandertreffen
4. Anzahl der erzielten Tore in dem direkten Aufeinandertreffen
5. Tordifferenz aus allen drei Gruppenspielen
6. Anzahl der erzielten Tore in allen drei Gruppenspielen

   Sollte all dies nicht zu einer Bestimmung der Reihenfolge genügen, entscheidet:

7. das Los.

Die ersten beiden Mannschaften jeder Gruppe qualifizieren sich für das Achtelfinale.

Die Finalrunde

Ab dem Achtelfinale geht es im K.-o.-System weiter. In den acht Partien stehen sich je ein Gruppensieger und ein Zweiter einer anderen Gruppe gegenüber. Die Sieger ziehen ins Viertelfinale ein. Übers Halbfinale führt der Weg weiter ins Finale oder ins Spiel um Platz drei.

K.-o.-System bedeutet, dass aus jedem Spiel ein Sieger hervorgehen wird. Sollte dies nicht nach 90 Minuten besiegelt sein, wird die Partie um zwei Mal 15 Minuten verlängert. Fällt auch hierbei keine Entscheidung, kommt es zum Elfmeterschießen. Dazu treten zunächst fünf Spieler jeder Mannschaft an. Herrscht auch dann noch Gleichstand, so muss ein weiterer Spieler jedes Teams zum Elfmeterpunkt schreiten. Das wird so lange fortgesetzt, bis eine Entscheidung gefallen ist. Bei der Auswahl der Elfmeterschützen dürfen die Trainer nur auf jene Akteure zurückgreifen, die beim Abpfiff der Verlängerung auf dem Platz standen. Notfalls müssen die Spieler sogar ein zweites Mal antreten.

Spieleraufgebote

Jede an der WM teilnehmende Mannschaft darf für das Turnier 23 Spieler, drei davon Torhüter, nominieren. Diesen wird eine feste Rückennummer zwischen 1 und 23 zugewiesen. Dabei muss die Nummer 1 von einem Torwart getragen werden.

Die Meldung der Mannschaftslisten hat zu einem noch zu bestimmenden Termin rechtzeitig vor Turnierbeginn bei der FIFA einzugehen. Eine spätere Änderung im Kader wird nur genehmigt, wenn sich ein Spieler noch vor dem ersten Spiel seiner Mannschaft schwer verletzt.

Karten

Was die Folgen von Gelben, Gelb-Roten und Roten Karten betrifft, so wird nach dem bewährten Modus verfahren. Sollte ein Spieler im Turnierverlauf die zweite Verwarnung bekommen, ist er für das nächste Spiel gesperrt. Auch Platzverweise werden auf diese Weise geahndet. Jedoch behält sich die Disziplinarkommission der FIFA vor, bei groben Regelverstößen härtere Strafen auszusprechen, das hieße im Endeffekt meist längere Sperren. Nach Abschluss der Vorrunde werden alle Gelben Karten gestrichen. Sperren allerdings müssen abgesessen werden. Also hat ein Spieler, der sich im letzten Gruppenspiel seine zweite Gelbe, eine Gelb-Rote oder Rote Karte abholt, Pech gehabt.

Der Lohn aller Mühen am Ziel aller Träume

Nur ein Team wird es schaffen – die Spieler nur einer Mannschaft werden sich am Abend des 09. Juli 2006 den größten Traum eines Fußballers erfüllen können, einmal den »FIFA World Cup« in den Händen zu halten.

Nach einem langen, anstrengenden Turnier und einem siegreichen Endspiel in Berlin wird die 4.970 Gramm schwere und 36 Zentimeter große Trophäe sicher keinem Spieler zu schwer sein, um mehrfach in die Höhe gestemmt und über unzählige Ehrenrunden getragen zu werden. Dann sind alle Strapazen vergessen, die Freude kennt keine Grenzen.

Das Objekt der Begierde, bestehend aus 18-karätigem Gold, wurde vom Italiener Silvio Gazzaniga entworfen und erstmals bei der WM 1974 vergeben. Franz Beckenbauer, damals noch Spielführer der deutschen Nationalmannschaft, nahm den Pokal nach dem Finale im Münchner Olympiastadion als Erster in Empfang.

Der jetzige Weltpokal bleibt in ständigem Besitz der FIFA. Der amtierende Weltmeister darf ihn sich nur die knapp vier Jahre bis zum nächsten Turnier in die Vitrine stellen. Allerdings gibt es als Andenken eine Replik.

Ein Ende der Trophäe ist dennoch abzusehen. Der Fuß, verziert mit zwei Ringen aus Malachit, bietet lediglich Platz für die kleinen Plaketten von 17 Weltmeistern. Nach der WM 2038 also muss sich die FIFA Gedanken machen und eventuell einen neuen Pokal in Auftrag geben.

Die erste Trophäe oder die Abenteuer eines kleinen Pokals

Der Vorgänger des heute allseits bekannten Weltpokals trug den Namen des damaligen FIFA-Präsidenten Jules Rimet, der Ende der 1920er Jahre zu den entscheidenden Geburtshelfern der Fußballweltmeisterschaft gehörte. Abel Lafleur hatte den Auftrag bekommen, eine Trophäe für den Sieger des neuen Wettbewerbs zu erschaffen. 1929 schritt der Pariser Goldschmied zur Tat. Der Pokal aus vergoldetem Sterlingsilber hatte eine Größe von 35 Zentimetern, wog 3,8 Kilogramm und stand auf einem Sockel aus blauem Lapislazuli, an dessen Seiten jeweils gegenüberliegend zwei Goldplatten angebracht waren – eine mit dem Namen des Pokals, auf der anderen wurden die Weltmeister verewigt. Erstmals zum Einsatz kam das gute Stück am 30. Juli 1930. Jules Rimet höchstpersönlich übergab die Trophäe an den Kapitän des ersten Weltmeisters, José Nazassi. Während des Zweiten Weltkriegs zum Beispiel musste er sein Dasein in einem kleinen Schuhkarton unter dem Bett von Dr. Ottorino Barassi, dem italienischen Vizepräsidenten der FIFA, fristen. So versteckt fiel er nicht in die Hände der Besatzungstruppen. 1966 aber ging er dann doch erstmals verloren. Auf einer Ausstellung im Vorfeld der WM wurde er gestohlen. Ein kleiner Hund mit dem Namen Pickels kam jedoch den »Entführern« auf die Spur. Vergraben unter einem Baum, fand dieser den Pokal rechtzeitig wieder.Vier Jahre später ging der Jules-Rimet-Pokal mit dem dritten Titelgewinn Brasiliens endgültig in deren Besitz über. So stand es im Reglement. Doch die Südamerikaner sollten nicht ewig Freude damit haben. 1983 wurde der Pokal in Rio de Janeiro erneut gestohlen. Diesmal verschwand er für immer. Vermutlich haben ihn die Diebe eingeschmolzen. Der brasilianische Fußballverband ließ daraufhin eine Kopie anfertigen.

Alles tanzt nach ihrer Pfeife: Die Schiedsrichter

Genauso wie für Mannschaften und Spieler ist es auch für die Schiedsrichter und ihre Assistenten eine besondere Auszeichnung, an einer WM teilnehmen zu dürfen. Unter permanenter Beobachtung stehend, werden nur die ausgewählt, die konstant die besten Leistungen bringen.

Eine Voraussetzung ist, die Unparteiischen müssen es zumindest schon zum FIFA-Referee geschafft haben, um internationale Spiele leiten zu können. Zu diesem auserlesenen Kreis zählen in Deutschland nur zehn Schiedsrichter und zehn Assistenten.

Deutschlands Vorzeigeschiri

Einer der weltweit Besten seiner Zunft ist Dr. Markus Merk, FIFA-Schiedsrichter seit 1992. Regelmäßig vertrat er die deutschen Farben in den letzten Jahren bei diversen Fußballgroßereignissen. Schon bei der EM 2000, der WM 2002 und der EM 2004 pfiff Merk auf höchster Ebene. Zu den Höhepunkten seiner Laufbahn zählen das Champions-League-Finale 2003 und das Endspiel der Europameisterschaft 2004.

Für den wohl bekanntesten Schiedsrichter der Bundesliga könnte die WM 2006 das letzte große Turnier sein. Mit dann 44 Jahren nähert er sich der Altersgrenze. Einen Traum möchte sich der Zahnarzt aus Kaiserslautern da noch erfüllen. Während des Turniers in Deutschland eine Partie leiten zu dürfen, vielleicht sogar im heimischen Fritz-Walter-Stadion, das würde den Welt-Schiedsrichter des Jahres 2004 schon zufrieden stellen.

»Mann, wir Schwarzen müssen doch zusammenhalten«, äußerte Anthony Baffoe, ghanaischer Nationalspieler gegenüber dem Schiedsrichter, nachdem dieser ihm die Gelbe Karte gezeigt hatte. Es war dies eine Anspielung auf die früher ausschließlich schwarze Bekleidung der Referees.

Im März 2006 werden voraussichtlich 30 Schiedsrichtergespanne für das WM-Turnier nominiert. Die FIFA setzt dabei auf eingespielte Trios. Die jeweils zwei Assistenten werden zumeist von gleicher Nationalität sein.

Die Bundesligaprofis in den Farben ihrer Nationen

Bei den Vereinen in Deutschland stehen zahlreiche »Legionäre« unter Vertrag – Fußballer aus aller Herren Länder, die ihr Geld hier verdienen. Der Großteil der hier aufgeführten Spieler ist selbstverständlich in der 1. Bundesliga aktiv. Allerdings gibt es auch einige Zweitligisten, die bei der WM 2006 vertreten sein werden. Die folgende Liste stellt lediglich eine Auswahl dar, die keinen Anspruch auf Vollständigkeit erhebt.

- ✔ Argentinien: Martín Demichelis (Bayern München), Facundo Quiroga, Andrés d'Alessandro (beide Wolfsburg)
- ✔ Australien: Paul Agostino (1860 München)
- ✔ Brasilien: Juan, Roque Júnior (beide Leverkusen), Gilberto (Hertha), Lúcio, Zé Roberto (beide Bayern München)
- ✔ England: Owen Hargreaves (Bayern München)
- ✔ Elfenbeinküste: Guy Demel (Hamburg), Boubacar Sanogo (Kaiserslautern)
- ✔ Frankreich: Bixente Lizarazu, Willy Sagnol, Valérien Ismaël (alle Bayern München)

- Ghana: Lawrence Aidoo (Cottbus), Isaac Boakye (Bielefeld), Hans Sarpei (Wolfsburg), Ibrahim Tanko (Freiburg)
- Iran: Vahid Hashemian (Hannover), Ali Karimi (Bayern München), Mehdi Mahdavikia (Hamburg), Moharram Navidkia (Bochum), Ferydoon Zandi (Kaiserslautern)
- Japan: Naohiro Takahara (Hamburg)
- Kroatien: Marko Babić (Leverkusen), Ivan Klasnić (Bremen), Niko Kovač, Josip Šimunić (beide Hertha), Jurica Vranješ (Bremen)
- Niederlande: Khalid Boulahrouz (Hamburg), Roy Makaay (Bayern München), Rafael van der Vaart (Hamburg)
- Paraguay: Roque Santa Cruz (Bayern München), Nelson Valdez (Bremen)
- Polen: Bartosz Bosacki (Nürnberg), Christoph Dabrowski (Hannover), Radosław Kałużny (Ahlen), Jacek Krzynówek (Leverkusen), Euzebiusz Smolarek (Dortmund)
- Portugal: Alex (Wolfsburg), Fernando Meira (Stuttgart)
- Schweiz: Tranquillo Barnetta (Leverkusen), Philipp Degen (Dortmund), Benjamin Huggel, Christoph Spycher (beide Frankfurt), Marco Streller, Ludovic Magnin (beide Stuttgart), Raphaël Wicky (Hamburg)
- Serbien-Montenegro: Mladen Krstajić (Schalke), Danijel Luboja (Stuttgart), Marko Pantelić (Hertha)
- Südkorea: Cha Du-Ri (Frankfurt)
- Tschechien: Jan Koller, Tomáš Rosický (beide Dortmund), David Jarolím (Hamburg), Jan Polák (Nürnberg), Jiří Štajner (Hannover), Roman Týce (1860 München)
- Tunesien: Adel Chedli, Jawhar Mnari (beide Nürnberg)
- Ukraine: Andriy Voronin (Leverkusen)
- USA: Gregg Berhalter (Cottbus), Conor Casey (Mainz), Steve Cherundolo (Hannover), Kasey Keller (Mönchengladbach)

Zwar greifen nicht alle WM-Teilnehmer auf die Dienste von in Deutschland tätigen Profis zurück, dennoch sind die Bundesligen in den WM-Kadern stark präsent. Bei der WM 2002 waren es noch 39 »Deutschland-Legionäre«. Diese Zahl wird voraussichtlich überboten. Jedoch tauchen vermutlich nicht alle hier aufgezählten Namen tatsächlich bei der WM auf. Und mit Sicherheit kommen noch andere Spieler hinzu. In den verbleibenden Monaten bis zum Turnier wird es da in jedem Fall noch Änderungen geben.

Willkommen in Deutschland

3

In diesem Kapitel

- WM-Vergabe an Deutschland
- Alle WM-Spielorte und Stadien
- Die Organisatoren auf der Suche nach Vollkommenheit

Im Sommer 2006 wird Deutschland die Ehre haben, die besten Fußballer der Welt, ihre Mannschaften und deren Fans begrüßen zu dürfen. Oberstes Ziel dabei ist ohne Frage, die Gastgeberrolle perfekt auszufüllen. »Die Welt zu Gast bei Freunden«, so lautet denn auch das Motto der Veranstaltung.

Wie die WM nach Deutschland kam

Bereits am 25. November 1992 beschloss das Präsidium des Deutschen Fußball-Bundes (DFB), sich um die Ausrichtung der Fußballweltmeisterschaft 2006 zu bewerben. Etwa ein halbes Jahr darauf wurde gegenüber dem Weltfußballverband FIFA das Interesse erstmals schriftlich bekundet. In der Folge galt es, die Strategie für den Bewerbungsmarathon festzulegen, mögliche WM-Spielorte zu finden und prominente Unterstützung für das Vorhaben zu mobilisieren. Jürgen Klinsmann, Günter Netzer, Karl-Heinz Rummenigge und Rudi Völler beispielsweise engagierten sich als WM-Botschafter.

Am 10. August 1999 übergab Franz Beckenbauer in Zürich das DFB-Bewerbungsdossier an die FIFA. Diese schickte noch im Oktober eine Delegation nach Deutschland, um sich vor Ort ein Bild von den Gegebenheiten und Voraussetzungen zu machen. Unterdessen trieb man von Seiten des DFB das ehrgeizige Projekt mit Franz Beckenbauer an der Spitze weiter voran. Es galt, weltweit um Stimmen zu werben.

Die Konkurrenten im Kampf um die Gastgeberrolle

Ähnlich erging es natürlich den anderen Interessenten. Die Konkurrenz war namhaft. Auch Brasilien, England, Marokko und Südafrika bewarben sich um die Gastgeberrolle. Und viele Faktoren haben Einfluss auf die Entscheidung, wer einen derartigen Wettstreit gewinnt. Es zählen nicht nur die Rahmenbedingungen vor Ort. Da spielen insbesondere auch sportpolitische Dinge eine nicht unwesentliche Rolle. Schließlich hat die FIFA mittlerweile auch offiziell das Rotationsprinzip eingeführt: Die WM-Ausrichtung geht reihum von Kontinent zu Kontinent. Schon damals galt eigentlich Südafrika als Favorit. Noch nie hatte eine WM auf dem »schwarzen Kontinent« stattgefunden.

Die Entscheidung

Am 06. Juli 2000 sollte in der Messe Zürich die Entscheidung bekannt gegeben werden, welches Land die WM 2006 ausrichten darf. Letztlich fiel das Votum des FIFA-Exekutiv-Komitees denkbar knapp aus. Im letzten Wahlgang sprachen bei einer Enthaltung zwölf zu elf Stimmen zu Gunsten von Deutschland und gegen Südafrika. FIFA-Präsident Joseph Blatter war es vergönnt, die Nachricht in die Welt zu tragen: »And the winner is ... Deutschland!« Die unterlegenen Nationen müssen sich aber nicht grämen. Mittlerweile steht fest, dass die Fußball-WM 2010 in Südafrika gastieren wird. Vier Jahre später macht das Turnier Station in Südamerika – und Brasilien gilt als Favorit auf die Rolle des Ausrichters.

Dem »Kaiser« sei Dank – Portrait Franz Beckenbauer

Die Vergabe der WM 2006 an Deutschland ist zum großen Teil das Verdienst von Franz Beckenbauer. Zwar betont er, dass er auch hier nur Teil einer Mannschaft gewesen sei, doch angesichts der knappen Entscheidung wird deutlich, welche Bedeutung sein Werben um Stimmen rund um den Globus hatte. Letztlich war allein er das Gesicht der deutschen WM-Bewerbung, auch wenn im Hintergrund viele fleißige Helfer am Werk waren.

Trotz all seiner Erfolge als Spieler und Trainer bezeichnet Franz Beckenbauer die Tatsache, die WM nach Deutschland geholt zu haben, als den größten Erfolg seines Lebens. Weltmeister könne man schließlich alle vier Jahre werden. Eine WM in verantwortlicher Position auszurichten, diese Chance bietet sich einem jedoch wohl nur einmal.

»Das ist das schönste Geschenk, das man bekommen kann.« – Franz Beckenbauer zur Vergabe der WM 2006 an Deutschland.

Der Mann ist schlicht ein Phänomen. Es stellt sich die Frage, wie schafft er das nur, mit allem, was er tut, so erfolgreich zu sein? Ein Blick auf seine sportlichen Meriten belegt, dass Beckenbauer so ziemlich alles gewonnen hat, was es zu holen gibt im Fußball. So liegt ein kompletter WM-Medaillensatz in seiner Vitrine, gekrönt durch den Weltmeistertitel 1974. Als Kapitän durfte er damals in München den neu erschaffenen WM-Pokal aus den Händen von Bundespräsident Walter Scheel entgegennehmen. Europameister war Beckenbauer bereits zwei Jahre zuvor geworden. Und mit dem FC Bayern München räumte er auf Vereinsebene national wie international kräftig ab. Auch sein dreijähriges Gastspiel bei Cosmos New York war überaus erfolgreich.

Und standesgemäß beendete er 1982 seine Karriere beim Hamburger SV mit dem Meistertitel. Die endlose Liste seiner Triumphe lässt sich noch um einige persönliche Ehrungen ergänzen. Mehrfache Auszeichnungen als »Fußballer des Jahres« in Deutschland wie in Europa gehören selbstverständlich dazu.

Und obwohl er es als Spieler fast kategorisch ausschloss, fand er sich 1984 doch auf der Trainerbank wieder. Natürlich, wie sich das für den »Kaiser« gehört, begann die Karriere als Coach auf dem bedeutsamsten Trainerstuhl der Nation. Sechs Jahre lang zeichnete er für die Nationalmannschaft verantwortlich. 1990 vollbrachte er das seltene Kunststück, nach dem WM-Titel als Spieler auch noch in der Funktion des Trainers Weltmeister zu werden. In den Folgejahren half er noch ab und an bei »seinem« FC Bayern München aus und heimste weitere Titel ein.

Warum wird Beckenbauer auch »Kaiser« genannt?

Der Spitzname »Kaiser« geht auf das Jahr 1968 zurück. Damals noch auf dem Fußballplatz aktiv, weilte Franz Beckenbauer mit dem FC Bayern München zu einem Freundschaftsspiel in Wien. Für Fotografen posierte er neben einer Büste des ehemaligen österreichischen Kaisers Franz II. Joseph Karl. Die Journalisten nahmen diesen Umstand dankend an und führten in diesem Zusammenhang den Begriff »Fußball-Kaiser« ein. Seither ist Beckenbauer weltweit auch als der »Kaiser« bekannt.

Mitte der 1990er Jahre hat sich Beckenbauer aus dem aktiven Fußballgeschäft zurückgezogen. Seit 1994 ist er Präsident des FC Bayern München. Nebenher holte er die WM 2006 nach Deutschland, deren Organisationskomitee er nun natürlich vorsteht. Weitere große Aufgaben kündigen sich bereits an. 2007 könnte er Präsident des europäischen Fußballverbandes UEFA werden. Und wer zweifelt schon daran, dass dies nicht auch eintreten wird? Schließlich scheint alles, was Beckenbauer anfasst, auch zu gelingen.

Bei all seinen Aktivitäten strahlt er eine unglaubliche Leichtigkeit und Souveränität aus. Das erweckt tatsächlich den Eindruck, ihm fiele alles zu. Beckenbauer vermag es, die Arbeit, die unzweifelhaft dahinter steckt, geschickt zu verbergen. Aufgrund dieser Eigenschaften und all seiner Erfolge wird er auch ehrfurchtsvoll die »Lichtgestalt des deutschen Fußballs« genannt. Der Stellenwert von Franz Beckenbauer wird allein schon daran deutlich, welch schwierige Aufgabe Berti Vogts 1990 als Nachfolger auf dem Posten des Bundestrainers übernommen hatte. Trotz eigener Erfolge konnte Vogts nie aus dem übergroßen Schatten Beckenbauers treten. Dessen war er sich auch stets bewusst:

»Selbst wenn ich übers Wasser laufe, dann sagen meine Kritiker, nicht mal schwimmen kann er.« – Hans-Hubert »Berti« Vogts, ehemaliger Bundestrainer.

Die Spielorte und Stadien

Natürlich weckte die Chance, WM-Spielort 2006 zu werden, bei den Städten in Deutschland reges Interesse. Doch die FIFA stellt gewisse Anforderungen an die Stadien, womit einige Spielstätten außen vor waren. So bietet beispielsweise die Leverkusener Arena mit 22.500 Plätzen eine zu geringe Zuschauerkapazität.

Doch es gab auch absolute Härtefälle. Einige tolle Stadien, die alle Voraussetzungen erfüllen, werden nicht in den Genuss von WM-Spielen kommen. Das Weserstadion in Bremen ging genauso leer aus wie der neue Borussia-Park in Mönchengladbach oder das neu errichtete Stadion in Düsseldorf.

Zwölf Spielorte wurden letztlich ausgewählt. Alle anderen interessierten Städte in Deutschland müssen hoffen, dass eine der teilnehmenden Mannschaften ihr Quartier in der Region aufschlägt. Auch durch deren Trainingseinheiten gelangt schließlich WM-Flair in die Stadt.

Anmerkungen: Die im Folgenden angegebenen Zuschauerkapazitäten sind lediglich vorläufige Angaben. Wegen Sicherheitsreserven bzw. Sichtbehinderungen werden nicht alle verfügbaren Sitzplätze auch wirklich belegt sein. Die Festlegung der endgültigen Zahlen erfolgt erst nach einer abschließenden Prüfung der WM-Stadien. Alle Einwohnerzahlen stammen aus den Jahren 2004 und 2005.

Berlin

Bei der Auswahl der Spielstätten führte selbstverständlich kein Weg an der deutschen Hauptstadt vorbei. Mit 3.391.407 Einwohnern ist sie die bevölkerungsreichste Stadt des Landes. Gerade historisch bildet Berlin ein Spiegelbild der jüngeren Geschichte Deutschlands. Die Berliner Mauer war jahrelang das Symbol der deutschen Teilung. Und als Sportstadt weist Berlin eine lange Tradition auf.

Olympiastadion

- Zuschauerkapazität: 74.176 Sitzplätze
- Leichtathletik-Laufbahn vorhanden
- Projekt: Umbau
- Einweihung: 31. Juli 2004
- Kosten: 242 Millionen Euro
- Heimstätte von Hertha BSC Berlin

Gebaut wurde das Stadion anlässlich der Olympischen Spiele 1936. Insgesamt sechs WM-Spiele werden hier ausgetragen. In ihrem dritten Vorrundenspiel tritt auch die deutsche Mannschaft in Berlin an. Höhepunkt jedoch wird am 09. Juli 2006 das Endspiel sein.

Ein Minuspunkt ist die Weitläufigkeit der Arena. Die vorhandene Leichtathletik-Laufbahn sorgt für einen relativ großen Abstand zwischen Zuschauern und Spielgeschehen. Reine Fußballstadien haben in Sachen Atmosphäre deutliche Vorteile.

Dortmund

Über 1.000 Jahre ist die Stadt in Nordrhein-Westfalen bereits alt. Und für einen Großteil der 588.680 Einwohner spielt Sport eine große Rolle. Insbesondere dem Fußball wird hier viel Begeisterung entgegengebracht. Bereits 1974 war Dortmund Spielort der Fußball-WM. Aus diesem Anlass wurde damals das Westfalenstadion errichtet.

Abbildung 3.1: Westfalenstadion – Stützenfreier Blick von den neuen Ecktribünen auf das Spielfeld (Quelle: Stahlbau Spezial. Arenen im 21. Jahrhundert. Ralf Schulte-Ladbeck et al. Westfalenstadion Dortmund)

Westfalenstadion

- ✔ Zuschauerkapazität: 66.981 Sitzplätze
- ✔ Reines Fußballstadion
- ✔ Projekt: Umbau
- ✔ Fertigstellung: 2005
- ✔ Kosten: 100 Millionen Euro
- ✔ Heimstätte von Borussia Dortmund

Das Westfalenstadion ist eigentlich das größte Stadion Deutschlands. Bei Bundesligaspielen passen 83.000 Zuschauer in die Arena. Die FIFA jedoch lässt bei internationalen Spielen lediglich Sitzplätze zu, was die Kapazität reduziert.

Auch Dortmund bekommt sechs WM-Partien zu sehen. Die deutsche Mannschaft wird hier ebenfalls zu Gast sein. Darüber hinaus steigt im Westfalenstadion am 04. Juli 2006 ein Halbfinalspiel.

Frankfurt/Main

Die hessische Bankenmetropole bietet etwa 648.325 Menschen ein Heim und ist damit die fünftgrößte Stadt im Kreise der WM-Spielorte. Der Deutsche Fußball-Bund (DFB) hat hier seinen Sitz. Und nach großen Erfolgen werden Fußball-Nationalmannschaften, Damen wie Herren, im Frankfurter Römer, dem Rathaus der Stadt, empfangen. Auf dessen Balkon präsentieren sie sich den Tausenden jubelnden Fans.

Waldstadion

- ✔ Zuschauerkapazität: 48.132 Sitzplätze
- ✔ Reines Fußballstadion
- ✔ Projekt: Neubau
- ✔ Einweihung: 15. Juni 2005
- ✔ Kosten: 126 Millionen Euro
- ✔ Heimstätte von Eintracht Frankfurt

Die neue Arena entstand exakt an der Stelle des alten Waldstadions aus dem Jahre 1925. Fünf Spiele werden im »größten Cabrio der Welt«, so genannt wegen des komplett verschließbaren Dachs, stattfinden.

Übrigens gilt für alle Stadien, die den Namen eines Sponsors tragen, während des Turniers die Bezeichnung »FIFA-WM-Stadion + Name der Stadt«. Da sich eine deutsche Großbank die Namensrechte am neuen Waldstadion gesichert hat, besteht die Möglichkeit, dass im Sommer 2006 der Name FIFA-WM-Stadion Frankfurt/Main Verwendung finden wird.

Gelsenkirchen

In der Region ballen sich nicht nur die Städte sondern natürlich auch die Stadien und Vereine. Die Rivalität unter den Klubs ist dabei besonders groß, genauso wie der Fußballenthusiasmus unter den 270.107 Einwohnern in der nordrhein-westfälischen Stadt.

Arena AufSchalke

- ✔ Zuschauerkapazität: 53.804 Sitzplätze
- ✔ Reines Fußballstadion
- ✔ Projekt: Neubau
- ✔ Einweihung: 13./14. August 2001
- ✔ Kosten: 191 Millionen Euro
- ✔ Heimstätte des FC Schalke 04

In der Arena AufSchalke wird es fünf WM-Spiele zu sehen geben.

Hamburg

Die mit 1.738.206 Einwohnern zweitgrößte Stadt Deutschlands gilt neben Berlin und München als Weltstadt. Diesem Umstand muss natürlich auch bei der Fußball-WM Rechnung getragen werden. Somit gastieren nach der WM 1974 erneut die besten Fußballer der Welt in der Hansestadt.

FIFA-WM-Stadion Hamburg

- ✔ Zuschauerkapazität: 51.055 Sitzplätze
- ✔ Reines Fußballstadion
- ✔ Projekt: Neubau
- ✔ Einweihung: 19. Juli 2000
- ✔ Kosten: 87,5 Millionen Euro
- ✔ Heimstätte des Hamburger SV

Die neue Arena in Hamburg entstand an der Stelle, wo sich vormals das Volksparkstadion aus dem Jahr 1953 befand. Die Einweihung wurde nicht mit einem Fußballspiel gefeiert. Stattdessen sorgte Tina Turner im Stadionrund für Stimmung. Am 14. August 2000 rollte dann endlich der Ball, was er auch in fünf WM-Partien tun wird.

Hannover

Als einzige Stadt in Niedersachsen wird Hannover, wie bereits 1974, Spiele der Fußballweltmeisterschaft 2006 zu sehen bekommen. Die 516.023 Einwohner der Landeshauptstadt haben viel Erfahrung bei der Austragung weltrelevanter Ereignisse wie Messen und Ausstellungen. Ein großer Anziehungspunkt war nicht zuletzt auch die EXPO 2000.

Abbildung 3.2: FIFA-WM-Stadion Hannover – Niedersachsenstadion – AWD-Arena nach dem Umbau (Quelle: Stahlbau Spezial. Arenen im 21. Jahrhundert. Christian Schliephake. AWD-Arena Hannover)

FIFA-WM-Stadion Hannover

- ✔ Zuschauerkapazität: 44.652 Sitzplätze
- ✔ Reines Fußballstadion
- ✔ Projekt: Umbau
- ✔ Einweihung: 23. Januar 2005
- ✔ Kosten: 64 Millionen Euro
- ✔ Heimstätte von Hannover 96

Das einstige Niedersachsenstadion wurde 1954 eröffnet. 50 Jahre später präsentiert sich die Arena den modernen Anforderungen gerecht und absolut WM-tauglich, was sie 2006 in fünf Spielen unter Beweis stellen wird.

Kaiserslautern

Mit annähernd 100.000 Einwohnern ist Kaiserslautern der kleinste Spielort der WM 2006. Fußballtradition jedoch wird auch hier groß geschrieben. Dafür steht insbesondere der berühmteste Sohn der rheinland-pfälzischen Stadt. Nicht umsonst ist das Stadion nach ihm benannt.

Fritz-Walter-Stadion

- ✔ Zuschauerkapazität: 41.170 Sitzplätze
- ✔ Reines Fußballstadion
- ✔ Projekt: Umbau
- ✔ Fertigstellung: Ende 2005
- ✔ Kosten: 48,3 Millionen Euro
- ✔ Heimstätte des 1. FC Kaiserslautern

Das Stadion in Kaiserslautern wurde bereist 1920 erbaut und trägt den Namen des Kapitäns der Weltmeisterelf von 1954. In den vergangenen Jahren erfolgte eine schrittweise Modernisierung und ein Ausbau der Zuschauerkapazität. Jetzt ist die Arena auf dem Betzenberg bereit für die WM, und auch in Kaiserslautern darf man sich auf fünf Begegnungen freuen.

Köln

Knapp eine Million Menschen sind in Köln beheimatet. Damit rangiert die nordrhein-westfälische Stadt deutschlandweit an vierter Stelle. Bereits im Jahre 50 nach Christus wurde »Colonia« von den Römern gegründet. Damit ist Köln die älteste der zwölf WM-Städte.

FIFA-WM-Stadion Köln

- ✔ Zuschauerkapazität: 46.134 Sitzplätze
- ✔ Reines Fußballstadion
- ✔ Projekt: Umbau

- Einweihung: 31. März 2004
- Kosten: 120 Millionen Euro
- Heimstätte des 1. FC Köln

Abbildung 3.3: FIFA-WM-Stadion Köln – Sportpark Köln mit dem RheinEnergieStadion (Quelle: Stahlbau Spezial. Arenen im 21. Jahrhundert. Joachim Rind. Neubau RheinEnergieStadion Köln)

Das Müngersdorfer Stadion war bei seiner Eröffnung 1975 das erste Stadion in Deutschland, dessen Zuschauerränge komplett überdacht waren. Inzwischen ist eine multifunktionale Fußball-Arena daraus geworden, in der 2006 fünf WM-Spiele stattfinden werden.

Leipzig

Als einzige Stadt im Osten Deutschlands wird Leipzig WM-Spiele zu sehen bekommen. Die sächsische Stadt mit ihren knapp einer halben Million Einwohnern kann auf eine große Fußballtradition verweisen. Der DFB wurde hier am 20. Januar 1900 gegründet. Und auch der erste Deutsche Meister, der VfB Leipzig, stammt aus der Stadt.

Zentralstadion

- ✔ Zuschauerkapazität: 44.345 Sitzplätze
- ✔ Reines Fußballstadion
- ✔ Projekt: Neubau
- ✔ Einweihung: 16./17. Juli 2004
- ✔ Kosten: 90,6 Millionen Euro
- ✔ Heimstätte des FC Sachsen Leipzig

Die Arena wurde direkt in die Betonschüssel des alten Zentralstadions gebaut. Das einst 100.000 Zuschauer fassende Bauwerk genügte Anfang der 1990er Jahre nicht mehr den modernen Sicherheitsansprüchen. Nun hat Leipzig ein modernes Fußballstadion und kommt in den Genuss von fünf WM-Spielen.

München

Die drittgrößte Einwohnerzahl in Deutschland hat München aufzuweisen. 1.249.176 Menschen leben hier. Schon 1974 wurden in München WM-Spiele ausgetragen. Das Finale, welches Deutschland mit 2:1 gegen die Niederlande gewann, fand im Olympiastadion statt.

FIFA-WM-Stadion München

Nun verfügt auch der FC Bayern München endlich über ein Stadion, das seinen hohen Ansprüchen und dem weltweiten Renommee entspricht. Der Abschied vom zuletzt ungeliebten Olympiastadion fiel da nicht schwer.

- ✔ Zuschauerkapazität: 66.000 Sitzplätze
- ✔ Reines Fußballstadion
- ✔ Projekt: Neubau
- ✔ Einweihung: 30./31. Mai 2005
- ✔ Kosten: 284 Millionen Euro
- ✔ Heimstätte des FC Bayern München und des TSV 1860 München

Das Stadion in München ist der neueste und wohl modernste Fußballtempel in Deutschland. Hier steigt am 09. Juni 2006 das WM-Eröffnungsspiel. Insgesamt sechs Partien werden in der bayrischen Landeshauptstadt ausgetragen.

Nürnberg

Nürnberg ist mit seinen 495.302 Einwohnern die zweitgrößte Stadt im Freistaat Bayern. Die erste urkundliche Erwähnung geht auf das Jahr 1050 zurück. Und seit Beginn des 20. Jahrhunderts ist hier auch der Fußball zu Hause.

Franken-Stadion

- ✔ Zuschauerkapazität: 44.308 Sitzplätze
- ✔ Leichtathletik-Laufbahn vorhanden
- ✔ Projekt: Umbau
- ✔ Einweihung: 24. April 2005
- ✔ Kosten: 56 Millionen Euro
- ✔ Heimstätte des 1. FC Nürnberg

Die Spielstätte in Nürnberg existiert bereits seit 1928 – damals unter dem Namen Städtisches Stadion. Nach Umbauten Anfang der 1990er Jahre erfolgte die Umbenennung in Franken-Stadion. Fünf WM-Spiele werden hier ausgetragen.

Stuttgart

Als Hauptstadt von Baden-Württemberg ist Stuttgart mit 591.550 Einwohnern zugleich größte Stadt des Bundeslandes. Bereits 1974 richteten sich die Blicke der Fußballwelt auf die Schwabenmetropole. Vier Spiele der WM fanden damals hier statt.

Gottlieb-Daimler-Stadion

- ✔ Zuschauerkapazität: 47.757 Sitzplätze
- ✔ Leichtathletik-Laufbahn vorhanden
- ✔ Projekt: Umbau
- ✔ Fertigstellung: Ende 2005
- ✔ Kosten: 51,5 Millionen Euro
- ✔ Heimstätte des VfB Stuttgart

Das 1933 erbaute einstige Neckarstadion, 1993 umbenannt in Gottlieb-Daimler-Stadion, wurde im Laufe der Zeit mehrfach erweitert und modernisiert. Die jüngsten Arbeiten dienten dazu, die Arena fit zu machen für die Fußball-WM 2006, die mit sechs Spielen in Stuttgart gastieren wird.

Abbildung 3.4: Gottlieb-Daimler-Stadion – Luftbild der Gesamtsituation mit Vorgebäude, Verbindungssteg und Parkhaus (Quelle: Stahlbau Spezial. Arenen im 21. Jahrhundert.)

Die Generalprobe

Genau ein Jahr vor der WM fand im Sommer 2005 in Deutschland der FIFA Confederations Cup statt – ein noch relativ junger Wettbewerb, der die Champions aller Kontinente und den aktuellen Weltmeister zusammenführt, um aus diesem erlauchten Kreis den Besten zu ermitteln. Das Turnier diente insbesondere auch als Generalprobe für die viel wichtigere Fußballweltmeisterschaft. Aufgrund des kleineren Teilnehmerfeldes wurden lediglich fünf Spielorte ausgewählt, um den Ernstfall zu testen. Frankfurt/Main, Hannover, Köln, Leipzig und Nürnberg bekamen demnach bereits einen kleinen Vorgeschmack auf das bevorstehende WM-Flair.

Im Großen und Ganzen ging der Confed-Cup problemlos über die Bühne. Die Spiele wurden sehr gut besucht. Und die Stimmung in den Stadien stellte sich schon recht viel versprechend dar.

Ein paar Unzulänglichkeiten hat die Veranstaltung sicherlich aufgedeckt. Schließlich war es der Sinn der Sache zu erkennen, wo noch Handlungsbedarf bestand. Die größte Panne passierte ausgerechnet im Finale. Das Dach des Waldstadions in Frankfurt/

Main war den Regenmassen dieses Tages nicht gewachsen. Ein Wasserfall ergoss sich in den Innenraum der Arena. Offensichtlich konnte man dieses Problems nicht so leicht Herr werden. Einige Monate später gab es vor einer Bundesligapartie erneut Schwierigkeiten.

Bis zum Beginn der WM im Juni 2006 sollten jedoch alle Mängel beseitigt sein. Die Organisatoren werden alles daran setzen, perfekte Rahmenbedingungen zu schaffen, damit die WM ein wahres Fußball-Fest wird.

Teil II

Deutschland – Der Gastgeber

The 5th Wave By Rich Tennant

In diesem Teil ...

Zwar erfolgte die Betrachtung der WM-Spielorte bereits in Teil I, alles weitere zum Gastgeberland jedoch wird im Folgenden abgehandelt. Viel Raum wird dabei die deutsche Fußballnationalmannschaft einnehmen. Reichhaltige Informationen zu den Spielern, die aller Voraussicht nach dem WM-Kader angehören werden, finden dabei genauso Berücksichtigung wie der nahezu komplette Trainer- und Betreuerstab – vom Bundestrainer Jürgen Klinsmann bis hin zum Busfahrer. Auch die Arbeit der vielen fleißigen Helfer im Hintergrund wird damit gewürdigt.

Von besonderem Interesse wird die Aufführung der Möglichkeiten sein, wie jeder Einzelne am Erlebnis Fußball-WM teilhaben kann. Gibt es noch Tickets? Wo stehen Großbildleinwände? Was zeigt das Fernsehen?

Deutschland – Die Mannschaft des Gastgebers

4

In diesem Kapitel

- Fähigkeiten, Fertigkeiten
- Sie sollen es richten
- Was ist möglich?

Die deutsche Nationalmannschaft spielt als WM-Gastgeber natürlich die Hauptrolle und ihr Abschneiden entscheidet in diesem Sommer über das Wohl und Wehe der ganzen Fußballnation. Im Idealfall stehen die deutschen Spieler auch im Finale am 09. Juli 2006 im Berliner Olympiastadion noch auf dem Rasen – und gewinnen.

Ein Blick ins Geschichtsbuch

Der deutsche Fußball hat eine große Tradition. Seit nahezu 100 Jahren jagt die Nationalmannschaft des Deutschen Fußball-Bundes (DFB) dem Ball hinterher.

Angefangen hat es am 05. April 1908, als in *Basel* die Schweiz der erste Gegner war. Die Partie damals ging mit 3:5 verloren. Das war zwar ein schlechter Start, aber in den Folgejahren konnten zahlreiche Siege und Triumphe gefeiert werden.

Und noch immer wird der deutsche Fußball wegen seiner großen Erfolge weltweit respektiert und gefürchtet. Deutschland gehört schließlich zu den besten Teams der WM-Geschichte. Insgesamt 15 Weltmeisterschaftsteilnahmen stehen zu Buche, nur 1930 und 1950 war keine deutsche Mannschaft am Start. Allein siebenmal erreichte man das Finale – eine beachtliche Quote. Am Ende sprangen drei Titel dabei heraus – 1954, 1974 und 1990.

»Fußball ist ein Spiel, bei dem 22 Mann einem Ball hinterherlaufen, und am Ende gewinnt immer Deutschland.« – Gary Lineker, ehemaliger englischer Nationalspieler.

		Gold	Silber	Bronze	Teilnahmen
1.	Brasilien	5	2	2	17
2.	**Deutschland**	**3**	**4**	**2**	**15**
3.	Italien	3	2	1	15
4.	Argentinien	2	2	-	13
5.	Uruguay	2	-	-	10
6.	Frankreich	1	-	2	11
7.	England	1	-	-	11

Tabelle 4.1: Die erfolgreichsten Mannschaften der WM-Geschichte

Darüber hinaus präsentierte sich Deutschland auch in Europa als Titelsammler. Drei Triumphe bei Europameisterschaften – keiner ist je erfolgreicher gewesen. Nach 1972 und 1980 war man zuletzt 1996 die kontinentale Nummer eins.

Doch bei all dem Glanz dieser glorreichen Vergangenheit, wenn die WM 2006 angepfiffen wird, haben diese Erfolge bestenfalls statistischen Wert. Wie sieht es also aus mit Gegenwart und Zukunft des deutschen Fußballs?

Die Mannschaft

Während die Organisatoren lediglich perfekte Rahmenbedingungen schaffen können, arbeiten die Trainer zwar direkt mit der Mannschaft, sind dabei aber vor allem vorbereitend tätig und sorgen für die richtige Einstellung. Ihr Einfluss auf ein laufendes Spiel ist nur gering. Gelegenheit für Veränderungen gibt es meist nur in der Halbzeitpause. Auf der Trainerbank hingegen sind sie im Spielverlauf einer gewissen Ohnmacht ausgeliefert, weil Ihre Anweisungen von den Spielern in der lauten Stadionatmosphäre selten wahrgenommen werden.

Letztlich liegt es einzig an den Spielern, die taktischen Vorgaben der Trainer umzusetzen. Sie sind die Protagonisten des Fußballs, die auf dem Platz über Sieg und Niederlage entscheiden. Von ihren Fähigkeiten hängt es ab, ob die Mannschaft zum Torerfolg kommt. Und im modernen Fußball auf allerhöchstem Niveau erlangen nicht zuletzt auch die kleinsten Unzulänglichkeiten eine besondere Tragweite. Ein einziger Fehler kann da schon die Niederlage bedeuten.

Die Torhüter: Kahn oder Lehmann?

Eine ganz wichtige Position im Mannschaftsgefüge bekleidet der Torwart. Gerade die Keeper wandeln zwischen den Extremen. Held oder Versager – dazwischen gibt es nicht viel. Wenn der Torhüter einen Fehler macht, hat das oft genug verheerende Konsequenzen. Meist zappelt der Ball dann im Netz.

Es heißt, als Tormann muss man schon ein wenig verrückt sein. Das Beobachten ihres Wirkens erhärtet diese These. Mit ungeheurem Wagemut werfen sie sich Schüssen und Spielern entgegen, um den Ball mit allen Mitteln und wirklich jedem Körperteil aufzuhalten.

Die leidige Torwartdiskussion

Journalisten sollten eigentlich dankbar sein. Ein Thema mehr, über das es etwas zu schreiben gibt. Doch ob die Rotation auf der Torhüterposition letztlich wirklich dem eigentlichen Zweck dient, ist höchst umstritten. Jürgen Klinsmann zumindest verteidigt sein Tun vehement.

Nach seinem Amtsantritt als Bundestrainer im Sommer 2004 hat Klinsmann viel frischen Wind und neue Ideen eingebracht. Die Entmachtung von Oliver Kahn als unumstrittener Nummer eins war eine der Veränderungen. Zugleich verlor der Keeper des FC Bayern München die Kapitänsbinde in der Nationalmannschaft. Die Öffentlichkeit und die Medien zeigten wenig Verständnis für diese Maßnahmen, galt Kahn doch über lange Jahre als der beste Torwächter der Welt. Dokumentieren lässt sich dies u. a. durch die Titel »Welttorhüter des Jahres« 1999, 2001 und 2002.

»Da kann sich Lehmann aufhängen – Oliver Kahn ist der Bessere.« – Josef »Sepp« Maier, stand zwischen 1966 und 1979 insgesamt 95 Mal im Tor der deutschen Fußball-Nationalmannschaft. Seit 1987 war Maier Bundestorwarttrainer, wurde im Herbst 2004 von Klinsmann abgesetzt.

Nun darf jeder mal ran. In der Hauptsache wechseln sich Oliver Kahn und Jens Lehmann zwischen den Pfosten ab. Klinsmanns Ansinnen dabei war, den Konkurrenzkampf unter den Torhütern anzuheizen, vor allem die im Schatten von Kahn stehenden Jens Lehmann und Timo Hildebrand zu motivieren, und gleichzeitig das Leistungspotenzial aller Torleute weiter auszureizen. Nachdem der Schuss anfangs nach hinten losging, und gerade die Vereine unter den schwächeren Leistungen ihrer Torhüter litten, konnte der Bundestrainer nach etwa einem Jahr eine positive Entwicklung feststellen.

Die Kritiker indes verstummten nicht. Die überwiegende Zahl drängt auf eine baldige Entscheidung in der Torwartfrage. Dabei hat die Mehrheit noch immer großes Vertrauen in die nach wie vor großartigen Fähigkeiten von Oliver Kahn. Der wichtigste Aspekt in dieser Frage jedoch ist die Abstimmung zwischen Torhüter und Abwehr. Jeder Keeper hat eine andere Art sein Werk auf der Torlinie bzw. in und um den Strafraum herum zu verrichten. Durch das ständige Wechselspiel können sich ganz besonders die jungen, unerfahrenen Verteidiger nur schwer auf den Stil des jeweiligen Torhüters einstellen.

Jürgen Klinsmann lässt sich jedoch nicht beirren und geht auch hier konsequent seinen Weg. Erst im Mai 2006 plant er, das Geheimnis zu lüften. Dann wird festgelegt, wer während des WM-Turniers das Tor der deutschen Mannschaft hütet.

Oliver Kahn

Im Laufe der WM, exakt am 15. Juni 2006, wird Oliver Kahn 37 Jahre alt. Doch noch immer zählt der gebürtige Karlsruher zu den besten Torhütern der Welt. Seit 1994 steht er im Tor des FC Bayern München. Beim deutschen Rekordmeister sammelte er Titel en masse: Sechsmal deutscher Meister, viermal Pokalsieger, 1996 UEFA-Cup-Sieger. Höhepunkt auf Vereinsebene war ohne Frage das Jahr 2001. Im Finale der Champions League war Kahn der entscheidende Mann beim Sieg im Elfmeterschiessen über den FC València. Anschließend holten die Münchner auch noch den Weltpokal.

Mit der Nationalmannschaft konnte Oliver Kahn seit seinem Debüt 1995, ebenfalls große Erfolge feiern. Den Europameistertitel 1996 erlebte er allerdings nur als Ersatzmann für Andreas Köpke. Überragend war Kahns Vorstellung bei der WM 2002 in Japan und Südkorea. Die Experten waren sich damals einig: Ohne ihn wäre die deutsche Mannschaft niemals bis ins Finale vorgedrungen. Dass dem Keeper ausgerechnet dort ein entscheidender Fehler unterlief, holte den »Titan« zurück in den Kreis menschlicher Fehlbarkeit. Trotz des Patzers, der Ronaldo die Führung beim 2:0-Sieg Brasiliens ermöglichte, wurde Kahn nicht nur zum besten Torhüter sondern überhaupt zum besten Spieler der WM gewählt.

»Es ist schon verrückt, was der Fußball aus mir macht.« – Oliver Kahn.

Oliver Kahns Stellung als vielleicht bester Torhüter der Welt liegt in erheblichem Maße in seinem unermesslichen Ehrgeiz begründet. Manche nennen es gar Besessenheit. Sepp Maier, sein Torwarttrainer beim FC Bayern München dazu: »Ein Olli Kahn gibt nicht auf – niemals.«

Jens Lehmann

Geboren am 10. November 1969 in Essen, ist Jens Lehmann nur knapp fünf Monate jünger als Oliver Kahn. Zeit seines Fußballerlebens jedoch stand er in dessen Schatten. Unbestritten sind Lehmanns großartige Fähigkeiten, Kahn aber war eben noch einen Tick besser. An dieser Tatsache hat der Keeper des FC Arsenal London bis heute zu knabbern. Allzu oft versuchte er den Konkurrenzkampf verbal zu schüren, um damit seine Position zu verbessern. Doch nahezu genauso oft unterliefen ihm in den anschließenden Spielen haarsträubende Fehler. Der selbst auferlegte Druck schien einfach zu groß.

Klinsmanns Torhüterrotation kam Jens Lehmann ohne Frage zugute. Neben regelmäßiger Spielpraxis in der Nationalmannschaft bietet sich ihm die Chance die Nummer eins im Tor zu werden. Nach wie vor hält sich Lehmann für den besseren Torwart und gibt sich überzeugt, während der WM 2006 im Tor der deutschen Mannschaft zu stehen.

Torhüter-Regeln

Ein Torhüter darf zwar den Ball mit jedem Körperteil abwehren und innerhalb des Strafraumes zudem die Hände benutzen, einige Regeln jedoch muss auch er beachten:

- ✔ Rückpassregel: Ein absichtliches Zuspiel eines Mitspielers per Fuß darf der Torwart nicht mit der Hand aufnehmen. Ausnahmen sind abgefälschte Schüsse oder Rückgaben per Kopf oder Brust.
- ✔ Sechs Sekunden lang darf ein Torhüter den Ball in Händen halten. Dabei kann er sich frei im Strafraum bewegen. Nach der Freigabe des Balls aus den Händen ist es nicht gestattet, diesen direkt wieder in die Hand zu nehmen.
- ✔ Im Torraum, auch Fünfmeterraum genannt, genießt der Keeper nahezu Narrenfreiheit. Bereits eine geringfügige Kontaktaufnahme durch den Gegner wird vom Schiedsrichter zu seinen Gunsten abgepfiffen.

Die deutsche Torwart-Tradition

Oliver Kahn und Jens Lehmann sind aber nur zwei von zahlreichen Spitzentorleuten. Wenn auf allen Positionen solch eine qualitativ hochwertige Auswahl bestünde, wäre Deutschland der haushohe Favorit für die WM 2006. Für einen Trainer bedeutet dies natürlich ein Luxusproblem – oder die Qual der Wahl.

Drei Torhüter werden bei der WM dabei sein. Der Name Timo Hildebrand ist ja bereits gefallen. Der Mann vom VfB Stuttgart gilt als einer der Kandidaten für die Position der Nummer drei. Bedenkenlos könnten an seiner Stelle auch einige andere Bundesligatorhüter nominiert werden:

- ✔ Robert Enke
- ✔ Simon Jentzsch
- ✔ Roman Weidenfeller
- ✔ Frank Rost
- ✔ Jörg Butt

Über Weltklassetorhüter kann sich Fußball-Deutschland schon seit nahezu fünfzig Jahren freuen. Die besondere Qualität auf dieser Position ist beinahe schon traditionell. Und in der jüngeren Vergangenheit gab es ob des großen Angebots an Spitzenkräften auch immer einen großen Konkurrenzkampf. Einmal hieß die Frage Bodo Illgner oder Andreas Köpke, später Andreas Köpke oder Oliver Kahn, heute nun Lehmann oder Kahn. Selbst ein Toni Schumacher, Mitte der 1980er Jahre eigentlich die unumstrittene Nummer eins, musste sich einst der Angriffe von Uli Stein erwehren. Richtig konkurrenzlos schien rückblickend nur Sepp Maier gewesen zu sein, der in den 1970er Jahren im Kasten der deutschen Auswahl stand.

Während andere Nationen in ihrer Geschichte oft nur über ein oder zwei wirklich erstklassige Torhüter verfügten, brachte in Deutschland fast jede Generation mindestens einen Top-Keeper hervor.

»Eine Minute nach Spielende habe ich noch nicht die Intelligenz, um das Spiel zu beurteilen.« – Jens Lehmann.

Sie gelten als gesetzt

Sollten Oliver Kahn und Jens Lehmann von Verletzungen verschont bleiben, haben sie ihren Platz im WM-Kader sicher. Unter den Feldspielern gibt es auch einige Namen, die mit großer Gewissheit im deutschen WM-Aufgebot auftauchen werden, allen voran natürlich der Kapitän.

Michael Ballack

Mit 29 Jahren befindet sich der Sachse, geboren in Görlitz, im allerbesten Fußballeralter. Neben den Torhütern verkörpert eigentlich nur er absolute Weltklasse. Zahlreiche Fußball-Experten bezeichnen ihn als den torgefährlichsten Mittelfeldspieler Europas wenn nicht sogar der Welt. Insbesondere sein Kopfballspiel ist herausragend. In Präzision und Timing gibt es weltweit kaum besseres.

Sein exzellentes Können fand in den vergangenen Jahren bereits reichlich Würdigung. Bereits dreimal wurde Michael Ballack in Deutschland die Ehre »Fußballer des Jahres« zuteil.

Zunehmend wird sich Ballack seiner Fähigkeiten bewusst. Das Amt des Nationalmannschaftskapitäns förderte seine Entwicklung zum Führungsspieler. Durch selbstsicheres Auftreten und aggressives Zweikampfverhalten dokumentiert er dies auch auf dem Platz, versucht seine Mannschaftskollegen mitzureißen. Der enorme Druck und die große Verantwortung scheinen ihn zusätzlich zu motivieren.

Ballack wurde bereits 1998 mit dem 1. FC Kaiserlautern Deutscher Meister. Seit seinem Wechsel 2002 von Bayer Leverkusen zum FC Bayern München begann das Titel sammeln erst so richtig. Gleich zweimal konnte er das begehrte »Double«, Meistertitel und Pokalsieg in einer Saison, feiern.

Bernd Schneider

Der Thüringer, geboren am 17. 11. 1973 in Jena, durchlebte 2002 eines seiner besten Jahre als Fußballer. Nach seinen starken Leistungen im Turnierverlauf der Weltmeisterschaft in Japan und Südkorea hatten die Brasilianer im Vorfeld des WM-Finales vor ihm gehörigen Respekt. In Anlehnung daran und ob seiner brillanten Technik wird er seither ehrfürchtig der »weiße Brasilianer« genannt. Überzeugen konnte Schneider auch immer durch seine Vielseitigkeit. Ob links, rechts oder zentral, ob offensiv oder defensiv – der 32-Jährige stand überall seinen Mann.

Zu Titelehren hat es Schneider jedoch noch nicht gebracht. Die Erfolge aus dem Jahr 2002 waren die bedeutsamsten. Die kurze Liste seiner bisherigen Vereine lässt das geringe Titelpotenzial erkennen. Nachdem er seiner Heimat Jena 1998 den Rücken gekehrt und eine Saison bei Eintracht Frankfurt verbracht hatte, heuerte er schon ein Jahr darauf bei Bayer 04 Leverkusen an. Diesem Klub blieb er seither treu.

»Bei meiner Playstation ist mehr Stimmung.« – Bernd Schneider über die Atmosphäre im Sapporo Dome beim 8:0-Sieg im ersten Gruppenspiel der deutschen Mannschaft bei der WM 2002 gegen Saudi-Arabien.

Torsten Frings

Auch Torsten Frings gehört zu jenen Spielern, die für die WM 2006 als gesetzt gelten. Sein Reich ist das defensive Mittelfeld – mit Vorliebe zentral vor der Abwehr. In Deutschland durchlief der 29-Jährige bereits einige Stationen , hat so manchem Spitzenverein gedient. Seine Bundesligakarriere begann 1997 beim SV Werder Bremen. Nach der Weltmeisterschaft 2002 wechselte der Mittelfeldspieler zu Borussia Dormund, dort erlebte er allerdings zwei titellose Jahre. Erst sein Wechsel zum FC Bayern München bescherte ihm 2005 das »Double«. An der Isar wurde er aber nicht glücklich. Nach nur einem Jahr zog es ihn zurück nach Bremen.

Per Mertesacker

Trotz seiner Jugend gehört Per Mertesacker bereits zu den Stammspielern in der Nationalmannschaft. Dabei ist der 21-Jährige erst seit 2004 dabei. Beim 2:0-Sieg im Iran gab er unter Bundestrainer Jürgen Klinsmann sein Debüt. Auf die ganz große Erfahrung lässt sich bei ihm selbstverständlich nicht bauen. Gerade auf internationaler Ebene konnte sich Mertesacker, abgesehen vom Nationalteam, bisher nicht beweisen.

Sein Verein Hannover 96 hat sich in der jüngeren Vergangenheit schließlich nicht für den Europapokal qualifiziert.

Dennoch hat der Verteidiger seine Klasse mehrfach unter Beweis gestellt. Auffallend ist die Ruhe und Abgeklärtheit, mit der er seine Aufgaben verrichtet. Dabei geht er erstaunlich fair zu Werke, muss sich selten mit Fouls behelfen. Mit einer Körpergröße von 1,96 m gibt Mertesacker eine stattliche Figur ab, ist dabei aber erstaunlich schnell. Sollte er sich nicht schwer verletzen, wird er bei der WM 2006 als Innenverteidiger der deutschen Mannschaft die erste richtige Bewährungsprobe auf der großen Fußball-Bühne bekommen.

Die Vereine aller genannten Spieler

- ✔ SV Werder Bremen (7): Baumann, Borowski, Fahrenhorst, Frings, Klose, Owomoyela, Schulz
- ✔ FC Bayern München (7): Ballack, Kahn, Deisler, Schweinsteiger, Lahm, Scholl, Görlitz
- ✔ FC Schalke 04 (5): Asamoah, Ernst, Kuranyi, Pander, Rost
- ✔ Borussia Dortmund (4): Kehl, Metzelder, Weidenfeller, Wörns
- ✔ Hannover 96 (3): Brdaric, Enke, Mertesacker
- ✔ Bayer 04 Leverkusen (3): Schneider, Butt, Freier
- ✔ Hertha BSC Berlin (2): Fathi, Friedrich
- ✔ 1. FC Köln (2): Podolski, Sinkiewicz
- ✔ VfL Borussia Mönchengladbach (2): Jansen, Neuville
- ✔ VfB Stuttgart (2): Hinkel, Hitzlsperger
- ✔ VfL Wolfsburg (2): Hanke, Jentzsch
- ✔ DSC Arminia Bielefeld (1): Rau
- ✔ Hamburger SV (1): Lauth
- ✔ 1. FC Kaiserslautern (1): Engelhardt
- ✔ Aston Villa (1): Volz
- ✔ FC Liverpool (1): Hamann
- ✔ FC Arsenal London (1): Lehmann
- ✔ FC Chelsea London (1): Huth

Arne Friedrich

Direkt nach dem großen Erfolg bei der WM 2002 stieß Arne Friedrich erstmals zur Nationalmannschaft. Rudi Völler gab ihm damals die Chance. Seither gehört er regelmäßig zu den Auserwählten und hat somit gute Karten auch bei der Heim-WM dabei zu sein.

Friedrichs bevorzugte Position ist die des rechten Außenverteidigers, er kann aber auch zentral aushelfen. Gefürchtet sind seine Vorstöße über die rechte Seite. Hierbei ist er auch ab und an für ein Tor gut.

Im Vorfeld der WM wird der Abwehrspieler 27 Jahre alt, und es wäre sicher ein Traum für ihn, das WM-Finale am 09. Juli 2006 in »seinem« Olympiastadion in Berlin bestreiten zu dürfen.

Sebastian Deisler

Noch immer gilt Sebastian Deisler als eines der größten Talente des deutschen Fußballs. Sollte er physisch und vor allem auch psychisch fit sein, steht seiner ersten WM-Teilnahme sicher nichts im Weg. So langsam wird es aber auch Zeit für ihn.

Am 05. Januar 1980 in Lörrach geboren, ging Deislers Stern Ende der 1990er Jahre bei Borussia Mönchengladbach auf. Mit Dynamik, Zug zum Tor und einer starken Schusstechnik machte er auf sich aufmerksam. Das blieb auch dem FC Bayern München nicht verborgen. Über Hertha BSC kam der offensive Mittelfeldspieler 2002 an die Isar.

Einige Titel hat Deisler manchem seiner Nationalmannschaftskollegen mittlerweile voraus. 2003 und 2005 holte er mit dem FC Bayern München jeweils das »Double«. Da er mit dem bayrischen Spitzenklub auch ständig auf der internationalen Bühne aktiv ist, kann er sich regelmäßig mit den Top-Spielern dieser Welt messen.

Kevin Kuranyi

Wegen seines Alters zählt Kevin Kuranyi fast noch zu den »jungen Wilden«. Die WM, es wäre seine erste, wird der Stürmer als 24-Jähriger bestreiten. Da er aber bereits seit 2003 in der Nationalmannschaft spielt, gehört er fast schon zu den »alten Hasen«. Die EM 2004 hat er bereits in der Karrierestatistik stehen. Dort aber wurde er als häufig einzige Sturmspitze regelrecht verheizt, rieb sich auf in unzähligen Zweikämpfen und so fehlte dann zumeist die Konzentration für das Verwerten von Torchancen. Dennoch wurde gerade in Portugal auch eine große Stärke des Deutsch-Brasilianers, der 1982 in Rio de Janeiro geboren wurde deutlich: Er steht nicht nur vorn und wartet auf die Bälle, um ein Tor zu schießen. Vielmehr arbeitet er sehr viel für die Mannschaft, leistet unermüdliche Laufarbeit und versucht Bälle zurückzuerobern.

Miroslav Klose

Miroslav Klose gehört zu den drei Angreifern, die ihr WM-Ticket sicher zu haben scheinen. Dabei ist für ihn der Tag des Eröffnungsspiels ein doppelt bedeutsames Datum, denn am 09. Juni 2006 feiert Klose seinen 28. Geburtstag.

Mit fünf Treffern in Japan und Südkorea gehörte er zu den Toptorjägern der WM 2002. Nur Ronaldo traf häufiger. Daran gilt es für ihn anzuknüpfen, nachdem die Europameisterschaft 2004 nicht nach Wunsch verlaufen war. In Portugal kam er nur zu zwei Kurzeinsätzen und blieb dabei ohne Torerfolg.

Ähnlich wie Kevin Kuranyi ist Miroslav Klose ein sehr mannschaftsdienlicher Stürmer, der sehr bemüht ist, auch defensiv zu arbeiten. Darüber hinaus zeichnet ihn seine Kopfballstärke aus. Für den 1. FC Kaiserslautern und nun Werder Bremen ist er seit 1999 in der Bundesliga aktiv.

Lukas Podolski

Zu den jüngsten deutschen Nationalspielern zählt Lukas Podolski. Um ihn gibt es jedoch, den mit Abstand größten Rummel. Unmittelbar vor WM-Beginn, am 04. Juni 2006, wird der Angreifer 21 Jahre alt. Trotz des jungen Alters gilt »Poldi« bei seinem Verein, dem 1. FC Köln, schon seit Jahren als der große Hoffnungsträger. Mittlerweile gilt dies auch für die Nationalmannschaft.

Bislang hat er das immense Interesse an seiner Person gut verkraftet. Natürlich fehlt noch etwas die Konstanz in seinen Leistungen, was aber aufgrund seines Alters nicht weiter verwundert. Dafür zeigt sich der »Kölsche Jung« vor dem Tor schon sehr abgebrüht, er kann Torchancen eiskalt nutzen. Die gute Schusstechnik und seine Schnelligkeit kommen ihm dabei zugute.

Als Torschützenkönig der zweiten Bundesliga führte er den 1. FC Köln mit 24 Toren 2005 zurück ins deutsche Fußball-Oberhaus. Bei der Wahl zu »Deutschlands Fußballer des Jahres« platzierten ihn die Sportjournalisten auf Rang zwei hinter Michael Ballack.

Bastian Schweinsteiger

Zusammen mit Lukas Podolski ist Bastian Schweinsteiger der Inbegriff des jugendlichen Sturm und Drangs in der deutschen Fußball-Nationalmannschaft. Auch er hat sich bereits einen festen Platz im Auswahlkreis erarbeitet – oder besser erspielt. Die Unbekümmertheit ist es, die auch ihn auszeichnet. Dazu gehört auch eine Portion Frechheit, die etablierten Stars der Branche mal mit einem Trick zum Narren zu halten.

Schweinsteigers spielt im offensiven Mittelfeld. Hier wird er sehr variabel eingesetzt, sprich: Er kann dort sowohl rechts als auch links spielen. Auch die Halbpositionen, also von der Seitenauslinie mehr Richtung Zentrum verschoben, sind kein Problem für ihn.

Der 21-Jährige bekommt beim FC Bayern München natürlich jede Menge Spielpraxis auf höchstem Niveau, selbstverständlich auch international. 2003 und 2005 feierte er mit der Mannschaft jeweils das »Double«.

Was ist ein Übersteiger?

Der Übersteiger ist ein Klassiker unter den Fußballtricks. Als Teil eines Dribblings bietet sich diese Finte besonders an, um den Gegenspieler zu foppen. Dabei wird ein Bein von innen nach außen über den Ball geführt, ohne diesen zu berühren. Beim nächsten Schritt spielt der andere Fuß die Kugel mit der Außenseite (Außenrist) in die vom Gegenspieler unerwartete Richtung.

Die jungen Wilden

Drei der Jungnationalspieler wurden ja bereits genannt – Mertesacker, Podolski, Schweinsteiger. Es gibt allerdings noch weitere aufstrebende Leute, denen Jürgen Klinsmann bereits zu Nationalmannschaftsehren verholfen hat. Einige von ihnen wird man sicher bei der WM sehen.

Marcell Jansen

Marcell Jansen gab erst am 03. September 2005 in Bratislava sein Debüt im Nationalteam. Trotz der 0:2-Niederlage gegen die Slowakei erhielt er als Einwechselspieler gute Kritiken. Mit seinen 20 Jahren ist er natürlich noch mächtig »grün hinter den Ohren«. Selbst bei Borussia Mönchengladbach in der Bundesliga hat er noch keine 50 Spiele absolviert. Aber wegen der Probleme auf der Position des linken Außenverteidigers kann sich auch Jansen Hoffnungen auf die WM 2006 machen. Gute Linksfüßer sind schließlich rar gesät. Und Jürgen Klinsmann hat gerade hier schon sehr viel ausprobiert, ohne eine Lösung gefunden zu haben.

Robert Huth

Ein Kandidat für die Innenverteidigung ist Robert Huth. Der 21-Jährige wagte mit ganz jungen Jahren den Schritt in die große, weite Fußball-Welt. Aus der Nachwuchsabteilung des 1. FC Union Berlin zog es ihn 2000 zum FC Chelsea London. Doch Spielpraxis bekommt der Abwehrspieler beim englischen Meister von 2005 äußerst selten. Im Hinblick auf die WM 2006 ist das ein Problem. Regelmäßige Einsätze sind zumindest eine Voraussetzung, um von Jürgen Klinsmann beim WM-Aufgebot berücksichtigt zu werden. Daher ist es durchaus möglich, dass sich Robert Huth im Winter entschließt, den Verein zu wechseln, sollte sich seine Situation in London nicht verbessern.

Mit über 1,90 m gibt auch Huth eine imposante Figur ab. Dank seiner Körpergröße verfügt er über ein starkes Kopfballspiel. Gerade bei Rückständen tummelt er sich gegen Spielende regelmäßig im gegnerischen Strafraum, um mit Wucht zum Torerfolg zu kommen.

Philipp Lahm

Philipp Lahm gilt als Idealbesetzung auf der linken Abwehrseite. Das Jahr 2005 verlief für den 22-Jährigen sehr unglücklich. Zunächst legte ihn ein Mittelfußbruch lahm, bevor kurz nach der Genesung das vordere Kreuzband im linken Knie riss.

Sollte er bis zur WM von weiteren Rückschlägen verschont bleiben und zügig seine Form finden, wird Jürgen Klinsmann sicher gern auf seine Dienste zurückgreifen. Damit könnte dann die Lücke auf der Position des linken Außenverteidigers geschlossen werden.

Lukas Sinkiewicz

Lukas Sinkiewicz gab seinen Einstand in der DFB-Elf im September 2005 gemeinsam mit Marcell Jansen. Der 20-Jährige vom 1. FC Köln ist der unerfahrenste Akteur im Spielerkarussell. Nach gerade einmal sieben Einsätzen in der Bundesliga durfte er sich schon das Trikot der Nationalmannschaft überstreifen. Die Chancen des Verteidigers auf eine WM-Teilnahme erscheinen eher gering.

Was ist eine Notbremse?

Eine Notbremse ist ein Foul zur Verhinderung einer klaren Torchance. Wenn beispielsweise ein Spieler frei auf das gegnerische Tor zuläuft und vom Verteidiger nur noch festgehalten oder umgerissen, also regelwidrig gestoppt werden kann, dann handelt es sich um eine Notbremse. In den meisten Fällen hat dies einen Platzverweis in Form einer Roten Karte für den foulenden Spieler zur Folge.

Mike Hanke

Mike Hanke muss auf dem Weg zur WM 2006 eine schwere Hypothek mit sich herumschleppen. Wegen einer Roten Karte beim Confederations Cup darf der 22-Jährige in den ersten beiden WM-Spielen nicht eingesetzt werden. Die FIFA hat den Stürmer für zwei Pflichtspiele gesperrt. Und da Deutschland bis zur WM nur noch Freundschaftsspiele bestreitet, greift die Strafe erst im Verlauf des Turniers. Unter diesen Voraussetzungen muss sich Hanke schon in einer überragenden Form präsentieren, um von Jürgen Klinsmann überhaupt mit zur WM genommen zu werden.

23 Plätze gibt es - Wer hat noch Chancen?

Zahlreiche Namen sind bereits gefallen. Insgesamt aber hat Jürgen Klinsmann 23 Plätze in seinem WM-Kader zu vergeben. Abzüglich der drei Torhüter bleiben für die Feldspieler noch immer 20 WM-Fahrkarten. Einige Kandidaten, die das Aufgebot komplettieren könnten, sollen an dieser Stelle genannt werden. Der ein oder andere Geheimtipp ist sicher dabei, einen Anspruch auf Vollständigkeit erhebt die Liste der Spieler jedoch nicht.

Andreas Hinkel

Auf der Position des rechten Außenverteidigers hat Jürgen Klinsmann einige Möglichkeiten. Eine ist Andreas Hinkel. Bereits seit 2003 übernimmt er diese Aufgabe ab und an in der Nationalmannschaft. Der Schwabe gehörte auch zum EM-Aufgebot 2004, kam aber in Portugal nicht zum Einsatz.

Hinkel ist seit 1992 beim VFB Stuttgart und debütierte 1999 in der Bundesliga. Auch international war er mit dem Verein bereits aktiv. In der Champions League absolvierte Hinkel acht Spiele. Im Sommer 2006 möchte der dann 24-Jährige auch einmal WM-Luft schnuppern.

Thomas Hitzlsperger

Der Linksfuß wurde in einem Großteil der Spiele seiner Nationalmannschaftslaufbahn als linker Außenverteidiger verheizt. Jürgen Klinsmann war gezwungen, auf dieser Position eine Alternative zu testen, weil dort nach der Verletzung von Philipp Lahm eine Lücke entstand. Für Thomas Hitzlsperger war dies die Chance, sich im Nationalteam zu etablieren. Da kann man in Sachen Position schließlich keine großen Ansprüche stellen. Mittlerweile gilt das Experiment als gescheitert. Der gebürtige Münchner offenbarte einfach zu viele Schwächen in der Defensive. Seine Spielweise ist viel offensiver ausgerichtet. Ob das für einen Platz in Klinsmanns WM-Aufgebot ausreicht, muss sich zeigen.

Erst im August 2005 gab Thomas Hitzlsperger sein Bundesliga-Debüt. Über mangelnde Erfahrung muss er dennoch nicht klagen, spielte er doch fünf Jahre lang in England, zuletzt bei Aston Villa regelmäßig in der Premier League. Der Mittelfeldspieler, hervorgegangen aus dem Nachwuchs des FC Bayern München, ist nun für den VfB Stuttgart tätig.

Was ist Manndeckung?

Manndecker sind unerbittliche Verteidiger, die den gegnerischen Spieler auf Schritt und Tritt verfolgen, ihn niemals aus den Augen lassen und ihm praktische ständig auf den Füßen stehen. Stürmer von Weltklasse sollen auf diese Weise ausgeschaltet und ihrer Wirkung beraubt werden.

Früher gab es für die Manndecker auch die Bezeichnung Vorstopper. Ihre ausschließliche Aufgabe ist es, das Spiel des Gegners zu zerstören. Zimperlich gehen sie dabei nicht zu Werke. Regelmäßige Gelbe Karten werden einkalkuliert.

Christian Wörns

Als eisenharter Abwehrspieler verkörpert Christian Wörns die hervorragende Mannheimer Verteidigerschule. Deren berühmtester Schüler war einst Jürgen Kohler, der Weltmeister von 1990. Vom SV Waldhof Mannheim zog Wörns 1991 aus, um den Stürmern der Bundesliga das Fürchten zu lehren. Zunächst spielte er in Leverkusen dann in Paris und seit 1999 bei Borussia Dortmund. 2002 feierte er mit dem BVB die Meisterschaft.

Für Christian Wörns spricht die immense Erfahrung, Zweikampfstärke und ein gutes Stellungsspiel. Mit dann 34 Jahren könnte er im Sommer 2006 in der Innenverteidigung einem jungen Spieler zur Seite stehen.

Gerald Asamoah

Gerald Asamoah hatte nach Klinsmanns Amtsantritt gute Karten beim Bundestrainer, gehörte regelmäßig zum Aufgebot. Großer Einsatz, unbändiger Wille und eine vorbildliche Einstellung – das sind die Trümpfe des 27-Jährigen. Doch sein Mut, Zweikämpfe zu suchen, wird selten belohnt. Nach dem Motto »Mit dem Kopf durch die Wand« holt der gebürtige Ghanaer allenfalls mal einen Freistoß heraus.

Die fußballerische Wiege von Gerald Asamoah steht in Hannover. Sein Weg führte ihn somit unweigerlich zu »96«, wo er fünf Jahre lang spielte. 1999 zog es ihn zum FC Schalke 04 in die 1. Fußball-Bundesliga. Dort stellten sich auch richtige Erfolge ein, 2001 und 2002 wurde er DFB-Pokalsieger.

»Ich bin von allen deutschen Nationalspielern bisher am schwärzesten.« – Gerald Asamoah.

Dietmar Hamann

Als Champions-League-Sieger 2005 mit dem FC Liverpool ist Dietmar Hamann für Jürgen Klinsmann natürlich ein Thema. Allein dieser Titel steht stellvertretend für die Fähigkeiten und Leistungen des 32-Jährigen. Doch in der Nationalmannschaft ist Hamann umstritten. In der Öffentlichkeit galt er als einer der Hauptverantwortlichen für das Scheitern bei den vergangenen zwei Europameisterschaften, wo er jeweils alle drei Vorrundenspiele bestritt.

An Erfahrung macht dem Mann vom FC Liverpool niemand etwas vor. Auf Vereinsebene hat der Oberpfälzer so ziemlich alles erlebt. Mit dem FC Bayern München gewann er den deutschen Meistertitel 1994 und 1997, den DFB-Pokal 1998 und den UEFA-Cup 1996. Nach einem einjährigen Intermezzo bei Newcastle United verschlug es ihn 1999 zum FC Liverpool. Mit den »Reds« wiederholte er zwei Jahre später den UEFA-Cup-Triumph und gewann in jener Saison auch den englischen Pokal, bevor 2005 der wichtigste Vereinstitel in der Champions League folgte.

White Horse statt Dietmar Hamann

London hat einen neuen Fußballtempel. Das altehrwürdige Wembley-Stadion musste einer neuen Arena gleichen Namens weichen. Für eine Fußgängerbrücke vor dem Stadion wurde nun ein Name gesucht. Dieser sollte mittels Internetabstimmung ermittelt werden.

Die Organisatoren dieser Wahl hatten jedoch nicht mit dem Enthusiasmus der deutschen Fußballfans gerechnet. Mit überwältigender Mehrheit siegte Dietmar Hamann. Er hatte 2000 im alten Stadion das letzte Tor erzielt, was zu einer 0:1-Niederlage Englands gegen den Erzrivalen Deutschland führte. Als ob dies nicht bereits Schmach genug wäre, kursierten im Internet Aufrufe, für Dietmar Hamann zu stimmen und damit die Engländer zu ärgern – zunächst also mit Erfolg.

Doch in London ignorierte man letztlich das Web-Votum, wie nicht anders zu erwarten. Schließlich hätte auch der zweitplatzierte Vorschlag den englischen Fans mächtig Bauchschmerzen bereitet. Die Schotten sorgten dafür, dass ihr Landsmann Jim Baxter, in den 1960er Jahren aktiv an einigen Siegen über den Nachbarn beteiligt, bei der Abstimmung weit vorn landete.

Schließlich wurde ein neues Referendum mit einer Auswahl vorgegebener Namen gestartet. Hier setzte sich ein weißes Polizeipferd namens Billy durch. Zusammen mit seinem Reiter George Scorey hatte es beim englischen Pokalfinale 1923 für Ruhe unter den nahezu 250.000 Zuschauern gesorgt und somit größeres Unheil verhindert. Viele der Stadionbesucher waren bereits auf das Spielfeld gelaufen und wurden von den beiden in Schach gehalten. In Erinnerung an diese Geschehnisse wird die Brücke künftig »White Horse Bridge« heißen. Schade für Dietmar Hamann.

Oliver Neuville

Oliver Neuville gilt ein wenig als Pechvogel, wenn es um die ganz großen Highlights in einer Fußballerkarriere geht. Er schrammte häufig knapp an einer Nominierung für ein großes Turnier vorbei.

Geboren am 01. Mai 1973 in Locarno, begann seine Laufbahn in der Schweiz. Nach einem Abstecher nach Teneriffa führte ihn sein Weg schon bald in die deutsche Bundesliga zu FC Hansa Rostock und Bayer 04 Leverkusen. Seit 2004 geht Neuville für Borussia Mönchengladbach auf Torjagd.

Sebastian Kehl

Sebastian Kehl spielt eine Position, für die Jürgen Klinsmann recht viele Optionen hat. Im defensiven Mittelfeld tun sich deutsche Fußballer erfahrungsgemäß etwas leichter. Die kämpferische Komponente, Zweikampfstärke, das Zerstören des gegnerischen Spiels – das sind Dinge, die deutsche Spieler sehr gut beherrschen. Im modernen Fußball jedoch ist weit mehr gefordert, jetzt muss auch zum eigenen Spielaufbau beigetragen werden. Unter diesem Aspekt wird Jürgen Klinsmann seine Wahl treffen. Ob Sebastian Kehl dann eine Chance haben wird, muss insbesondere seine Form zeigen. Was Einsatz, Einstellung und Ehrgeiz betrifft, da lässt sich dem Mittelfeldspieler nichts nachsagen. Vielmehr scheint er häufig sogar übermotiviert zu sein

Tim Borowski

Ein richtiges Nordlicht ist Tim Borowski. Geboren am 02. Mai 1980 in Neubrandenburg (Mecklenburg-Vorpommern), verschlug es ihn schon in der Jugend zum SV Werder Bremen. Seit 1996 ist er dem Klub treu, wurde im Jahr 2004 Meister und Pokalsieger.

Sein Debüt in der Nationalmannschaft gab der Mittelfeldspieler im ersten Spiel nach der WM 2002. In Sofia gab es gegen Bulgarien damals ein 2:2. Turniererfahrung kann Borowski allerdings noch nicht vorweisen. Die EM 2004 fand ohne ihn statt.

Christoph Metzelder

Eines der großen Sorgenkinder des deutschen Fußballs hieß in den vergangenen Jahren Christoph Metzelder. Schwere Verletzungen warfen den Verteidiger aus der Bahn. Noch immer gilt Metzelder im Lande als große Hoffnung für die Innenverteidigung. Doch Geduld ist in diesem Fall besonders nötig. Es bleibt abzuwarten, ob der 25-Jährige wieder konstante Leistungen auf höchstem Niveau abrufen kann. In der Bundesliga spielt Metzelder seit 2000 für Borussia Dortmund

Titelsammlung

Für die Nationalmannschaften gibt es zwei wichtige Titel: Welt- und Kontinentalmeister. Vereine können da schon weit mehr Meriten sammeln.

- ✔ **Champions League:** Die besten Klub-Mannschaften Europas, qualifiziert über die nationalen Meisterschaften, treten hier gegeneinander an. Der Wettbewerb gilt selbst über die europäischen Grenzen hinaus als das Nonplusultra im Vereinsfußball. Letzter deutscher Titelträger war 2001 der FC Bayern München. Auf anderen Kontinenten gibt es ähnliche Veranstaltungen.
- ✔ **UEFA-Cup:** Die »zweite Liga« in Europa steht gehörig im Schatten der Champions League. Der FC Schalke 04 holte diesen Titel 1997 zuletzt nach Deutschland.
- ✔ **Meister:** Die nationale Meisterschaft in der Bundesliga ist das täglich Brot der Vereine. Das Abschneiden hier ist die Basis auch für zukünftig Festtage beispielsweise in der Champions League. Schließlich haben überhaupt nur die Besten Chancen, dorthin zu kommen.
- ✔ **Pokalsieger:** Durch den besonderen Modus – einer kommt weiter, der andere fliegt raus – erhält der Pokal einen besonderen Reiz. Zudem bietet sich hier den unterklassigen Vereinen die Möglichkeit, die Großen der Branche zu ärgern.
- ✔ Die Kombination aus Meistertitel und Pokalsieg nennt sich »**Double**«. Voraussetzung dafür ist, dass beide Wettbewerbe zugleich in einer Saison gewonnen werden. Das passiert jedoch äußerst selten.

Thomas Brdaric

Sollten alle Stürmerkollegen gesund bleiben, wird es schwer für Thomas Brdaric, ein WM-Ticket zu ergattern. Zumindest an Klose, Kuranyi und Podolski kommt er unter normalen Umständen nicht heran. Dennoch ist Thomas Brdaric, geboren am 23. Januar 1975 in Nürtingen, in der Nationalmannschaft noch nicht recht durchgestartet. Seit dem Debüt im Jahr 2002 kam er nur sporadisch zum Einsatz.

Internationale Erfahrung hat der Stürmer in erster Linie mit Bayer 04 Leverkusen gesammelt, wo er zwischen 1999 und 2003 unter Vertrag stand. Zurzeit spielt er für Hannover 96.

Patrick Owomoyela

Der 26-Jährige ist einer jener Spieler, die dank Jürgen Klinsmann einen rasanten Aufstieg erlebten. Gerade einmal 17 Bundesligaspiele, sprich eine halbe Saison in der höchsten deutschen Spielklasse, hatte der gebürtige Hamburger absolviert, als er bereits zu Nationalmannschaftsehren kam. Auch bei der WM-Generalprobe, dem Confederations Cup 2005, war er dabei, ohne jedoch zum Einsatz gekommen zu sein.

Owomoyelas spielte für Arminia Bielefeld und ist seit der Saison 2005/6 bei Werder Bremen.

Owomoyelas Sportlerlaufbahn lief lange Zeit zweigleisig, er spielte Basketball und Fußball. Beides bereitete ihm große Freude. Allerdings hatte es den Anschein, dass er ein besserer Korbjäger werden könnte. Die Tendenz ging zum Basketball. Beim TSV Stellingen 88 versuchte man ihn bei der Stange zu halten. Doch erst ein Probetraining in Meppen zeigte ihm sein fußballerisches Potenzial. Sicher hatte auch Meppens damaliger Trainer, der 37-malige Nationalspieler Wolfgang Rolff, einen gehörigen Anteil daran. Zwar kam Owomoyela beim SV Meppen damals nicht unter, doch fortan intensivierte er seine Bemühungen in Richtung einer Fußballerkarriere. Über den VfL Osnabrück und den SC Paderborn landete er schließlich bei Arminia Bielefeld, wo ihm der endgültige Durchbruch glückte. Seit vergangenem Sommer spielt der rechte Verteidiger beim SV Werder Bremen.

Übrigens stand im Hause Owomoyela die Frage im Raum: Deutschland oder Nigeria? Vater Henry, ein Nigerianer, hätte es gern gesehen, wenn sich der Sohn für das Nationalteam aus Afrika entschieden hätte, akzeptierte dann aber dessen Entscheidung zu Gunsten des DFB.

Fabian Ernst

Zwar ist Fabian Ernst schon seit 2002 für die Nationalmannschaft am Ball, die ganz großen Akzente jedoch konnte er dabei nicht setzen. Häufig musste er sich mit Kurzeinsätzen begnügen. Dennoch scheint er bei Jürgen Klinsmann gute Karten zu haben. Seine erste WM-Teilnahme ist also durchaus nicht abwegig.

Der defensive Mittelfeldspieler wurde am 30. Mai 1979 in Hannover geboren. Mit 19 Jahren verließ er seine Geburtsstadt und seinen Heimatverein Hannover 96. Über die Stationen Hamburger SV und Werder Bremen, wo er 2004 Meisterschaft und Pokalsieg feierte, verschlug es ihn ins Ruhrgebiet. Seit vergangenem Sommer steht er in Diensten des FC Schalke 04.

Mehmet Scholl

Ein Geheimtipp für den deutschen WM-Kader ist noch immer Mehmet Scholl. Allerdings hat er bereits seinen Verzicht auf das Nationalteam verkündet. Sein Problem ist die Verletzungsanfälligkeit. Die Frage wird also sein, in welcher körperlichen Verfassung sich der 35-Jährige in den Monaten vor der WM präsentiert. Ein zweiter nicht unwesentlicher Punkt ist, ob es ihn reizt, für eine WM im eigenen Land ins Nationalteam zurückzukehren. Kann Jürgen Klinsmann den offensiven Mittelfeldspieler dahingehend bekehren? Bzw. legt der Bundestrainer überhaupt wert auf dessen Dienste?

Aufgrund seiner technischen Fähigkeiten würde Scholl der Mannschaft selbstverständlich gut zu Gesicht stehen. Und sein großer Erfahrungsschatz ist nicht von der Hand zu weisen. In mehr als 13 Jahren beim FC Bayern München hat er schließlich so ziemlich alles erlebt: Siebenmal Deutscher Meister, viermal Pokalsieger, UEFA-Cup-Sieger 1996 und natürlich Champions-League- sowie Weltpokalsieger 2001. Eine einzigartige Erfolgsbilanz.

Was ist ein Dribbling?

Als Dribbling wird die Fähigkeit bezeichnet, den Ball besonders sicher am Fuß zu führen, ohne dass die Gegenspieler die Chance haben, den Ball mit fairen Mitteln zu bekommen. Besonders wichtige dabei ist eine enge Ballführung. Die Kugel darf nicht zu vom Fuß springen und sollte im Idealfall sogar beidbeinig gespielt werden. Perfektioniert wird das Dribbling durch die Anwendung von Körpertäuschungen.

Frank Baumann

Mit bereits 30 Jahren zählt Frank Baumann nun auch schon zu den Älteren. Eine absolute Stammkraft in der Nationalmannschaft ist er dennoch nicht. Der gebürtige Würzburger muss in die Kategorie Wackelkandidaten eingestuft werden. Dabei ist er schon seit 1999 Nationalspieler, darf sich mit einem Einsatz Vize-Weltmeister nennen und hat auch bei der EURO 2004 zwei Spiele absolviert.

Selbst bei seinem Verein, dem SV Werder Bremen, als dessen Kapitän Baumann in das Spieljahr 2005/2006 ging, musste er zu Saisonbeginn erheblich um seinen Platz im defensiven Mittelfeld kämpfen. Ganz anders lief das in den Jahren zuvor. In der Meistersaison 2004, als Werder zudem Pokalsieger wurde, gehörte Baumann, der auch in der Abwehr eingesetzt werden kann, zu den großen Stützen des Teams, war nahezu unverzichtbar. Das ist eigentlich seit 1999 so gewesen, nachdem Baumann vom 1. FC Nürnberg an die Weser gewechselt war.

Wenn nur die Erfahrung zählen würde ...

Name	Länderspieldebüt	WM-Teilnahmen	WM-Spiele
Oliver Kahn	1995	1994, 1998, 2002	7
Dietmar Hamann	1997	1998, 2002	11
Jens Lehmann	1998	1998, 2002	0
Bernd Schneider	1999	2002	7
Torsten Frings	2001	2002	7
Miroslav Klose	2001	2002	7
Christoph Metzelder	2001	2002	7
Oliver Neuville	1998	2002	6
Michael Ballack	1999	2002	6
Christian Wörns	1992	1998	5
Gerald Asamoah	2001	2002	3
Sebastian Kehl	2001	2002	2
Frank Baumann	1999	2002	1

Tabelle 4.2: Die erfahrensten Spieler

Weitere Namen

Es kann natürlich sehr gut sein, dass im Vorfeld der WM weitere Namen ins Spiel kommen. Jürgen Klinsmann hat sich ja als sehr experimentierfreudig erwiesen. Jungen, talentierten Spielern ist er bereit, frühzeitig auch die Chance in der Nationalmannschaft zu geben. Überraschungen sind da gewiss möglich. Zudem betont das Trainergespann stets, dass die Tür für Spieler aus dem erweiterten Kreis des Nationalteams offen steht. Wenn Spieler wie Christian Schulz, Moritz Volz, Andreas Görlitz, Paul Freier, Marco Engelhardt, Tobias Rau, Christian Pander, Benjamin Lauth, Frank Fahrenhorst oder Malik Fathi mit Leistung überzeugen, besteht durchaus die Möglichkeit, dass sie Klinsmanns Ruf ereilt. Es bleibt also abzuwarten, wie sich der 23-köpfige WM-Kader letztlich darstellen wird.

Der Trainer- und Betreuerstab

Wenn ein Fußballverband eine Delegation zu einer Weltmeisterschaft entsendet, dann besteht die selbstverständlich nicht nur aus in diesem Fall 23 Spielern. Ein Trainer ist natürlich dabei – und nicht nur einer. Für nahezu jeden Bereich gibt es mittlerweile Spezialisten. Dazu kümmern sich Ärzte und Physiotherapeuten um das Wohl der Spieler. Mittlerweile dürfen selbst Psychologen nicht mehr fehlen. Ein Koch sorgt für sportgerechte Ernährung. Der Zeugwart bemüht sich um die Ausrüstung. Nicht zu vergessen ein Busfahrer. Und im Kommunikationszeitalter sind die Personen ganz wichtig, die dann die Zusammenarbeit mit den Medien koordinieren. Einige dieser Menschen sollen in der Folge namentliche Erwähnung finden.

Alle Nationaltrainer des DFB im Überblick

- ✔ **Otto Nerz** – Von 1923 bis 1936 verantwortlich, führte er die Nationalmannschaft bei der ersten WM-Teilnahme 1934 zu Bronze.
- ✔ **Josef »Sepp« Herberger** kann auf die längste Amtszeit verweisen. Von 1936, damals unter der Bezeichnung Reichstrainer, bis 1964 führte er die Geschicke der deutschen Auswahl. Viermal präsentierte sich das Team unter seiner Leitung bei einer WM. Höhepunkt war fraglos der Titelgewinn 1954.
- ✔ **Helmut Schön** trat 1964 ein unzweifelhaft schwieriges Erbe an. Dennoch konnte er an die Erfolge seines Vorgängers anknüpfen. Bis 1978 war Schön in Amt und Würden. Von insgesamt vier WM-Turnieren brachte er einen kompletten Medaillensatz mit nach Hause. Nach dem EM-Titel 1972 wurde er 1974 als Weltmeistertrainer gefeiert.
- ✔ **Josef »Jupp« Derwall** trainierte die Nationalmannschaft zwischen 1978 und 1984. Als Europameister 1980 scheiterte seine Elf bei der WM 1982 erst im Finale an den Italienern.
- ✔ **Franz Beckenbauer** war ebenfalls sechs Jahre am Werk. In seine Amtszeit fielen zwei WM-Turniere. Auf dem absoluten Höhepunkt trat der »Kaiser« 1990 als Weltmeister ab.
- ✔ **Hans-Hubert »Berti« Vogts** versuchte anschließend aus dem riesigen Schatten von Franz Beckenbauer zu treten. Bei der EM 1996 in England gewann die Mannschaft den bis heute letzten Titel für Deutschland. In den beiden WM-Endrunden unter seiner Leitung war für das DFB-Team jeweils im Viertelfinale Endstation. Wenige Monate nach der WM 1998 musste Vogts seinen Hut nehmen.
- ✔ **Erich Ribbeck** gab das kürzeste Gastspiel als Bundestrainer. Sein erstes großes Turnier, die EURO 2000, erwies sich bereits als Stolperstein. Aufgrund des katastrophalen Abschneidens dort – Aus schon nach der Vorrunde – gab es für Ribbeck keine Zukunft in dieser Position.
- ✔ **Rudolf »Rudi« Völler** zeichnete zwischen 2000 und 2004 für die Nationalmannschaft verantwortlich. Er führte das Team bei der WM 2002 sensationell zum Vize-Weltmeistertitel. Nach dem frühen Ausscheiden bei der EM 2004 räumte er freiwillig seinen Trainerstuhl und machte Platz für Jürgen Klinsmann.

Jürgen Klinsmann – Er hat das Sagen

Seit Sommer 2004 ist Jürgen Klinsmann verantwortlich für die deutsche Fußball-Nationalmannschaft. Nach dem Vorrunden-Aus der verkorksten Europameisterschaft 2004 trat er die Nachfolge von Rudi Völler an. Sein Debüt in der Funktion des Bundestrainers gab er am 18. August 2004 in Wien. Die Mannschaft bescherte ihm damals einen gelungenen Einstand und siegte gegen Österreich mit 3:1.

»Wenn der Franz in einen Raum kommt, ist es hell. Wenn ich komme, muss ich erst den Lichtschalter suchen.« – Hans-Hubert »Berti« Vogts, ehemaliger Bundestrainer.

Erste Trainerstation

Dieser Personalentscheidung des Deutschen Fußball-Bundes (DFB) brachte die Öffentlichkeit seinerzeit viel Skepsis entgegen. Zwar verfügt Klinsmann im Gegensatz zu seinem Vorgänger über einen Trainerschein, doch Erfahrung als Coach hatte er fast keine. Einzig die Arbeit als Co-Trainer bei Los Angeles Galaxy in den USA sorgte für erste Einblicke in diese Seite des Fußballgeschäfts.

Mit ungeheurem Elan ging Klinsmann die schwierige Aufgabe an. Dabei wirbelte er viel Staub in den angerosteten Strukturen des DFB auf. Zum Erfolg verdammt ist er ohnehin. Und um diesen zu erreichen, setzte er auch im Umfeld seine Vorstellungen knallhart durch. Also rollten einige Köpfe, der bekannteste war der des langjährigen Bundestorwarttrainers Sepp Maier. Damit wurde der Weg frei, und Klinsmann konnte sich erfahrene Leute an die Seite holen, die seine Pläne rückhaltlos unterstützten. Und nach den viel versprechenden Auftritten der Mannschaft in den ersten Spielen verstummten auch zunehmend die Vorbehalte gegen seine Person. Eines ist jedoch klar, Kritiker wird es immer geben. Und Klinsmann bietet hierfür Angriffsfläche. Insbesondere das Wechselspiel zwischen den Torhütern trifft vielfach auf Unverständnis. Ebenso ist sein Wohnsitz in Kalifornien, dort lebt Klinsmann mit Frau und zwei Kindern, ist ständig Thema in den Medien. Es heißt, er wäre trotz der regelmäßigen Flugreisen nach Europa zu weit weg vom eigentlichen Geschehen.

Die Spielerkarriere

Geboren wurde Jürgen Klinsmann am 30. Juli 1964 in Göppingen. Während er als Bäcker beruflich in die Fußstapfen des Vaters trat, verfolgte er auch stets zielstrebig seine Karriere als Fußballer.

»Da sind meine Gefühle mit mir Gassi gegangen.« – Jürgen Klinsmann.

Was ist eine Schwalbe?

Hier ist selbstverständlich kein Vogel gemeint. Doch so weit hergeholt, ist der Begriff nicht. Es geht schließlich um das Fliegen – das Abheben oder Fallenlassen zum Zwecke der Vortäuschung eines Foulspiels. Der Schiedsrichter soll damit in die Irre geführt werden. Mit Vorliebe natürlich im gegnerischen Strafraum, denn dann gibt es Elfmeter.

Oft genug sind diese schauspielerische Leistung von Erfolg gekrönt. Für die Unparteiischen ist es sehr schwer, bei der Schnelligkeit und Dynamik des modernen Fußballs zu erkennen, wann wirklich ein Foul vorliegt.

Seine Vereine

1978 war er zu den Stuttgarter Kickers gekommen, seine erste Station bei einem namhaften Verein. Natürlich führte ihn 1984 sein Weg unweigerlich zum großen Stadtrivalen VfB, dem amtierenden Deutschen Meister. Mit 20 Jahren spielte er das erste Mal in der Fußball-Bundesliga. Gleich in der ersten Saison zeigte er das Potenzial, wurde sofort Stammspieler und erzielte 15 Tore. In vier weiteren Spielzeiten bestätigte er diese Leistungen, markierte pro Saison im Schnitt 16 Treffer und wurde 1988 sogar Torschützenkönig.

Im Jahr darauf wagte er den Schritt nach Italien. Drei Jahre lang ging er für Inter Mailand auf Torjagd und gewann dort mit dem UEFA-Pokal 1991 seinen ersten Vereinstitel. Die folgenden Jahre nutze er, um weitere europäische Ligen kennen zu lernen und Lebenserfahrung in verschiedenen Ländern zu sammeln. Namhafte Vereine lagen auf seinem Weg. In Frankreich war das 1992-1994 der AS Monaco und in England Tottenham Hotspur. Im »Mutterland des Fußballs« musste er die Fans erst für sich gewinnen. Dort war er als »Schwalbenkönig« verschrien, wurde, wegen seiner Art nach Fouls spektakulär zu Boden zu gehen, schlicht »Diver«, auf Deutsch Taucher, genannt. Doch mit Leistung überzeugte er das kritische Publikum, machte den »Diver« als Torjubel sogar zu seinem Markenzeichen. Mit Anlauf ließ er sich bäuchlings den Kopf voran über den Rasen gleiten. Bei den »Spurs« bestritt Klinsmann in jener Saison 41 Spiele, versenkte den Ball dabei 20 Mal im Netz und wurde sogar zum Fußballer des Jahres in England gewählt, nachdem er dies zuvor schon 1988 und 1994 in Deutschland gewesen war

Nach dieser erfolgreichen Zeit kehrte Klinsmann für ein paar Monate zu Sampdoria Genua nach Italien und 1998 zu Tottenham zurück, ehe er im gleichen Jahr seine Profikarriere beendete. So ganz allerdings konnte es der Fußball-Verrückte aber offensichtlich nicht lassen. Im Jahr 2003 gab er, beinahe unbemerkt von der deutschen Öffentlichkeit, in den USA sein Comeback bei den unterklassigen Orange County Blue Stars. Unter dem Pseudonym Jay Goppingen, zurückzuführen auf seinen Geburtsort

Göppingen, stellte Klinsmann seine Torjägerqualitäten unter Beweis. In acht Spielen traf er fünfmal.

Die Nationalmannschaft

Fast während seiner gesamten Laufbahn war Jürgen Klinsmann auch für die Nationalmannschaft am Ball. Angefangen hatte es am 12. Dezember 1987 mit einem 1:1 gegen Brasilien. Bereits wenige Monate später spielte der Stürmer sein erstes großes Turnier – die Europameisterschaft im eigenen Land. Hier war im Halbfinale nach einem 1:2 gegen die Niederlande Endstation. Parallel stürmte er damals auch noch für die deutsche Olympia-Auswahl. Bei den Spielen in Seoul 1988 gab es für das Team Bronze.

Schon zwei Jahre später aber folgte der ganz große Triumph. In Italien wurde das deutsche Team 1990 Weltmeister. Mit drei Toren in sieben Spielen leistete Klinsmann einen wichtigen Beitrag. Das legendäre Achtelfinale gegen die Niederlande gilt als das bis heute beste Spiel des Torjägers.

Zwei weitere Weltmeisterschaften 1994 und 1998 hat Klinsmann noch gespielt und ist mit elf Treffern bei insgesamt 17 Spielen der zweitbeste WM-Torschütze Deutschlands überhaupt.

	Name	WM-Tore
1.	Gerd Müller	14
2.	Jürgen Klinsmann	11
3.	Helmut Rahn	10
4.	Karl-Heinz Rummenigge	9
	Uwe Seeler	9
6.	Rudi Völler	8
7.	Hans Schäfer	7
8.	Max Morlock	6
	Helmut Haller	6
	Lothar Matthäus	6

Tabelle 4.3: Die besten deutschen WM-Torschützen

Ein weiterer bedeutender Titel folgte. Nach den unglücklichen Anläufen 1988 und 1992 gelang bei der EM in England der große Wurf. Am 30. Juni 1996 nahm Jürgen Klinsmann, mittlerweile Kapitän der Nationalmannschaft, nach dem Finale gegen Tschechien im Londoner Wembley-Stadion die Trophäe aus den Händen von Queen Elizabeth II. entgegen. Auch bei Europameisterschaften zählt der Angreifer also zu den erfolgreichsten Spielern. Im Laufe seiner drei Turnierteilnahmen konnte er 13 EM-Spiele und fünf Tore verbuchen.

Zeitgleich mit der Vereinskarriere endete 1998 nach 108 Länderspielen – nur Lothar Matthäus spielte öfter - und 47 Toren auch die Zeit als Spieler im Nationalteam. Auf diesem langen und erfolgreiche Weg konnte der Schwaben jede Menge Erfahrung sammeln. Als Spieler zumindest hat er also schon einiges erlebt.

Um für die Nationalmannschaft eines Landes spielberechtigt zu sein, bedarf es einiger Voraussetzungen, die es zu erfüllen gilt. Die FIFA-Statuten besagen, dass der Spieler selbst oder zumindest ein Eltern- bzw. Großelternteil in dem jeweiligen Land geboren sein muss. Auch zulässig ist, wenn der Spieler mindestens zwei Jahre ununterbrochen in diesem Land gelebt und noch für keine andere Nation gespielt hat.

Für Trainer gelten diese Bestimmungen nicht. In Deutschland war es zwar bisher undenkbar, dass ein Ausländer für das Allerheiligste der Fußballnation verantwortlich ist, also die Nationalmannschaft trainiert. Doch in anderen Ländern ist das Gang und Gebe. Selbst deutsche Fußball-Lehrer sind fleißig im Ausland tätig – und dabei auch recht erfolgreich. Das bewies nicht zuletzt das Beispiel Otto Rehhagel, der mit Griechenland 2004 sensationell Europameister wurde.

Die Assistenten

Zur Unterstützung hat sich Jürgen Klinsmann einige Fachkräfte mit bekanntem Namen an die Seite geholt. Da wäre zunächst Co-Trainer Joachim »Jogi« Löw.

Joachim »Jogi« Löw

Als Spieler hat Joachim Löw, geboren am 3. Februar 1960 in Schönau im Schwarzwald, weit weniger Meriten vorzuweisen als Jürgen Klinsmann. Immerhin trug er als viermaliger U21-Nationalspieler auch schon das Trikot des DFB. Ansonsten jedoch ist er nicht über 52 Einsätze in der Bundesliga und 252 Spiele in der 2. Liga hinausgekommen.

Viel wichtiger aber ist seine Trainererfahrung, die er an der Seite von Jürgen Klinsmann einbringt. Hier liest sich sein Lebenslauf schon ganz anders. Seit 1996 arbeitete Löw als Cheftrainer. Der Erfolg ließ nicht lange auf sich warten. 1997 führte er den VfB Stuttgart zum DFB-Pokalsieg und ein Jahr darauf ins Finale des Europapokals der Pokalsieger, das jedoch mit 0:1 gegen den FC Chelsea London verloren ging. Nach weiteren Trainerstationen bei Fenerbahçe Istanbul, dem Karlsruher SC und Adanaspor folgte ein Engagement beim FC Tirol Innsbruck, wo er 2002 österreichischer Meister wurde. Zuletzt arbeitete Löw bei Austria Wien.

»Golden Goal«

Mitte der 1990er Jahre wurde das »Golden Goal« eingeführt. Die Regel gestaltete sich denkbar einfach: Fiel in der Verlängerung ein Tor, war das Spiel auf einen Schlag beendet. Im Eishockey wird dies treffender »Sudden Death« genannt – der »plötzliche Tod«, der die unterlegene Mannschaft ereilte. Inzwischen hat man das »Golden Goal« wieder abgeschafft und ist zur ursprünglichen Regelung zurückgekehrt, die besagt, dass die Verlängerung à zwei Mal 15 Minuten auf jeden Fall zu Ende gespielt wird.

Andreas Köpke

Als Torwarttrainer und Nachfolger von Sepp Maier holte sich der Bundestrainer Andreas Köpke ins Boot. Die beiden sind in der Nationalmannschaft als Spieler ein großes Stück ihres Weges gemeinsam gegangen. Nach seinem Debüt im Tor der DFB-Auswahl am 30. Mai 1990, einem 1:0 Sieg gegen Dänemark, musste sich Köpke allerdings erst hochdienen. Den WM-Titel 1990 erlebte er als dritter Torwart hinter Bodo Illgner und Raimond Aumann. Über die Nummer Zwei bei der EM 1992 und der WM 1994 schaffte er es beim EM-Triumph 1996 endlich, die Nummer Eins zu sein. In dieser Funktion trat er nach der WM 1998 als Nationalspieler zurück. 59 Länderspiele waren bis dahin zusammengekommen.

Seine Erfolge feierte Andreas Köpke fast ausschließlich mit der Nationalmannschaft. Bei seinen Vereinsstationen hatte er weit weniger Glück. Die 346 Bundesligaspiele bestritt er für den 1. FC Nürnberg und Eintracht Frankfurt. Und auch sein Abstecher nach Frankreich zu Olympique Marseille blieb titellos.

Immerhin gab es noch ein paar persönliche Auszeichnungen von besonderem Wert für den gebürtigen Kieler. Bereits 1993 wurde er in Deutschland als »Fußballer des Jahres« geehrt. Und 1996 wurde er »Welttorhüter des Jahres«.

Der Manager

Die Rolle des Managers der Nationalmannschaft scheint Oliver Bierhoff wie auf den Leib geschneidert zu sein. Smart, eloquent, mit gepflegtem Äußeren – der einstige Stürmer wirkt wie geschaffen für eine repräsentative Aufgabe. Das abgeschlossene Betriebswirtschaftsstudium ist seiner Aufgabe sicherlich dienlich. Und die sportliche Vergangenheit ist ähnlich erfolgreich wie die von Klinsmann. Zwar brauchte es eine Zeit und einen Umweg über die zweite italienische Liga, bis der Stürmer in der Weltspitze angelangt war, aber dann stellten sich auch die Erfolge ein.

Spätstarter im Nationalteam

Erst mit 27 Jahren debütierte Bierhoff am 21. Februar 1996 bei einem 2:1 Sieg gegen Portugal in der Nationalmannschaft. In den folgenden gut sechs Jahren bestritt er 70 Länderspiele, erzielte 37 Tore, war zuletzt sogar Kapitän und in dieser Funktion Nachfolger von Jürgen Klinsmann. Die internationale Karriere endete mit der Vize-Weltmeisterschaft 2002. Es war Bierhoffs zweites WM-Turnier nach 1998. In zehn WM-Spielen konnte er vier Treffer verbuchen.

Seine beiden EM-Tore in insgesamt vier EM-Spielen erzielte der Stürmer im wohl wichtigsten Spiel seiner Karriere. Unvergessen ist der Auftritt im EM-Finale 1996, wo er Deutschland nach seiner Einwechslung zum Europameister machte. Er erzielte damals im Londoner Wembley-Stadion gegen Tschechien das erste »Golden Goal« der Fußball-Geschichte. Dieses Ereignis läutete die beste Zeit seiner Karriere mit den bereits erwähnten Vereinserfolgen ein.

Weibliche Intuition

Der Legende nach ist es einzig Monika Vogts zu verdanken, dass Deutschland 1996 Europameister wurde. Sie ermunterte ihren Mann, Oliver Bierhoff mit zur EM zu nehmen. Der damalige Bundestrainer war sich offensichtlich unschlüssig, ob er auf den Spätberufenen, Bierhoff war erst seit etwa drei Monaten Nationalspieler, vertrauen konnte. Der Turnierverlauf bewies, dass weibliche Intuition nicht zu unterschätzen ist.

Die Männer im Hintergrund

Hinter den Kulissen wirkt eine Mannschaft, die einem WM-Kader zahlenmäßig zumindest ebenbürtig ist. Viele fleißige Helfer sorgen dafür, dass sich die Spieler auf ihre Aufgabe konzentrieren können und sie dafür perfekt vorbereitet sind. Wie das Aufgebot des kickenden Personals wird auch die endgültige Zusammenstellung des Teams im Hintergrund erst kurz vor WM-Beginn bekannt. Einige Leute jedoch hat Jürgen Klinsmann bereits um sich geschart. Stellvertretend sollen an dieser Stelle einige Namen genannt werden, die für die reibungslosen Abläufe im Unternehmen Nationalmannschaft verantwortlich sind:

Die medizinische Abteilung

✔ **Oliver Schmidtlein:** Der Physiotherapeut beim FC Bayern München ist den Insidern in Deutschland bereits bekannt. Er zeichnet verantwortlich für die körperliche Verfassung der Spieler.

- **Craig Friedman, Shad Forsythe, Mark Verstegen:** Die drei Fitness-Experten brachte Jürgen Klinsmann aus den USA mit. Sie teilen sich den Aufgabenbereich mit Schmidtlein, bringen aber vor allem innovative Trainingsmethoden ein.
- **Adolf Katzenmeier, Klaus Eder, Christian Müller und Wolfgang Bunz:** Die Physiotherapeuten setzen natürlich in ganz ähnlichen Bereichen an. Mit Massage und Gymnastik sorgen sie vor allem für die Nachbereitung nach Spielen bzw. Training.
- **Dr. Hans-Wilhelm Müller-Wolfarth** steht für die schwereren Fälle bereit. Er behandelt die Spieler bei Verletzungen und Blessuren.
- **Hans-Dieter Hermann:** Sogar an die Psyche des balltretenden Personals ist gedacht. Gerade die mentale Seite bekommt eine immer gravierendere Bedeutung. Der Druck, der auf den Akteuren lastet, ist enorm. Bei Spielen vor 60.000 Zuschauern im Stadion bzw. mehreren Millionen vor dem Fernsehschirm gilt es, ohne Nervosität ans Werk zu gehen. Um den Kopf freizubekommen, steht den Spielern der Psychologe zur Seite.

Wer wird sonst noch gebraucht

- **Urs Siegerthaler:** Der Schweizer konnte auf Empfehlung von Joachim Löw als Beobachter anderer Spiele und möglicher Gegner der deutschen Mannschaft gewonnen werden.
- **Thomas Mai und Manfred Drexler** kümmern sich um die Ausrüstung. Mai sorgt für saubere Trikots, Hosen und Stutzen. Drexler ist Spezialist für Schuhe und Stollen.
- **Harald Stenger:** Der Pressechef des DFB ist für die Öffentlichkeitsarbeit des Verbandes zuständig. Das wachsende Medieninteresse und die vielen Anfragen der Medienvertreter muss er koordinieren. Ihm zur Seite steht **Uli Voigt**, der sich verstärkt um den Bereich elektronische Medien kümmert.
- **Georg Behlau und Flavio Battisti** bewerkstelligen die ganze Organisation. Während Behlau das Büro der Nationalmannschaft in Frankfurt/Main leitet, gilt der Attaché Battisti als »Mann für alle Fälle«. Ihn schätzt man beim DFB vor allem auch wegen seiner Sprachgewandtheit.
- **Wolfgang Hochfellner:** Er fährt den Mannschaftsbus.
- **Saverio Pugliese:** Der Chefkoch sorgt sich um das leibliche Wohl von Spielern und Trainern.

Damit soll die Aufzählung ein Ende finden. Gewiss wird der ein oder andere Name fehlen. Die Hauptfiguren im Hintergrund aber sind genannt. Und für einen kleinen

Einblick in die aufwändige Organisation des WM-Auftritts der Nationalmannschaft sollte das allemal genügen.

Ziele und Erwartungen

Nahezu alle Fakten zur deutschen Nationalmannschaft wurden nun genannt. Wozu aber ist dieses Team fähig? Was kann Fußball-Deutschland im Sommer 2006 erwarten? Und wie sehen die Ziele von Spielern und Trainern aus?

Stärken und Schwächen

Nüchtern betrachtet, gibt es im Augenblick Mannschaften, die wegen ihrer Fähigkeiten her viel größere Chancen auf den WM-Titel haben als die DFB-Elf. Kein Geheimnis ist, dass die Brasilianer weit besser Fußball spielen. Nicht umsonst sind sie amtierender Welt- und Südamerikameister. Beim FIFA Confederations Cup 2005 triumphierten sie ebenso. Und die führende Position in der Weltrangliste behauptet die »Seleção« schon seit Jahren.

Auch die Niederländer und Argentinier gelten schon seit einiger Zeit als ganz große Nummern im Weltfußball. Selbst taktisch ist die deutsche Mannschaft den »Gauchos« oder auch den Italienern unterlegen. Doch gibt es weitaus mehr Faktoren, die in einem Fußballspiel über Sieg und Niederlage entscheiden. Hier gilt es für Jürgen Klinsmann und sein Trainerteam, den Hebel anzusetzen.

Grundvoraussetzung ist die Fitness aller Spieler. Hier besteht im Hinblick auf die WM wohl kaum Grund zur Sorge. Der Betreuerstab wurde dahingehend besetzt.

Ein zweiter wichtiger Punkt ist die entsprechende Einstellung der Profis. In Freundschaftsspielen, dass zeigt sich immer wieder, gibt es auf diesem Gebiet erhebliche Reserven. Die Motivationsprobleme gegen die kleinen Fußballnationen sind längst bekannt. Doch selbst für so manches Prestigeduell scheinen einige Profis nicht alle Reserven mobilisieren zu können. Es bleibt die Hoffnung, dass Pflichtspiele eine andere Einstellung fördern. Und bei einer WM im eigenen Land sollte ein Mangel an Motivation ohnehin kein Thema sein.

Große Bedeutung hat auch die Taktik. Die Defizite in Sachen taktischer Flexibilität müssen behoben werden. Jürgen Klinsmann sollte Spielsysteme finden, die sich am verfügbaren Spielermaterial und deren Fähigkeiten orientieren. Es wird die schwierigste Aufgabe sein, eine Mischung aus jugendlicher Unbekümmertheit zu finden und routinierter Souveränität. Immerhin hat der Bundestrainer wieder eine Auswahl. In den vergangenen Monaten sind einige neue Namen ins Spiel gekommen. Die Zeiten als sich der Kader der Nationalmannschaft fast von selbst aufstellte, sind glücklicherweise vorbei.

Wünsche und Hoffnungen

Die Konkurrenz aus aller Welt hat Deutschland ohnehin immer auf der Rechnung. Das ist schon fast eine liebgewonnene Tradition. Schließlich spielte Deutschland in der Vergangenheit meist eine gute Rolle. Zudem genießt der WM-Gastgeber natürlich Heimvorteil.

Bei all den angesprochenen Aspekten jedoch gilt es, den ungeheurer großen öffentlichen Druck nicht zu unterschätzen. Die Erwartungshaltung im Lande wird unermesslich hoch sein. Kein Vergleich zu dem, was die Spieler bisher erlebt haben. Forciert durch die eigenen Ansprüche, wird nichts anderes als der WM-Titel gefordert. Ob die Mannschaft diese Last tragen kann, muss sich zeigen. Die verbleibenden Länderspiele bis zum kommenden Sommer werden da von großer Bedeutung sein. Hier gilt es, das Selbstvertrauen aufzubauen, was besonders für eine WM vor eigenem Publikum von unschätzbarem Wert ist.

Je näher die WM rückt, desto mehr droht in der Öffentlichkeit der Blick auf die Realität verloren zu gehen. Die Begeisterung und die Vorfreude werden die Erwartungshaltung drastisch steigern. Auch Spieler und Trainer können sich dem nicht entziehen. Was bleibt ihnen da anderes übrig, als forsch das Ziel WM-Titel auszugeben. Und wenn die Ergebnisse der Testspiele nicht vollends dagegen sprechen, wird die Hoffnung im Lande fraglos bestehen. Ohne diese Hoffnung aber wäre die WM ja auch nur halb so schön. Also sollten wir uns den Optimismus keinesfalls nehmen lassen.

Hoffnung auf eine erfolgreiche WM aus deutscher Sicht sollte auch ein Blick in die Vergangenheit machen. Bei den bisherigen 17 WM-Turnieren spielten die Gastgeber meist eine sehr gute Rolle. Schon sechsmal konnte das ausrichtende Land auch den Titelgewinn feiern, zuletzt die Franzosen 1998.

Die Fußball-WM vor Ort erleben

5

In diesem Kapitel

- Auf der Suche nach WM-Tickets
- Freiwillige Helfer
- Informationen zu Unterkünften

Die weltweite Bedeutung dieses herausragenden Ereignisses sollte nicht nur eingefleischten Fußballfans bewusst sein. Wegen der Einzigartigkeit dieser Veranstaltung ist ein Teilhaben an der WM fast schon Pflicht. Schließlich scheint es fraglich, ob sich solch eine Gelegenheit überhaupt noch einmal ergeben wird.

Wege in die Stadien

Die Fußball-WM live im Stadion erleben, nur das zählt, um sagen zu können: Ich bin dabei gewesen. Dafür allein lohnt sich die Mühe. Beschwerlich wird der Weg in die Arenen allemal.

Gibt's noch Tickets?

Eine Variante, Teil der WM zu werden, ist die Anwesenheit als Zuschauer im Stadion bei einem der Spiele. Naturgemäß ist das Angebot an Tickets begrenzt. Die Nachfrage übertrifft dieses deutlich. Der Weltfußballverband FIFA, Herr über den Verkauf der Eintrittskarten, versuchte zusammen mit dem Organisationskomitee, möglichst faire Methoden zu finden, um allen Interessierten weltweit gerecht zu werden.

»Unsere WM-Stadien sollen nicht nur ausverkauft, sondern auch voll besetzt sein.« – Franz Beckenbauer, OK-Chef der WM 2006, zu den Bemühungen, die Vergabe der WM-Tickets zu optimieren. Es ist dies auch eine Anspielung auf Schwachpunkte der Vergangenheit. Bei der EM 2004 in Portugal beispielsweise galten viele Stadien als ausverkauft und wiesen dennoch zahlreiche unbesetzte Plätze auf.

Insgesamt bieten die zwölf WM-Stadien in den 64 Endrundenspielen Platz für etwa drei Millionen Menschen. Jedoch gelangen nur rund 1,12 Millionen Tickets in den freien Verkauf. Mehr als 60 Prozent sind demnach zunächst nicht für den normalen Fan bestimmt.

Mit einer erheblichen Zahl von 555.000 Karten lassen sich die Sponsoren ihr Engagement versüßen. Für die VIPs sind auch immerhin 347.000 Plätze reserviert. Die »deutsche Fußball-Familie«, sprich der Deutsche Fußball-Bund (DFB), seine zahlreichen Vereine und die WM-Spielorte, erhalten 389.000 Tickets. Für die 31 anderen Verbände der teilnehmenden Mannschaften liegen 468.000 Eintrittskarten bereit. Die übrigen Mitgliedsverbände der FIFA bekommen 191.000.

Bestellungen per Internet

Begonnen hat die Vergabe der WM-Tickets am 01. Februar 2005 über die Website der FIFA. Schon die erste Verkaufsphase zeigte das riesige Interesse. Innerhalb von zwei Monaten wurden von mehr als einer Million Bestellern über zehn Millionen Ticketwünsche geäußert. Dabei ging es doch um gerade mal 812.000 Karten. Viele Interessenten bemühten sich also vergeblich. Mittels eines komplizierten Losverfahrens wurden die Glücklichen ermittelt.

Die noch ausstehenden Verkaufsphasen sind folgendermaßen terminiert:

- ✔ 12. Dezember 2005 – 15. Januar 2006
- ✔ 15. Februar 2006 – 15. April 2006
- ✔ 01. Mai 2006 – 09. Juli 2006

Geringfügige Abweichungen können nicht ausgeschlossen werden. Auf der FIFA-Website finden sich noch tiefgreifendere und natürlich stets aktuelle Informationen zum Thema: `http://fifaworldcup.yahoo.com/06/de/tickets/index.html`.

Was kostet's?

Die Spiele der WM 2006 sind kein ganz billiges Vergnügen. Die preiswertesten Karten gibt es ab 35 Euro. Richtig teuer wird es beim Endspiel. Dafür müssen je nach Kategorie bis zu 600 Euro locker gemacht werden. Immerhin berechtigen die Tickets zur Benutzung des öffentlichen Personennahverkehrs am Spielort.

Spiele	Kategorie 1	Kategorie 2	Kategorie 3	Kategorie 4
Eröffnungsspiel	300,00	180,00	115,00	65,00
Gruppenspiele	100,00	60,00	45,00	35,00
Achtelfinale	120,00	75,00	60,00	45,00
Viertelfinale	180,00	110,00	85,00	55,00
Halbfinale	400,00	240,00	150,00	90,00
Spiel um Platz 3	120,00	75,00	60,00	45,00
Finale	600,00	360,00	220,00	120,00

Tabelle 5.1: Preisliste für Einzeltickets in Euro

Darüber hinaus gibt es so genannte teamspezifische Ticketserien, kurz TST-Serien. Damit ist das Begleiten einer Mannschaft von den drei Vorrundenspielen bis maximal ins Finale möglich. Es stehen fünf Varianten zur Auswahl. Zwischen drei und sieben Spielen lassen sich verfolgen, abgestuft Runde für Runde über das Achtelfinale bis zum Endspiel. Entsprechend gestalten sich die Preise, die zwischen 149 und 1.760 Euro liegen. Tickets dieser Art funktionieren wie folgt: Scheidet die Mannschaft in der Vorrunde aus, überträgt sich die Karte auf den Gruppensieger. Scheitert die Mannschaft in einer der weiteren Runden, gilt das Ticket für den Gewinner des Spiels.

Diese Teamserien werden lediglich in drei Kategorien angeboten.

Serie	Kategorie 1	Kategorie 2	Kategorie 3	Anzahl der Spiele
TST-3	330,00	198,00	149,00	3
TST-4	462,00	281,00	215,00	4
TST-5	660,00	402,00	308,00	5
TST-6	1.100,00	660,00	473,00	6
TST-7	1.760,00	1.062,00	715,00	7

Tabelle 5.2: Preisliste für Teamserien in Euro

Alle Preise verstehen sich inklusive Bearbeitungsgebühr. Hinzu kommen allerdings noch die Versandkosten. Bei einem Auftragswert kleiner als 100 Euro betragen diese:

- ✔ 5,00 Euro für den Versand innerhalb Deutschlands
- ✔ 13,00 Euro für den Versand innerhalb der Europäischen Union
- ✔ 15,00 Euro für den Versand außerhalb der Europäischen Union

Liegt der Gesamtbetrag für die Tickets jenseits der 100 Euro, dann belaufen sich die Zustellgebühren auf:

- ✔ 10,00 Euro für den Versand innerhalb Deutschlands
- ✔ 18,00 Euro für den Versand innerhalb der Europäischen Union
- ✔ 25,00 Euro für den Versand außerhalb der Europäischen Union

Die persönlichen Daten

Unbehagen bereitete die Bestellprozedur vor allen Dingen den Datenschützern. Eine ganze Reihe an persönlichen Angaben sind nötig, um eine gültige Bestellung abzugeben: Name, Vorname, Straße, Postleitzahl, Stadt, Land, Nationalität, Geschlecht, Geburtsdatum, Ausweisnummer, E-Mail-Adresse und natürlich Konto- bzw. Kreditkartendaten.

Aus sicherheitsrelevanten Gründen erfolgt zudem eine Personalisierung der Tickets. Davon verspricht man sich Fälschungssicherheit und eine wirksame Bekämpfung des Schwarzmarkthandels. Die Eintrittskarten enthalten einen Chip mit den Zutrittsinformationen, jedoch ohne persönliche Daten. Der Name des Bestellers allerdings wird auf das Billet aufgedruckt.

Die Tickets werden erst sechs bis acht Wochen vor WM-Beginn ausgeliefert.

Die nationalen Kontingente

Eine zweite Möglichkeit, um an die begehrten WM-Tickets zu kommen, besteht über das Kontingent, das Deutschland als WM-Teilnehmer zusteht. Für den Verkauf dieser Tickets ist der Deutsche Fußball-Bund (DFB) verantwortlich. Hier gibt es zum einen feste Eintrittskarten für die drei Gruppenspiele, und es stehen darüber hinaus bedingte Karten zur Verfügung für eventuelle Spiele ab dem Achtelfinale. Bei einem Ausscheiden jedoch verliert der jeweilige Fußballverband seine Ansprüche und muss den Interessenten für diese Tickets den Kaufpreis zurückerstatten.

Die genaue Anzahl der Eintrittskarten, die den einzelnen teilnehmenden Mitgliedsverbänden zuerkannt wird, ist abhängig von den Kapazitäten der Stadien. Bei einem Spiel stehen beiden Seiten jeweils acht Prozent der im Verkauf befindlichen Tickets zu.

Ein Tipp von Franz Beckenbauer höchstpersönlich

Einen ganz besonderen Tipp hatte Franz Beckenbauer parat. Wie bereits erwähnt, bekommt jeder FIFA-Mitgliedsverband ein gewisses Kontingent an WM-Tickets. Die Nachfrage wird aber nicht überall in der Welt gleichermaßen hoch sein. Aus Ländern, die sich nicht für die WM qualifiziert haben, werden sicher nur wenige den mitunter weiten Weg nach Mitteleuropa antreten wollen. Es empfiehlt sich daher, Anfragen direkt an diverse ausländische Fußballverbände zu richten. Hilfreich könnte hierbei sein, wenn Verwandte, Bekannte oder Freunde im entsprechenden Land leben.

Letztlich werden dennoch aus den diversen Kontingenten sicher noch reichlich Tickets zurückkommen. Selbst kurzfristig wird es damit noch die Möglichkeit geben, an Eintrittskarten zu gelangen. Die letzte Verkaufsphase, beginnend am 01. Mai 2006, wird also gewiss noch einige Tickets bereithalten.

Das Ticket-Portal

Das Organisationskomitee und die FIFA haben sich darauf geeinigt, eine dritte Möglichkeit des Kartenerwerbs zu schaffen. Voraussichtlich am 01. Februar 2006 wird im

Internet ein Portal eröffnet, das den Weiterverkauf und die Übertragung von WM-Tickets ermöglicht. Karteninhaber erhalten somit die Möglichkeit, eventuell nicht benötigte Tickets legal abzutreten. Diese werden zum tatsächlichen Kaufpreis gehandelt. Geschäftemacher und Schwarzhändler habe somit keine Chance.

In diesem Zusammenhang wird regelmäßig vor dem Ticketkauf bei Internet-Auktionsplattformen und anderen diversen Websites gewarnt. Überteuert sind die Karten dort ohnehin und die Gefahr, einem Betrüger aufzusitzen, ist nicht von der Hand zu weisen. Deshalb wird an dieser Stelle darauf verzichtet, weitere Bezugsmöglichkeiten für WM-Tickets zu nennen, da deren Seriosität nicht garantiert werden kann.

Was sind Volunteers?

Die Übersetzung ins Deutsche erklärt den Begriff bereits treffend – freiwillige Helfer. Diese werden einen entscheidenden Beitrag zum Gelingen der WM 2006 leisten. Die Einsatzmöglichkeiten sind vielfältig und beschränken sich nicht nur auf die Stadien. Es gibt durchaus Bereiche, wo die Volunteers von den WM-Spielen nicht viel mitbekommen werden. Das gilt es dabei zu bedenken.

Einsatzgebiete

Freiwillige Helfer werden im Rahmen der Fußball-WM 2006 in folgenden Bereichen eingesetzt:

- ✔ Akkreditierungen – für Mannschaften, Offizielle, Journalisten etc.
- ✔ IT und Telekommunikation
- ✔ Logistik
- ✔ Marketing
- ✔ PR, Medien und Kommunikation
- ✔ Projektmanagement
- ✔ Sicherheit
- ✔ Ticketing
- ✔ Transport und Verkehr
- ✔ Turnierorganisation
- ✔ Unterbringung und Tourismus
- ✔ Volunteer-Management

Voraussetzungen und Bewerbung

Es ist Eile geboten. Die letzte Bewerbungsphase läuft von Januar bis Februar 2006. Anträge sind ausschließlich über das Internet abzugeben: `http://fifaworldcup.yahoo.com/06/de/o/volunteers/`.

Grundvoraussetzungen für eine erfolgreiche Bewerbung sind das vollendete 18. Lebensjahr zum Stichtag 01. Juni 2006 und natürlich gute Deutschkenntnisse. Im Vorteil sind auch diejenigen, die mit der englischen Sprache vertraut sind. Und dass während der WM die zeitliche Verfügbarkeit gewährleistet sein muss, versteht sich von selbst. Wer darüber hinaus glaubhaft seine Motivation für das Volunteer-Programm vermitteln kann und vielleicht sogar Erfahrungen in diesen oder ähnlichen Bereichen mitbringt, der hat ohne Frage gute Karten.

Der Zeitpunkt des Eingangs der Bewerbung ist unbedeutend, solange er sich im Rahmen der Bewerbungsphase bewegt. Alle Anträge werden gesichtet. In Frage kommende Personen erhalten eine Einladung zu einem Gespräch. Danach fällt die Entscheidung.

Geschafft, ich bin Volunteer!

Wer zu den Auserwählten gehört, wird in Schulungen auf seinen Einsatz vorbereitet. Diese finden voraussichtlich im April/Mai 2006 in Spielortnähe statt. Dabei besteht zudem die Möglichkeit, erste Kontakte mit den zukünftigen Kollegen zu knüpfen.

Manchen wird sicher noch die Frage beschäftigen, was es für die Volunteer-Tätigkeit als Gegenleistung gibt. Nun, freiwillige Helfer können natürlich nicht mit einer finanziellen Vergütung rechnen. Die Motivation sollte vielmehr sein, Teil eines solch bedeutenden Ereignisses zu sein und zu dessen Gelingen beizutragen. Immerhin werden die Volunteers eingekleidet. Außerdem ist für die Verpflegung in den Volunteer-Centern gesorgt. Ebenso erfolgt die Übernahme der Kosten für die öffentlichen Verkehrsmittel am Spielort. Darüber hinaus stellt das Organisationskomitee für seine vielen fleißigen Helfer einige Überraschungen in Aussicht.

Ein Bett für die Nacht

Genauso wie die WM-Tickets sind natürlich auch die Zimmer in Hotels und anderen Unterkünften der Spielorte begrenzt. Es empfiehlt sich also, frühzeitig die Initiative zu ergreifen.

Hotel-Portal

Bei Organisationskomitee und FIFA wird an nahezu alles gedacht. Auch in Sachen Unterbringung der zahlreichen in- und ausländischen Gäste bleibt nichts dem Zufall

überlassen. Hierfür wurde ebenfalls ein Online-Portal gestaltet. Die zuverlässige und sichere Online-Reservierung erfolgt unter:
`http:// fifaworldcup.yahoo.com/06/de/d/accommodation/index.html.`

In den zwölf WM-Städten stehen mehrere Hundert Hotels mit einer fünfstelligen Zahl an Zimmern zur Verfügung. Bezüglich des Komforts kann somit nahezu allen Ansprüchen Genüge getan werden.

Eigeninitiative

Selbst ist der Mann oder die Frau. Wer sich rechtzeitig kümmert, sollte bestimmt auch fündig werden. Und vielleicht besteht auf diese Weise Aussicht auf moderate Preise.

Hotels und Pensionen

Die jeweilige Stadtinformation könnte erste Anlaufstelle sein. Aber auch im Internet gibt es zahlreiche weitere Möglichkeiten, Zimmer in Hotels oder Pensionen zu buchen.

Jugendherbergen

Nicht nur Menschen mit schmalem Geldbeutel wissen die Jugendherbergen zu schätzen. Schließlich bedeutet der Begriff nicht, dass man mit 30 Jahren außen vor bleibt. Vielmehr stehen diese Gasthäuser Menschen jeden Alters offen. Jugendherbergen sind weit verbreitet und in größeren Städten sogar mehrfach vorhanden. Die meisten dieser Häuser werden von den Herbergseltern liebevoll geführt, sind modern ausgestattet und bieten sehr gute Übernachtungsmöglichkeiten. Große Schlafsäle gehören der Vergangenheit an und Frühstück gehört zum Standard.

Zelt- und Campingplätze

Als Geheimtipp können vielleicht die Zelt- und Campingplätze gelten. Erfahrene Camper sollten diese Option ins Auge fassen. Aber auch für alle anderen bietet es sich an, diese nicht zu unterschätzende Alternative zu prüfen. Vielleicht ist das die Gelegenheit, mal wieder das Zelt vom Dachboden zu holen.

»Die Welt zu Gast bei Freunden« – Motto der WM 2006.

Die WM jenseits der Stadien erleben

6

In diesem Kapitel

- Fußball schauen in Gesellschaft
- Ganz bequem im Fernsehsessel

Insgesamt 64 Spiele finden im Rahmen der Fußball-WM statt. Selbst glückliche Ticketbesitzer jedoch werden nicht alle Partien im Stadion verfolgen. Hinzu kommen jene, die sich überhaupt nicht um Eintrittskarten bemühten oder bei deren Vergabe kein Glück hatten. Allen bietet sich ohne Frage genügend Gelegenheit für alternative WM-Erlebnisse.

Public Viewing

Das große Schlagwort heißt »Public Viewing«. Gemeinsam mit Hunderten oder gar Tausenden anderen Menschen WM-Spiele abseits der Stadien erleben, stellt ebenfalls eine ganz besondere Erfahrung dar. Vor allem das Organisationskomitee hat sich angesichts der knappen WM-Tickets vehement für diese Möglichkeit eingesetzt.

Großbildleinwände

Zunächst galt es auch in dieser Frage alle wirtschaftlichen und juristischen Bedingungen zu klären. In Abstimmung mit der »Infront Sports und Media AG« als Inhaber der TV-Rechte hat die FIFA verfügt, dass überall in Deutschland Spiele der WM 2006 live auf Großbildleinwänden übertragen werden dürfen. Lizenzgebühren fallen für nicht-kommerzielle Organisatoren wie Städte und Gemeinden nicht an. Übrigens bedeutet nicht-kommerziell, dass die Veranstalter keine Eintrittsgelder verlangen dürfen.

In den zwölf WM-Spielorten werden Großbildleinwände an folgenden Plätzen aufgebaut:

- ✔ Berlin: Spreebogenpark; eventuell wird die Straße des 17. Juni einbezogen
- ✔ Dortmund: Friedensplatz

- Frankfurt: Mainufer
- Gelsenkirchen: Glückauf-Kampfbahn
- Hamburg: Heiligengeistfeld
- Hannover: Waterlooplatz
- Kaiserslautern: Stiftsplatz
- Köln: Roncalliplatz
- Leipzig: Augustusplatz
- München: Olympiapark
- Nürnberg: Volksfestplatz
- Stuttgart: Schlossplatz

Fußball in der Kirche

Die Kirche öffnet ihre Tore für die Fußballfans. Übertragungen von WM-Spielen sind in bis zu 16.000 Kirchen und Gemeindehäusern möglich. Die Evangelische Kirche in Deutschland hat sich erfolgreich um die kostenlosen Rechte für nicht-kommerzielle Anbieter beim TV-Rechteinhaber »Infront Sports und Media AG« bemüht.

Fußball in Gotteshäusern – eigentlich schwer vorstellbar. Aber interessant klingt diese Idee allemal – für Gläubige und Atheisten gleichermaßen.

Kneipenkultur

»Public Viewing« findet im Prinzip auch in den unzähligen Kneipen im Lande statt. Vor allem die unterschiedlichen landesspezifischen Lokalitäten versprechen eine ganz besondere Stimmung. Warum also nicht mal ein Spiel der »Squadra Azzurra« beim Italiener um die Ecke anschauen? Oder wie wäre es mit einem Besuch beim Mexikaner, wenn die »Tri« gerade im Einsatz ist? Die Atmosphäre wird mit Sicherheit ganz anders sein als vorm heimischen Fernsehgerät.

TV-Marathon

Für das Fernsehen wird die Fußball-WM natürlich auch wieder ein ganz besonderer Höhepunkt. Das äußerst sich dann mit Sicherheit auch wieder am Jahresende, wenn die zuschauerträchtigsten Sendungen der zurückliegenden zwölf Monate benannt werden. König Fußball ist in derartigen Hitlisten traditionell immer sehr gut vertreten.

Die Fernsehsender

Verständlich ist daher, dass die TV-Sender weder Kosten noch Mühen scheuen, die Spiele und das Drumherum, dem Anlass entsprechend, aufwendig zu präsentieren. Alle größeren Kanäle werden sich dem nicht verschließen. Doch live wird der Ball nur bei *ARD*, *ZDF*, *RTL* und *Premiere* rollen. Während der Pay-TV-Sender alle 64 Spiele live und in voller Länge anbietet, müssen sich die Öffentlich-Rechtlichen mit 48 Partien begnügen. Sollte allerdings die deutsche Mannschaft in der Vorrundengruppe A den zweiten Platz belegen und somit ihr Achtelfinalspiel am Sonntag, den 25. Juni 2006, bestreiten, wäre dies das 49. Live-Spiel. Selbstverständlich werden sich unter diesen 48 bzw. 49 Spielen alle Begegnungen der DFB-Auswahl, das Eröffnungsspiel und das Finale befinden. Die genaue Aufteilung zwischen *ARD* und *ZDF* wird erst nach der Auslosung vorgenommen.

RTL hat immerhin acht Spiele vom großen Kuchen abbekommen. Dabei handelt es sich um alle Sonntagsspiele, ausgenommen das Endspiel und ein eventuelles Achtelfinale mit deutscher Beteiligung.

»Das wird doch alles von den Medien hochsterilisiert.« – Bruno Labbadia, zweimaliger deutscher Nationalspieler, mit Problemen bei der Verwendung von Fremdwörtern.

Neueste Technik

Auch technisch wird mächtig geklotzt. So möchte beispielsweise die Industrie für Unterhaltungselektronik die WM nutzen, um dem hochauflösenden Fernsehen (HDTV) zum Durchbruch zu verhelfen. Die Vorteile in Sachen Qualität sind unbestritten, doch verbinden sich für den Verbraucher damit auch finanzielle Aufwendungen für neue, empfangstaugliche Geräte.

Ähnlich verhält es sich mit dem 16:9-Format, in dem die WM-Spiele übertragen werden. Um in den Genuss der besseren Bildqualität zu kommen, ist ein Breitbild-TV-Gerät nötig. Immerhin sollen den Besitzern herkömmlicher Apparate keine Nachteile entstehen. Zwar gibt es auch hier die obligatorischen schwarzen Balken am oberen und unteren Bildschirmrand, in der Breite jedoch bietet sich dem Zuschauer ein größerer Bildausschnitt als beim 4:3-Format.

Teil III

Die Hauptdarsteller der WM – Alle Mannschaften im Überblick

»Steffen, Du hast heute wirklich gut verteidigt, hör jetzt gefälligst auf. Die Bälle kommen mit mir nach Hause.«

In diesem Teil ...

Nachdem die Mannschaft von Gastgeber Deutschland bereits in Teil II in aller Ausführlichkeit vorgestellt wurde, kommen jetzt die anderen 31 WM-Teilnehmer zu ihrem Recht.

Zunächst jedoch gilt es, dem Modus der WM-Qualifikation auf den Grund zu gehen. Welche Wege mussten die Mannschaften beschreiten, um sich letztlich die Berechtigung zu erwerben, am Turnier im Sommer 2006 teilnehmen zu dürfen? Welcher Kontinent bekommt wie viele WM-Startplätze zugesprochen? All diese Fragen werden beantwortet.

Die Vorstellung der Mannschaften, die den steinigen Weg der Qualifikation gemeistert haben, erfolgt immer nach demselben Muster: Neben einer kurzen Einführung gibt es nähere Informationen zum Star des Teams und zum Trainer. In einer Tabelle werden WM-erfahrene Spieler aufgeführt, wenn vorhanden. Und abschließend erfolgt eine Einschätzung zu den Chancen der Mannschaft.

WM-Qualifikation – Der lange Weg nach Deutschland

7

In diesem Kapitel

- Schon im September 2003 fing alles an
- Wieso, weshalb, warum – Der Qualifikationsmodus
- Tore, Tore, Tore
- 16. November 2005 – Tag der letzten Entscheidung

Der Weg zu einer Fußballweltmeisterschaft ist lang und steinig. Mitunter mussten die Mannschaften bis zu 20 Qualifikationsspiele absolvieren. Für alle Kontinente zusammen ergibt sich ein monströses Programm, um letztlich die Teams herauszufiltern, die es verdient haben, an der Fußball-WM 2006 in Deutschland teilzunehmen.

Mehr als zwei Jahre hat es gedauert

Ziel der WM-Qualifikation war, das Teilnehmerfeld der Fußball-WM zu ermitteln. 32 Startplätze gibt es, einer davon ist für WM-Gastgeber Deutschland reserviert. Von den damals 205 Mitgliedsverbänden der FIFA bewarben sich anfangs 197. Für den Weltfußballverband bedeutete dies eine riesige organisatorische Herausforderung. Es galt, ein faires System zu entwickeln, um die Zahl der Bewerber Schritt für Schritt zu reduzieren, ohne die kontinentalen Bedürfnisse zu vergessen.

> **Keine Extrawurst mehr für den Weltmeister**
>
> Noch bis zur WM 2002 galt der Champion für das nachfolgende Turnier als gesetzt. Nun musste sich erstmals auch der amtierende Weltmeister der beschwerlichen Qualifikation stellen. Da aber Titelträger Brasilien die Hürden zum Großteil souverän nahm, wird die Mannschaft ihren Titel in Deutschland verteidigen können.

Die Mühlen der Qualifikation mahlen langsam. In Südamerika wurde der Anfang gemacht. Am 06. September 2003 standen sich in Buenos Aires um 16:00 Uhr Ortszeit die Mannschaften Argentiniens und Chiles gegenüber. Die Partie endete 2:2. Der Start in das Mammutprogramm WM-Qualifikation war vollzogen. Unvorstellbare 847 Spiele waren notwendig, um die verbliebenen 31 Fahrkarten zur WM zu vergeben.

Der Modus – Ein Versuch, es allen Recht zu machen

Jeder Kontinentalverband ist bestrebt, seinen Mannschaften möglichst viele WM-Startplätze zu sichern. Die FIFA kann aber bei weitem nicht alle Wünsche erfüllen. Vielmehr müssen einzelne Faktoren unterschiedlich gewichtet werden. Einfluss hierbei hat in erster Linie die grundsätzliche Leistungsfähigkeit des Fußballs auf den einzelnen Kontinenten. Europa muss natürlich höher eingestuft werden als beispielsweise Ozeanien oder Asien. Auch die Anzahl der Teams, die sich der Qualifikation stellen, hat eine nicht unerhebliche Bedeutung. Hieraus zieht man bei der FIFA Schlüsse und verteilt die WM-Startplätze, basierend auf den Erfahrungen der vergangenen Jahre.

Die sechs Konföderationen wurden demnach wie folgt bedacht:

- ✔ Europa (UEFA) erhält 14 Startplätze, inklusive Gastgeber Deutschland.
- ✔ Südamerika (CONMEBOL) fallen vier bzw. fünf Plätze zu.
- ✔ Afrika (CAF) bekommt fünf.
- ✔ Nord- und Mittelamerika, Karibik (CONCACAF) werden drei oder vier zuteil.
- ✔ Asien (AFC) muss sich mit vier oder fünf begnügen.
- ✔ Für Ozeanien (OFC) heißt es: einen oder keinen.

CONMEBOL und OFC bzw. CONCACAF und AFC machen jeweils einen WM-Startplatz untereinander aus.

Die sechs Konföderationen

Unter dem Dach der FIFA versammeln sich sechs kontinentale Fußballverbände.

- ✔ In Europa ist das die UEFA (Union of European Football Associations). Gegründet am 15. Juni 1954 in Basel, gehören ihr heute 52 Landesverbände an.
- ✔ Die Confederación Sudamericana de Fútbol (CONMEBOL) leitet die Geschicke des Fußballs in Südamerika seit dem 09. Juli 1916. Sie zählt zehn Mitgliedsländer.

- ✔ Auf dem afrikanischen Kontinent ist die CAF (Confédération Africaine de Football) verantwortlich. In ihr sind 52 Fußballnationen organisiert. Gegründet wurde die CAF am 08. Februar 1957 in Khartoum.
- ✔ Der Kontinentalverband in Nord- und Mittelamerika bzw. der Karibik heißt CONCACAF (Confederation of North, Central American and Caribbean Association Football) und existiert seit 1961. 35 Mitglieder sind hier gemeldet.
- ✔ Die Asian Football Confederation (AFC) ist knapp 52 Jahre nach ihrer Gründung am 08. Mai 1954 in Manila Heimat von 44 Landesverbänden.
- ✔ Der Fußball in Ozeanien wird von der Oceania Football Confederation (OFC) organisiert. Bestehend seit 1966, kann der Verband auf 12 Mitglieder verweisen.

Europa

Im Verantwortungsbereich der UEFA wurden 51 Mannschaften auf acht Gruppen verteilt – drei à sieben und fünf à sechs Teams. Die Gruppensieger hatten ihren Platz im Teilnehmerfeld der WM 2006 sicher, die beiden punktbesten Gruppenzweiten ebenfalls. Die verbliebenen sechs Zweitplatzierten ermittelten in drei ausgelosten Relegationsduellen mit Hin- und Rückspiel weitere drei WM-Teilnehmer. Zusammen mit dem gesetzten WM-Gastgeber Deutschland ergaben sich somit 14 Startplätze.

Warum gehört Israel zur UEFA?

Die UEFA nimmt es bei der Aufnahme neuer Mitglieder mit den geografischen Gesichtspunkten nicht ganz so genau. In den Statuten gibt es extra einen Artikel, der das Aufnehmen nicht-europäischer Verbände in Ausnahmefällen ermöglicht. Neben einem schriftlichen Aufnahmegesuch ist lediglich das Einverständnis der FIFA nötig. Zudem darf der Verband natürlich nicht Mitglied eines anderen Kontinentalverbandes sein.

Angefangen hat alles mit Israel, seit 1994 vollwertiges UEFA-Mitglied. Der europäische Fußballverband gewährte den Israelis auch gegen Widerstände in den eigenen Reihen »sportliches Asyl«. Eigentlich zu Asien gehörend, war Israel seit 1956 auch Mitglied in der Asiatischen Fußballkonföderation (AFC). Zu Beginn der 70er Jahre jedoch sperrten sich die arabisch-muslimischen Länder und weigerten sich, gegen Israel zu spielen, das daraufhin die AFC 1974 verließ.

Weitere Beispiele aus der jüngeren Vergangenheit sind einige ehemalige Sowjetrepubliken aus dem asiatischen Raum. Die UdSSR spielte seit jeher unter dem Dach der UEFA. Die georgische Mannschaft Dynamo Tiflis beispielsweise gewann 1981 den Europapokal der Pokalsieger. Hier sind es also eher traditionelle Gründe. Einige der Länder führen jedoch zudem geografische Aspekte an (z. B. Kasachstan), glauben Teile ihres Territoriums in Europa. Hier wäre eine klare Definition der europäisch-asiatischen Grenze hilfreich. Durch den oben aufgeführten Hinweis auf die UEFA-Statuten erübrigt sich dies aber.

Auch auf anderen Kontinenten beschäftigt man sich mit diesem Thema. So führten jüngst Bestrebungen zum Erfolg, Australien der asiatischen Konföderation zuzuordnen. Bereits die WM-Qualifikation für die WM 2010 wird Australien unter dem Dach der Asiatischen Fußballkonföderation bestreiten.

Südamerika

In Südamerika wurden die WM-Teilnehmer in einem Meisterschaftsmodus, analog zur Fußball-Bundesliga, bestimmt: jeder gegen jeden mit Hin- und Rückrunde. Die zehn Mannschaften hatten somit jeweils 18 Spiele zu absolvieren. Das erklärt, warum sich die Entscheidungsfindung über einen so langen Zeitraum erstreckte. Die vier besten Teams fahren direkt zur Weltmeisterschaft. Der Fünftplatzierte musste sich noch in einem Relegationsduell mit dem Sieger der Ozeanien-Qualifikation auseinander setzen.

Afrika

Auch in Afrika gestaltete sich die WM-Qualifikation recht einfach. Nachdem in der ersten Runde die schwächsten Mannschaften des Kontinents ausgesiebt wurden, verteilte man die 30 verbliebenen auf Sechsergruppen. Die fünf Gruppensieger fahren zur WM nach Deutschland.

Nord- und Mittelamerika, Karibik

Etwas komplizierter stellte sich die Prozedur in der CONCACAF-Zone dar. Auch hier galt es, das Feld der Mannschaften zunächst zu reduzieren. Mittels zweier K.-o.-Runden mit Hin- und Rückspiel wurde dies vollbracht. Übrig blieben zwölf Teams, die auf drei Gruppen verteilt wurden. Die ersten beiden jeder Gruppe bildeten abschließend eine Sechsergruppe. Die drei besten Mannschaften sicherten sich das WM-Ticket. Doch auch der Viertplatzierte erhielt noch die Chance, in einem Relegationsduell mit Hin- und Rückspiel gegen einen Asienvertreter um die WM-Teilnahme zu spielen.

Asien

In Asien wurde ähnlich vorgegangen. In einer K.-o.-Runde ebenfalls mit Hin- und Rückspiel blieben zunächst einige Mannschaften auf der Strecke. Die 32 besten Teams des Kontinents bildeten acht Vierergruppen, aus deren Siegern in letzter Instanz zwei Gruppen à vier Mannschaften entstanden. Die jeweils besten zwei dürfen zur WM nach Deutschland fahren. Die beiden Gruppendritten mussten noch in Hin- und Rückspiel gegeneinander antreten. Der Sieger dieses Vergleichs hatte dann die Möglichkeit, Asien in einem Relegationsduell gegen einen Vertreter der CONCACAF-Zone eine fünfte WM-Fahrkarte zu sichern.

Ozeanien

Die WM-Qualifikation in Ozeanien startete mit zwei Fünfergruppen, wobei jeweils die beiden besten Mannschaften eine Runde weiter kamen. Zusammen mit den gesetzten Teams von Australien und Neuseeland wurde eine Sechsergruppe gebildet. Hier machte man nun die zwei besten Mannschaften Ozeaniens ausfindig. In Hin- und Rückspiel ermittelten diese beiden dann den wahren Sieger. Doch ein fixer WM-Startplatz ist für Ozeanien momentan nicht vorgesehen. Somit musste die Mannschaft zum Relegationsduell mit Hin- und Rückspiel gegen den Fünften der Südamerika-Qualifikation antreten.

Rekordtorflut

Einen Torrausch erlebten die Zuschauer am 11. April 2001 in Coffs Harbour bei einem Qualifikationsspiel zur WM 2002. Australien hatte die Mannschaft von Amerikanisch-Samoa zu Gast. Die Insulaner erlebten ganz bittere 90 Minuten. 31:0 lautete das Endergebnis. So viele Tore gab es bis heute in keinem anderen Länderspiel. Eine Rekordmarke setzte damals auch der australische Stürmer Archie Thompson. Allein er versenkte den Ball 13 Mal im Netz.

Die letzte Entscheidung

Am 16. November 2005 fand das 847. und letzte Spiel der WM-Qualifikation statt. Es standen sich der Sieger der Ozeanien-Qualifikation und der Fünfte der Südamerika-Gruppe im Rückspiel gegenüber. Dabei ging es um das letzte der 32 WM-Tickets. Für Ozeanien war dies die einzige Chance auf einen Platz im Teilnehmerfeld der WM-Endrunde in Deutschland.

Europa

8

In diesem Kapitel

- Alle europäischen Mannschaften im Überblick

Das Team von WM-Gastgeber Deutschland wurde in Kapitel 4 schon in aller Ausführlichkeit unter die Lupe genommen. Die restlichen 13 WM-Teilnehmer aus Europa werden im Folgenden genauer beleuchtet.

England

Das »Mutterland des Fußballs« hat, den eigenen Ansprüchen gemäß, in der Vergangenheit zu wenige glorreiche Momente erlebt. Der Triumph bei der WM 1966 im eigenen Land war so ziemlich der einzige Höhepunkt, abgesehen von den olympischen Goldmedaillen für Großbritannien Anfang des 20. Jahrhunderts. Ansonsten war bei Welt- und Europameisterschaften trotz aller hochgesteckten Ziele und kühnen Träume oft schon recht früh Feierabend.

Zum zwölften Mal nimmt eine englische Mannschaft am WM-Turnier teil. Und obwohl die bisherigen Erfolge recht dünn gesät sind, zählt England doch immer zumindest zum erweiterten Favoritenkreis.

England gegen Deutschland – ein Klassiker

In den Duellen zwischen England und Deutschland steckt, schon allein historisch bedingt, immer eine besondere Brisanz. Die britischen Medien bedienen sich in Anlehnung an die dunklen Seiten deutscher Geschichte gern martialischer Schlagzeilen. Besonders zimperlich wird da nicht vorgegangen, *gentlemanlike* ist etwas anderes.

Die Spiele selbst sind dann auch meist hart umkämpft und von knappen Ergebnissen geprägt. Hatten die Engländer im WM-Finale 1966 mit dem 4:2 nach Verlängerung noch das bessere Ende, so zogen sie in der Folge bei Spielen im Rahmen von WM- und EM-Turnieren fast regelmäßig den Kürzeren.

Mit der Zeit bauten die Engländer regelrecht Komplexe auf. Besonders die Niederlagen nach Elfmeterschießen bei der WM 1990 und der EM 1996 jeweils im Halbfinale machten ihnen mächtig zu schaffen. Und wenn es gegen Deutschland um alles geht, dann liegen die Nerven blank.

Die WM-Erfahrung der aktuellen Nationalspieler

Name	WM-Teilnahmen	WM-Spiele	Länderspieldebüt
Sol Campbell	1998, 2002	9	1996
Michael Owen	1998, 2002	9	1998
David Beckham	1998, 2002	8	1996
Rio Ferdinand	1998, 2002	5	1997
Ashley Cole	2002	5	2001
Gary Neville	1998	3	1995
Kieron Dyer	2002	3	1999
Owen Hargreaves	2002	2	2001
Wayne Bridge	2002	2	2002
Joe Cole	2002	1	2001
David James	2002	0	1997
Wes Brown	2002	0	1999

Tabelle 8.1: Die erfahrensten Spieler

Der Star

Angesichts der Leistungen auf dem Fußballplatz haben einige englische Nationalspieler Star-Potenzial. Doch all das Drumherum eingeschlossen kann es nur einen geben, der hier zu nennen ist – **David Beckham**. Rein fußballerisch haben ihm zumindest zwei, drei Mannschaftskollegen längst den Rang abgelaufen, doch der Kapitän zieht nach wie vor die Aufmerksamkeit auf sich. Kein Fußballer weltweit kann auf eine derartige Medienpräsenz verweisen. Dabei hat sich das Gleichgewicht in der Berichterstattung längst zu Ungunsten des Sports verschoben. Beckham tritt hauptsächlich als perfekt vermarkteter Werbestar und in den Klatschspalten der Boulevardpresse in Erscheinung. Nicht unwesentlich trägt dazu sein Lebensstil bei – ganz zu schweigen von seiner Ehefrau Victoria, dem Ex-Spice-Girl.

Die sportlichen Leistungen geraten regelmäßig ins Hintertreffen und sind häufig auch nicht dazu angetan, die Schlagzeilen zu beherrschen. Wirklich brillant ist einzig sein rechter Fuß. Dank einer nahezu einzigartigen Schusstechnik versteht er es Flanken, Eckbälle und Freistöße ungemein präzise und mit viel Effet vor das Tor des Gegners zu schlagen. Daher ist sein Revier in erster Linie das rechte Mittelfeld.

David Beckham ist mit Sicherheit kein unfairer Spieler, doch für einen Platzverweis war er im Verlauf seiner Karriere immer mal gut. So avancierte er in Folge des Ausscheidens bei der WM 1998 zum nationalen Buhmann. Nach seiner Roten Karte wegen Nachtretens verlor England im

Elfmeterschießen gegen Argentinien. Letztlich wurde allein ihm diese Niederlage angelastet.

Im vorletzten Spiel der WM-Qualifikation im Oktober 2005 gegen Österreich sah Beckham die Gelb-Rote Karte. Zwar gewann England die Partie mit 1:0. Doch nie zuvor wurde ein Spieler im englischen Nationaltrikot vom Schiedsrichter zweimal vorzeitig zum Duschen geschickt. Zu allem Überfluss flog er kurz darauf in einem Ligaspiel bei seinem Verein Real Madrid, dort allerdings unberechtigt, vom Platz. Prompt kamen die Diskussionen auf, ihm die Kapitänsbinde abzunehmen. Nationaltrainer Eriksson sprach jedoch ein Machtwort: »Er wird in Deutschland unser Kapitän sein.«

Der Trainer

Sven-Göran Eriksson ist einer der renommiertesten Trainer der Welt. Quer durch Europa hat er seine Erfolgsspur gezogen und gewann mit Vereinen aus Schweden, Portugal und Italien unzählige Titel. Im Jahr 2001 übernahm er das Amt des Nationaltrainers in England. Ein Aufschrei ging durch das ganze Land. Erstmals vertraute man die Nationalmannschaft einem Ausländer an. Die »Yellow Press« war entsetzt: »Nun hat sich das ›Mutterland des Fußballs‹ an eine Nation von Skifahrern und Hammerwerfern verkauft.«

Doch Eriksson brauchte nicht lange, um Medien und Fans auf seine Seite zu ziehen. Nicht nur, dass ihm mit fünf Siegen in Folge der beste Einstand aller bisherigen Nationaltrainer überhaupt gelungen war, ein 5:1-Sieg in einem WM-Qualifikationsspiel in München gegen Deutschland tat ein Übriges. Mit der Zeit jedoch verblasst auch dieser Ruhm etwas, und der Schwede gilt längst nicht mehr als unumstritten. In England ist man sich des durchaus hochkarätigen Spielerpotenzials bewusst. Da passen die mitunter dürftigen Leistungen des Nationalteams nicht ins Bild.

Die Aussichten

Die Engländer haben also seit langem mal wieder eine recht schlagkräftige Mannschaft beisammen. In nahezu allen Mannschaftsteilen verfügt Sven-Göran Eriksson über exzellente Spieler. Allein für die Innenverteidigung stehen mit John Terry, Rio Ferdinand und Sol Campbell drei erstklassige Leute bereit. In diesem Bereich gibt es weltweit kaum Besseres. Auch die Namen der Mittelfeldspieler haben Klang. Hierbei rangiert ein David Beckham noch nicht einmal an erster Stelle. Steven Gerrard und vor allem Frank Lampard sind weitaus höher einzuschätzen. Und für die Durchschlagskraft im Angriff stehen Michael Owen und Wayne Rooney.

All die genannten Namen verkörpern internationale, wenn nicht gar Weltklasse. Nun gilt es, aus ihnen eine Einheit zu formen, ausgerichtet auf das gemeinsame Ziel.

Doch Trainer Eriksson hat durchaus noch Baustellen zu bearbeiten. Wie können zum Beispiel verletzungsbedingte Ausfälle verkraftet werden? Es steht zu befürchten, dass die übrigen Spieler des Kaders leistungsmäßig etwas abfallen. Darüber hinaus hat England schon seit einigen Jahren ein Torwartproblem. Seit der legendäre Peter Shilton nach der WM 1990 abtrat, brachte der englische Fußball keinen Keeper der Spitzenklasse mehr hervor.

Dennoch können die Engländer der WM 2006 optimistisch entgegensehen. Die »Three Lions« bringen einige sehr gute Voraussetzungen mit, um in Deutschland weit zu kommen. Auf der Insel liebäugelt man schon ein wenig mit dem Halbfinale. Wenn alles optimal läuft, ist das sicher nicht unrealistisch.

Alle für einen oder jeder für sich?

Das Vereinigte Königreich von Großbritannien und Nordirland umfasst vier Nationen – England, Wales, Schottland und eben Nordirland. Alle vier verfügen über eigenständige Fußballverbände, die jeweils Mitglied der FIFA und der UEFA sind. Das berechtigt dazu, an den Wettbewerben der beiden Dachorganisationen teilzunehmen. Daher ist das Königreich immer mit vier Nationalteams am Start. Für die WM 2006 allerdings konnten sich nur die Engländer qualifizieren.

Übrigens sehen die olympischen Regeln ganz im Gegensatz dazu vor, das Vereinigte Königreich als einen gemeinsamen Staat zu betrachten. Aus diesem Grund starten die Sportler aus Großbritannien und Nordirland in vielen andern Sportarten unter dem »Union Jack«, der Flagge des Königreiches. In der Konsequenz hat seit 1972 keine britische Fußballmannschaft mehr an den Olympischen Spielen teilgenommen.

Frankreich

Die Franzosen haben etwas gutzumachen. Bei der letzten WM vor vier Jahren schieden sie als amtierender Welt- und Europameister sang-, klang-, punkt- und torlos nach der Vorrunde aus – eine Blamage. Nun steht die zwölfte WM-Teilnahme an. Und angesichts der bisherigen Erfolge, insgesamt viermal gehörte man zu den besten vier Mannschaften, sind die Ziele klar definiert. Schließlich hat die »Équipe Tricolore« in der Vergangenheit als zweifacher Europameister weiteren Ruhm geerntet.

Dennoch verlief die WM-Geschichte Frankreichs unstet. Im Lauf der Jahre musste man sich zwischendurch immer wieder einmal mit der Rolle des Zuschauers begnügen. Und auch in der zurückliegenden WM-Qualifikation überzeugten die »Blauen« – »Les Bleus« – eher selten. Gerade einmal 14 Tore brachten sie zustande, kein anderer WM-Teilnehmer hat während der Qualifikation so wenige Treffer verbucht.

Die WM-Erfahrung der aktuellen Nationalspieler

Name	WM-Teilnahmen	WM-Spiele	Länderspieldebüt
Fabien Barthez	1998, 2002	10	1994
Lilian Thuram	1998, 2002	9	1994
David Trezeguet	1998, 2002	9	1998
Thierry Henry	1998, 2002	8	1997
Zinedine Zidane	1998, 2002	6	1994
Patrick Vieira	1998, 2002	5	1997
Sylvain Wiltord	2002	3	1999
Djibril Cissé	2002	3	2002
Claude Makelele	2002	1	1995
Willy Sagnol	2002	0	2000
Grégory Coupet	2002	0	2001

Tabelle 8.2: Die erfahrensten Spieler

Der Star

Der Star ist erst kürzlich in Frankreichs Nationalteam zurückgekehrt. Eigentlich hatte **Zinedine Zidane** nach der Europameisterschaft 2004 seine Karriere in der französischen Nationalmannschaft für beendet erklärt. Seine aufgrund zunehmenden Alters schwindende Kraft wollte der Mittelfeldspieler ausschließlich für seinen Klub Real Madrid aufwenden. Doch der holprige Verlauf der WM-Qualifikation änderte Zidanes Meinung: »Das französische Team hat mir so viel gegeben. Jetzt will ich ihm helfen.«

In Frankreich wurde die Nachricht mit Euphorie und Jubel aufgenommen. »Der größte Zauberer des modernen französischen Fußballs ist zurück!«, lautete eine der Schlagzeilen.

Zinedine Zidane galt lange Zeit als der beste Spieler der Welt und wurde entsprechend dreimal als »Weltfußballer des Jahres« geehrt, zuletzt 2003. Seit Diego Armando Maradona hatte es keinen solch brillanten Fußballer mehr gegeben. Zidane vereint perfekte Technik, Genialität, strategische Fähigkeiten, physische Robustheit und ein passables Kopfballspiel auf sich. Seine Titelsammlung spricht ebenfalls Bände: Welt- und Europameister, Champions-League-Sieger, Weltpokalsieger, italienischer und spanischer Meister …

Doch der vorübergehende Rücktritt 2004 kam nicht von ungefähr. Die Zeit geht auch an ihm nicht spurlos vorüber. Und das ist dem Kapitän der »Équipe Tricolore« durchaus bewusst. Schließlich wird er während der WM in Deutschland 34 Jahre alt.

Seinen Leistungszenit hat er damit längst überschritten. Doch dank seines außergewöhnlichen Talents und der großen Erfahrung versteht er es nach wie vor, auf höchstem Niveau zu glänzen.

Der Trainer

Neben Zinedine Zidane gibt es in Frankreichs WM-Kader noch einige weitere schillernde Figuren – Fußballer von Weltklasseformat. Der Trainer jedoch scheint so gar nicht dazuzupassen. Als Spieler lediglich acht Länderspiele, als Trainer eher mäßig erfolgreich beim FC Mulhouse und bei Olympique Lyon heuerte **Raymond Domenech** im Sommer 1993 beim französischen Fußballverband an. Hier war er zunächst im Nachwuchsbereich tätig, ehe er nach der Europameisterschaft 2004 die A-Nationalmannschaft übernahm. Insofern erinnert der Werdegang ein wenig an einige seiner Vorgänger.

Doch die dürftigen Leistungen der Mannschaft riefen regelmäßig die Kritiker auf den Plan. Und speziell nach der Rückkehr der Alt-Stars Zidane, Thuram und Makelele wird Domenech nachgesagt, recht wenig Einfluss auf die Mannschaft zu haben. Dabei sprechen allein die Zahlen durchaus für ihn. Unter seiner Leitung hat die »Équipe Tricolore« noch kein Spiel verloren. Allerdings stoßen Fans und Medien die zahlreichen Unentschieden gegen durchschnittliche Gegner sauer auf.

Die Aussichten

Trotz einer Reihe klangvoller Namen hat die französische Nationalmannschaft ihren Zenit überschritten. Der spätestens nach der EM 2004 notwendige Umbruch gestaltete sich schwierig. Die WM-Qualifikation war akut gefährdet. Und um die Teilnahme am Turnier in Deutschland zu sichern, nahm man in Kauf, dass durch die Rückkehr von Zidane & Co. der Neuaufbau ins Stocken gerät.

Nun konnten die »alten Hasen« zwar das Schlimmste verhindern, doch wie es nach diesem Hin und Her um den Mannschaftsgeist bestellt ist, bleibt zunächst offen. Zudem könnte sich die offenbar geschwächte Position des Trainers nachteilig auswirken. Es wird sich zeigen, ob im Sinne des Erfolges alle Beteiligten an einem Strang ziehen. Dies ist die unabdingbare Voraussetzung für ein gutes Abschneiden in Deutschland. Noch stellt sich die Mannschaft nicht als gefestigte Einheit dar. In der Form droht wieder eine Enttäuschung wie bei der WM 2002.

Dennoch lassen vor allem die individuellen Fähigkeiten einer Großzahl der Spieler stets die Hoffnung auf ein erfolgreiches Turnier. Namen wie Thierry Henry oder Patrick Vieira stehen für das enorme Potenzial. Und sollten sich alle auf einen gemeinsamen Weg einschwören, dann kann sich Frankreich ganz schnell auch im Viertel- oder Halbfinale wiederfinden.

Italien

Der Name Italien allein genügt schon, um wie all die Jahre zuvor als einer der WM-Favoriten genannt zu werden. Zum Teil liegen solche Vorschusslorbeeren in der Vergangenheit begründet. Und die WM-Geschichte der Italiener ist überaus ruhmreich. Dreimal Weltmeister, zweimal Vize-Weltmeister – so sieht die Spitze der imposanten Erfolgsbilanz aus.

Doch auch die Serie A, die erste italienische Liga, hat Einfluss auf die Beurteilung der Nationalmannschaft, gilt sie doch als eine der stärksten Ligen der Welt. Und fast schon traditionell verdienen nahezu alle Nationalspieler ihr Geld bei einem Verein in der Heimat.

Bereits zum 16. Mal ist die »Squadra Azzurra« bei einer WM am Start. Nur zweimal hat man bisher gefehlt. Einzig Brasilien war öfter dabei. Und lediglich die Südamerikaner und die Deutschen sind in der WM-Historie erfolgreicher gewesen.

Die Stars

Francesco Totti

Auch Italiens Kader verfügt über einige namhafte Akteure. Einer von ihnen ist Francesco Totti, der ewige Römer. Zeit seines Fußballerlebens ist der 29-Jährige dem AS Rom treu geblieben und wird das vermutlich auch bis zum Ende der Karriere tun. In diesen unsteten Zeiten ist solch eine Vereinstreue ein äußerst seltenes Phänomen. Der gebürtige Römer widerstand bisher allen noch so lukrativen Offerten anderer Klubs, wird vom AS Rom aber auch recht fürstlich entlohnt.

Dank seiner überragenden technischen Fähigkeiten ist Francesco Totti in der Lage, spielentscheidende Situation heraufzubeschwören. So ist er selbst äußerst torgefährlich, versteht es aber gleichzeitig, seine Mitspieler gekonnt in Szene zu setzen. Häufig zieht er allein durch seine Präsenz auf dem Platz die Aufmerksamkeit mehrerer Gegenspieler auf sich, was seinen Mannschaftskollegen Raum verschafft.

Da der Fußball in Italien eher als defensivorientiert gilt, sind Tottis weit über 100 Tore in der Serie A allein schon Qualitätsnachweis genug. Nur mit dem Sammeln von Titeln tut man sich bei der »Roma« schwer. Einzig die italienische Meisterschaft 2001 gab es somit für Totti zu feiern. Vielleicht bietet sich mit der Nationalmannschaft die Gelegenheit, dem Nachholbedarf Genüge zu tun.

Christian Vieri

Während Francesco Totti eher als offensiver Mittelfeldspieler oder etwas hängend hinter den Angreifern spielt, ist Christian Vieri ein reiner Stürmer. Statistisch gesehen, hat der 32-Jährige in all seinen bisherigen neun WM-Spielen ein Tor erzielt. Mit neun Toren ist er der zweitbeste noch aktive Torschütze der WM-Geschichte nach Ronaldo.

Dennoch muss sich der Torjäger der nachrückenden jungen italienischen Garde von Stürmern erwehren. Spieler wie Luca Toni, Alberto Gilardino, Antonio Cassano und Vicenzo Iaquinta schicken sich an, einen Platz in der »Squadra Azzurra« zu erobern. Auch bei seinem Verein, dem AC Mailand, ist das Angebot an Klasseleuten auf dieser Position enorm. Doch den Konkurrenzkampf hat Christian Vieri noch nie gescheut. Und seine Tore hat er trotzdem immer gemacht.

Die WM-Erfahrung der aktuellen Nationalspieler

Name	WM-Teilnahmen	WM-Spiele	Länderspieldebüt
Christian Vieri	1998, 2002	9	1997
Fabio Cannavaro	1998, 2002	8	1997
Alessandro del Piero	1998, 2002	7	1995
Alessandro Nesta	1998, 2002	6	1996
Gianluigi Buffon	1998, 2002	4	1997
Francesco Totti	2002	4	1998
Gianluca Zambrotta	2002	4	1999
Gennaro Gattuso	2002	2	2000
Marco Materazzi	2002	1	2001
Vincenzo Montella	2002	1	1999
Christian Abbiati	2002	0	2003

Tabelle 8.3: Die erfahrensten Spieler

Andrea Pirlo

Beim AC Mailand wie auch in der Nationalmannschaft hat das Mitwirken von Andrea Pirlo eine ganz entscheidende Bedeutung. Er ist der stille Antreiber des Spiels. Wie unverzichtbar er ist, zeigt sich erst, wenn er nicht dabei ist. Als defensiver Mittelfeldspieler gibt er nicht nur den Abräumer vor der Abwehr, sondern inszeniert auch selbst die Angriffe der eigenen Mannschaft. Darüber hinaus ist Pirlo ein sehr gefährlicher Freistoßschütze. Die meisten seiner Tore erzielt er auf diese Weise.

Das Spiel öffnen, was heißt denn das?

Bei Fußballübertragungen im Fernsehen ist gelegentlich davon die Rede, dass ein Spiel geöffnet oder verlagert wird. Damit wird auf die Fähigkeit von Mittelfeldstrategen wie Andrea Pirlo hingewiesen, die dank ihrer Übersicht in der Lage sind, unüberschaubare Situationen aufzulösen, indem sie zum Beispiel einen langen Pass zu einem Mitspieler auf der andere Seite des Platzes spielen. Es handelt sich dabei keineswegs um blinde Befreiungsschläge sondern um gezielte Anspiele über Distanzen von 40, 50 Metern oder mehr.

Der Trainer

Im Juli 2004, unmittelbar nach dem Ausscheiden der »Squadra Azzurra« bei der Europameisterschaft, trat **Marcello Lippi** das Amt des Nationaltrainers an. Er übernahm den Posten von Giovanni Trapattoni, der zuvor vier Jahre lang sein Glück versucht hatte. Die Ergebnisse entsprachen nicht den Vorstellungen des italienischen Fußballverbandes, weshalb ein neuer Mann her musste.

In Marcello Lippi hat man einen überaus renommierten Fußballlehrer für die Aufgabe gewinnen können. Besonders seine Zeit bei Juventus Turin, wo er seit 1994 tätig war, hat sich im Gedächtnis der »Tifosi« verfestigt. Zahlreiche Titel und Meisterschaften, national wie international, hat er in dieser Zeit eingefahren.

Die Aussichten

Für die Italiener kann es kein anderes Ziel geben, als Weltmeister zu werden. Nur das lässt sich den heißblütigen Fans und den emotionsgesteuerten Medien auch verkaufen. Und die Aussichten für diese Unternehmung sind durchaus viel versprechend. Trainer Lippi hat eine sehr gute Mischung aus erfahrenen und jungen Spielern um sich geschart.

Prunkstück der Mannschaft ist fast schon traditionell die Abwehr. Torhüter Gianluigi Buffon verkörpert unbestritten Weltklasseformat. Und der Innenverteidigung mit Fabio Cannavaro und Alessandro Nesta kann ohnehin kaum jemand das Wasser reichen. Auch im defensiven Mittelfeld verfügt Italien über hervorragende Leute, so dass dem eigenen Tor kaum Gefahr drohen dürfte.

Vorn schwingt Francesco Totti den Taktstock. In der Offensive läuft nahezu alles über ihn. Er dient als ständige Anspielstation für seine Kollegen. Zudem kann die »Squadra Azzurra« auf eine Reihe erstklassiger Stürmer bauen: Alessandro del Piero, der eventuell hinter Totti zurückstehen wird, Christian Vieri, Vincenzo Montella und ganz besonders die große Zahl junger, aufstrebender Angreifer. Hier muss sich allerdings noch zeigen, wie sie auf der großen WM-Bühne zurechtkommen.

Die Voraussetzungen stehen also äußerst günstig. Auch die Mannschaft scheint auf dem Weg, das große Ziel zu realisieren, an einem Strang zu ziehen. Eine sehr gute Rolle wird Italien bei der WM 2006 mit Sicherheit spielen. Und Titelchancen hat das Team allemal.

Kroatien

Bis 1991 war Kroatien, politisch gesehen, eine der sechs Volksrepubliken Jugoslawiens. Auch die Fußballer liefen somit unter jugoslawischer Flagge auf. Im Jahr der Unabhängigkeit wurde der kroatische Fußballverband erneut gegründet. Es dauerte allerdings noch einige Jahre, ehe Kroatien erstmals eine Mannschaft für einen offiziellen Wettbewerb der FIFA bzw. UEFA meldete.

Dann aber gelang es den Kroaten umgehend, sich gleich bei ihren ersten Anläufen zunächst für die EM 1996 und anschließend für die WM 1998 zu qualifizieren. Dass die Mannschaft eben jene Weltmeisterschaft in Frankreich auf dem sensationellen dritten Platz beendete, übertraf damals alle Erwartungen. Mittlerweile ist etwas Ernüchterung eingekehrt, denn zuletzt kam Kroatien nicht über die Vorrunde hinaus.

Der Star

Die Zeiten der Helden von 1998 Davor Šuker und eines Robert Prosinečki sind vorbei. Personell muss Kroatien momentan kleinere Brötchen backen. Möglicherweise wird es aber nicht mehr allzu lange dauern, bis der Balkanstaat wieder einen absoluten Superstar hervorbringt. Ob das **Ivan Klasnić** sein kann, wird die Zukunft zeigen. An dieser Stelle jedoch soll er stellvertretend für die stattliche Anzahl von Deutschlandprofis kurz vorgestellt werden.

Zusammen mit seinem Vereinskollegen Miroslav Klose bildet Ivan Klasnić beim SV Werder Bremen eines der gefährlichsten Sturmduos der Bundesliga. Beide ergänzen sich hervorragend. Die guten Leistungen im Klub, gekrönt durch den deutschen Meistertitel und den Pokalsieg 2003, brachten dem Stürmer die Berufung ins Nationalteam seines Landes ein. 2004 debütierte er in Kroatiens Auswahl. Im gleichen Jahr wurde er für die Europameisterschaft nominiert, kam in Portugal jedoch nicht zum Einsatz. Im kommenden Sommer in Deutschland, hofft er, wird das anders sein. Gemeinsam mit Dado Pršo möchte Ivan Klasnić dann für Kroatien stürmen.

Die WM-Erfahrung der aktuellen Nationalspieler

Name	WM-Teilnahmen	WM-Spiele	Länderspieldebüt
Dario Šimić	1998, 2002	8	1996
Anthony Šerić	1998, 2002	0	1998
Vladimir Vasilj	1998, 2002	0	1998
Niko Kovač	2002	3	1996
Igor Tudor	1998	3	1997
Robert Kovač	2002	3	1999
Stipe Pletikosa	2002	3	1999
Josip Šimunić	2002	3	2001
Stjepan Tomas	2002	3	1998
Ivica Olić	2002	2	2002
Jurica Vranješ	2002	2	1999
Boško Balaban	2002	0	2000
Tomislav Butina	2002	0	2001

Tabelle 8.4: Die erfahrensten Spieler

Der Trainer

Nach dem Vorrunden-Aus bei der EM 2004 übernahm **Zlatko Kranjčar** die Geschicke der Nationalelf. Bereits zwei Jahre zuvor galt er schon einmal als aussichtsreicher Kandidat für diesen Posten, hatte dann aber das Nachsehen gegenüber Otto Barić. Nun setzt Kranjčar die Tradition des kroatischen Verbandes fort, der bisher ausschließlich auf einheimische Trainer vertraute.

In Kroatiens Fußball ist Zlatko Kranjčar eine bekannte Größe. Bereits seine Spielerkarriere erwies sich als recht erfolgreich. Seine zahlreichen Tore erzielte er unter anderem in Österreich. Selbst zu Nationalmannschaftsehren ist er gekommen, bestritt nicht nur für Jugoslawien elf Spiele, sondern kam 1990 auch in der kroatischen Auswahl zweimal zum Einsatz.

Seine Trainerkarriere, die Mitte der 1990er Jahre begann, führte ihn ebenfalls kurzzeitig nach Österreich, aber auch nach Ägypten. Hauptsächlich jedoch war er in der Heimat tätig und wurde unter anderem dreimal kroatischer Meister.

Übrigens spielt mittlerweile auch Sohn Niko unter seinem Vater im Nationalteam.

Die Aussichten

Ziel der Kroaten muss zunächst sein, mal wieder die Vorrunde zu überstehen. Da die überragenden Einzelkönner fehlen, versteht sich die Mannschaft als kompakte Einheit und weiß, dass sie nur mit Teamgeist und absoluter Geschlossenheit erfolgreich sein kann.

Die recht souveräne WM-Qualifikation, die man ungeschlagen als Tabellenerster der Europa-Gruppe 8 abschloss, weckt in Kroatien natürlich Begehrlichkeiten. Der Traum von großen Taten bei der WM 2006 erhält da schnell Nahrung. Jedoch sollte das nicht den Blick auf die Realität verstellen. Und die heißt ganz unmissverständlich: Mit dem Erreichen des Achtelfinales wäre das Team von Zlatko KranjÐar bestens bedient.

Niederlande

»Ohne Holland fahr'n wir zur WM«, hieß es vor vier Jahren. Mit Genuss intonierten die deutschen Fans diesen Gassenhauer. Eine wirkliche Schmach war das für ein solch fußballverrücktes Land. Doch 2006 werden die Niederländer wieder dabei sein, zum insgesamt achten Mal.

Ihre Glanzzeit erlebten die »Oranjes« in den 1970er Jahren. Damals verloren sie jedoch zwei Mal in Folge das Finale gegen den jeweiligen WM-Gastgeber, 1974 in Deutschland und 1978 in Argentinien. Den einzigen Titel gewannen die Niederlande bei der Europameisterschaft 1988 in Deutschland.

»Ein Spiel zu gewinnen ist leichter, wenn man gut spielt, als wenn man schlecht spielt.« – Johan Cruyff, ehemaliger niederländischer Nationalspieler.

Seit einigen Jahren kann die »Elftal« wieder auf eine äußerst fähige Spielergeneration bauen. Namen wie Ruud van Nistelrooy, Arjen Robben oder Rafael van der Vaart stehen stellvertretend für diese Qualität. Aber an überragenden Fußballern hat es in den Niederlanden noch nie gemangelt. Vielmehr scheiterte man meist an Unstimmigkeiten innerhalb der Mannschaft oder mentaler Schwäche.

WM-Finale 1974: »Wir wollten die Deutschen vorführen.«

Bei der WM 1974 waren die Niederländer ganz klar die beste Mannschaft. Den Titel aber haben sich die Deutschen gesichert. Umso bitterer muss es für die »Oranjes« sein, genau zu wissen, warum sie das Finale verloren hatten. Cruyff & Co. waren sich nach dem Spiel sehr wohl bewusst, dass ihre übertriebene Siegesgewissheit der Grund des Scheiterns war.

An jenem 07. Juli 1974 ging die Mannschaft der Niederlande früh mit 1:0 in Führung. »Wir wollten die Deutschen vorführen und vergaßen dabei, das zweite Tor zu schießen«, ließ Johnny Rep später verlauten. Und Wim van Hanegem gab zu: »Es störte uns nicht, nur 1:0 zu gewinnen, so lange wir sie demütigen konnten.«

Gut 20 Minuten lang waren die Niederländer der vollen Überzeugung, dass sie den Platz als Weltmeister verlassen werden. Während dieser Zeit trugen sie das Gefühl spazieren, unschlagbar zu sein. Doch dann holte sie die harte Realität ein. Noch vor der Halbzeitpause hatte die deutsche Mannschaft nicht nur ausgeglichen, sondern das Spiel komplett gedreht – 2:1. Dabei blieb es bis zum Schluss.

Der Star

Einer der brillantesten Spieler im Team ist **Arjen Robben**. Technisch perfekt, schnell, trickreich, dribbelstark – für jeden Verteidiger wird solch ein Mann schnell zum Albtraum.

Im zarten Alter von 16 Jahren gab der Linksfuß 2000 beim FC Groningen sein Profidebüt. Den großen Klubs blieb das Riesentalent nicht lange verborgen. Über den PSV Eindhoven, wo er 2003 niederländischer Meister wurde, führte sein Weg ein Jahr später zum Starensemble des FC Chelsea London.

Arjen Robben wird vorzugsweise als linker Flügelstürmer eingesetzt. Gern stiftet er während des Spiels Verwirrung beim Gegner, indem er mit einem Mannschaftskollegen die Seite wechselt, um somit zwischenzeitlich über rechts zu kommen. Auch hier ist er sehr effektiv, weil er per Linksschuss noch leichter den Torabschluss suchen kann.

Im Sommer 2006 möchte Robben bei der WM in Deutschland für Aufsehen sorgen. Bei seinem ersten großen Turnier, der EM 2004, gelang ihm das in vier Spielen bereits sehr gut. Mittlerweile jedoch ist er noch besser geworden.

Die WM-Erfahrung der aktuellen Nationalspieler

Name	WM-Teilnahmen	WM-Spiele	Länderspieldebüt
Edwin van der Sar	1994, 1998	7	1994
Phillip Cocu	1998	7	1996
Edgar Davids	1998	6	1994
André Ooijer	1998	0	1996
Giovanni van Bronckhorst	1998	0	1996

Tabelle 8.5: Die erfahrensten Spieler

Der Trainer

Am 29. Juli 2004 übernahm **Marco van Basten** das Amt als »Bondscoach« der niederländischen Nationalmannschaft in der Nachfolge von Dick Advocaat, der nach dem Scheitern im Viertelfinale der EM 2004 seinen Hut nehmen musste.

Damit kehrte eine herausragende Persönlichkeit auf die große Fußballbühne zurück. Zu seiner aktiven Zeit galt van Basten als bester Stürmer der Welt. 58 Mal lief er für die »Elftal« auf. Unvergessen sein sensationelles Tor im EM-Finale 1988, das die Niederländer 2:0 gegen die UdSSR gewannen. Mit Ajax Amsterdam und dem AC Mailand hat er in nahezu allen bedeutenden Vereinswettbewerben Triumphe gefeiert. Eine schwere Verletzung stoppte die Karriere des Torjägers. Zwei Jahre versuchte er vergeblich, wieder auf die Beine zu kommen. 1995 trat er als Sportinvalide zurück.

Einige Jahre war dann gar nichts von Marco van Basten zu hören, ehe er 2003 als Nachwuchstrainer bei Ajax Amsterdam einstieg. Die große Trainerikone ist er mit Sicherheit noch nicht. Genauso wie seine namhaften Assistenten Johnny van 't Schip, Rob Witschge und Stanley Menzo bringt er in der Hauptsache lediglich die geballte Erfahrung aus der erfolgreichen Spielerkarriere mit.

Von der Grundphilosophie her hat der 41-Jährige ganz ähnliche Ansichten wie Deutschlands Nationaltrainer Jürgen Klinsmann. Die Mannschaft soll »Spaß am Spiel haben« und vor allen Dingen »offensiv spielen« – so sind sie, die ehemaligen Stürmer.

Die Aussichten

Die Spieler im Nationalteam der Niederlande bringen alle Voraussetzungen mit, um die Vorgaben des Trainers optimal umzusetzen. Ein derartiges Potenzial lässt beinahe gar nichts anderes zu als eine offensive Spielweise.

Technisch sind die Spieler aus dem Nachbarland bestens ausgebildet. Selbst die Abwehrspieler beherrschen den Ball nahezu perfekt. Diese Fähigkeiten versetzen sie in die Lage, für nahezu jede Situation eine spielerische Lösung parat zu haben. Das blinde Wegschlagen des Balls, auch Befreiungsschlag genannt, wird man bei den Niederländern kaum einmal sehen.

Damit ist klar, welchen Auftrag Marco van Basten und seine Spieler haben. Der erste WM-Titel soll nun endlich her. Rein fußballerisch stehen die Chancen bestens. Die »Oranjes« gehören zum engeren Favoritenkreis. Es wird sich zeigen, ob die alten Schwächen wieder zutage treten oder ob Trainer van Basten erfolgreich dagegen ankämpfen kann. Letztlich kann genau das den entscheidenden Unterschied ausmachen – zwischen einem Finalteilnehmer und einem Weltmeister.

Polen

Die Fußballnationalmannschaft Polens steht vor ihrer siebten WM-Teilnahme. Die glorreichen Zeiten jedoch sind lange vorbei. In den 70er und 80er Jahren gehörte Polen zu den führenden Nationen im Weltfußball. Die dritten Plätze bei den Weltmeisterschaften 1974 und 1982 sind Beleg dafür. Spieler wie Grzegorz Lato oder Zbigniew Boniek galten damals als absolute Superstars.

Auch wenn der polnische Fußball seit jener Zeit nicht mehr sonderlich in Erscheinung getreten ist, so verwundert es dennoch, dass sich die Mannschaft niemals für eine EM-Endrunde hat qualifizieren können.

Bei der WM vor vier Jahren mussten die Polen bereits nach der Vorrunde die Heimreise antreten. Mit großen Ambitionen gestartet, enttäuschte die Mannschaft maßlos. Bereits nach zwei Niederlagen war das Ausscheiden besiegelt und der abschließende Sieg gegen die USA ein Muster ohne Wert.

Der Star

Euzebiusz »Ebi« Smolarek trägt einen berühmten Namen. Bereits Vater Włodzimierz war Nationalspieler, WM-Teilnehmer 1982 und 1986 und darüber hinaus in der Bundesliga aktiv. Der Junior spielt seit Januar 2005 für Borussia Dortmund.

In der Offensive ist Smolarek ziemlich variabel einsetzbar. Dank seiner Beidfüßigkeit, also mit beiden Beinen annähernd gleich stark am Ball, kann er sowohl links als auch rechts spielen. Dabei lebt er von seiner Dynamik, Schnelligkeit und der guten Schusstechnik. Um seinen Torinstinkt noch besser zur Geltung zu bringen, muss Smolarek noch an seinem Durchsetzungsvermögen arbeiten.

Im Sommer 2006 wird »Ebi« endgültig in die Fußstapfen des Vaters treten und die Tradition der Smolareks auf der WM-Bühne fortschreiben.

Die WM-Erfahrung der aktuellen Nationalspieler

Name	WM-Teilnahmen	WM-Spiele	Länderspieldebüt
Jacek Krzynówek	2002	3	1998
Maciej Żurawski	2002	3	1998
Tomasz Hajto	2002	2	1996
Radosław Kałużny	2002	2	1997
Jerzy Dudek	2002	2	1998
Tomasz Kłos	2002	2	1998
Michał Żewłakow	2002	2	1999
Jacek Bąk	2002	1	1993
Tomasz Rząsa	2002	1	1994
Arkadiusz Głowacki	2002	1	2002

Tabelle 8.6: Die erfahrensten Spieler

Der Trainer

Auch **Paweł Janas** gehört zur bereits erwähnten ruhmreichen Generation polnischer Fußballer. Unter seiner Beteiligung errang Polen bei der WM 1982 die Bronzemedaille. 53 Länderspiele stehen für den einstigen Abwehrspieler in der Statistik.

Als Trainer wurde Janas mit Legia Warschau zweimal polnischer Meister und zweimal Pokalsieger. Seit Dezember 2002 ist er für die Nationalmannschaft verantwortlich. Damals übernahm er die Amtsgeschäfte von Zbigniew Boniek, der nach lediglich fünf glücklosen Monaten aufgegeben hatte.

Besonders krisenfest indes scheint auch Paweł Janas nicht zu sein. Nach einer 1:2-Heimniederlage im WM-Qualifikationsspiel gegen England hätte er die Brocken im September 2004 beinahe hingeschmissen. Er gestand, mit den Nerven ziemlich am Ende gewesen zu sein. Dabei zeigte sich, dass der Trainer mit dem Medienrummel nur schlecht zurechtkommt. Er bevorzugt es, seine Arbeit in Ruhe und Abgeschiedenheit zu verrichten. Im Fußballgeschäft jedoch ist das eher selten möglich. Offensichtlich aber hat sich Janas mit dieser Situation inzwischen arrangiert. Was bleibt ihm auch anderes übrig?

Die Aussichten

Polen wird mit vielen guten Erinnerungen im Gepäck zur WM nach Deutschland reisen. Schließlich eroberte man 1974 auf deutschem Boden den dritten Platz. Allzu gern würde die aktuelle Spielergeneration an diese Erfolge anknüpfen, doch erscheint ein Vorstoßen in diese Regionen fast schon utopisch.

Zwar verfügt Polen über eine Reihe guter Fußballer, die ihre Erfahrungen in den Ligen Europas sammeln, die überragenden Individualisten allerdings sucht man vergebens. Die Mannschaft muss stattdessen versuchen, ihre Ziele über ein geschlossenes Auftreten zu erreichen.

Dabei wird Paweł Janas auf die offensiven Stärken des Teams bauen. Kopfzerbrechen bereitet ihm allerdings seine Abwehr – der vielleicht größte Schwachpunkt. Für diese unbefriedigende Situation fand der Trainer denn auch deutliche Worte: »Bei uns fallen viele Tore. Leider auch hinten.«

Abgesehen von den beiden Niederlagen gegen England hat Polen in der WM-Qualifikation alle Spiele gewonnen. Doch schon vor der letzten WM erlag man dem Trugschluss, dass einer relativ souveränen Qualifikation auch große Taten bei der WM folgen. Dass dem nicht so ist, liegt ganz einfach daran, dass man auf Mannschaften von größerem Kaliber trifft. Nicht umsonst haben die sich schließlich für die WM qualifiziert.

Für Polen kann also das Ziel nur lauten, zunächst die Vorrunde zu überstehen. Alles, was darüber hinausgeht, sollte lediglich willkommene Zugabe sein.

Portugal

Die »Goldene Generation« ist Geschichte. Einzig Luís Figo ist übrig geblieben von einer großen Zahl talentierter Spieler, die Ende der 80er, Anfang der 90er Jahre gemeinsam das Weltniveau im Nachwuchsbereich bestimmten. Der ganz große Wurf bei den Männern jedoch blieb ihnen versagt. Wirklich nahe dran sind die letzten Verbliebenen 2004 bei der Europameisterschaft im eigenen Land gewesen. Doch machte ihnen im Finale Außenseiter Griechenland einen Strich durch die Rechnung.

Auf der WM-Bühne tritt Portugal erst zum vierten Mal in Erscheinung. Beim Debüt 1966 in England sprang dank Fußballlegende Eusébio ein dritter Platz heraus. Vor vier Jahren jedoch war genauso wie 1986 nach der Vorrunde Schluss.

Die Stars

Luís Figo

Natürlich führt an dieser Stelle kein Weg an Luís Figo vorbei. Der mittlerweile 33-Jährige hatte seine Karriere im Nationalteam im Sommer 2004 nach 110 Länderspielen eigentlich beendet. Doch nach nur knapp einem Jahr verspürte er wieder Lust, für die »Seleção Portuguesa« aufzulaufen.

An Erfahrung macht Luís Figo niemand etwas vor. Er hat unzählige Spiele auf höchstem Niveau bestritten – bei einigen der renommiertesten Vereine Europas. Mit Sporting Lissabon, dem FC Barcelona und Real Madrid hat er so ziemlich alle wichtigen Titel gewonnen. Seine Leistungen gipfelten auch in persönlichen Ehrungen. Die Auszeichnungen als »Europas Fußballer des Jahres« 2000 und »Weltfußballer des Jahres« 2001 sind da nur die Spitze des Eisbergs.

Doch das Alter fordert auch von Luís Figo Tribut. Seinen Stammplatz bei Real Madrid hatte er verloren. Was ihm blieb, war die »Flucht«. Seit Sommer 2005 spielt er für Inter Mailand.

Cristiano Ronaldo

Figos Nachfolger steht eigentlich längst bereit. Cristiano Ronaldo ist der aufstrebende Star des portugiesischen Fußballs. Mit gerade mal 18 Jahren holte ihn Sir Alex Ferguson 2003 zu Manchester United. Dort sollte er keinen geringeren als David Beckham ersetzen. Dank seiner famosen Dribblings und der präzisen Flanken konnte er »Becks« tatsächlich vergessen machen.

Auch bei der EM 2004 wusste er zu überzeugen und konnte sich unter anderem zweimal als Torschütze auszeichnen. In der folgenden WM-Qualifikation erzielte Cristiano Ronlando sieben Treffer und war damit zweitbester portugiesischer Schütze. Nur Pauleta traf noch häufiger – elf Tore.

Die WM-Erfahrung der aktuellen Nationalspieler

Name	WM-Teilnahmen	WM-Spiele	Länderspieldebüt
Luís Figo	2002	3	1991
Pauleta	2002	3	1997
Petit	2002	3	2001
Nuno Gomes	2002	2	1996
Jorge Andrade	2002	2	2001
Frechaut	2002	1	2001
Hugo Viana	2002	0	2001
Ricardo	2002	0	2001
Marco Caneira	2002	0	2002

Tabelle 8.7: Die erfahrensten Spieler

Der Trainer

Seit Dezember 2002 kümmert sich ein Brasilianer um die Belange von Portugals Nationalmannschaft. **Luiz Felipe Scolari** heißt der Mann. Er kam mit der Empfehlung des Weltmeistertitels 2002. Diesen hatte er mit der Mannschaft seines Heimatlandes im Finale von Yokohama gegen Deutschland errungen.

Der 57-Jährige ist geradezu prädestiniert für den Trainerjob. Dem immensen Druck hält er locker stand. Medienschelte ficht ihn überhaupt nicht an. Mit absoluter Überzeugung erledigt er seine Arbeit und geht unbeirrt seinen Weg.

All diese Eigenschaften kamen Scolari bei der Europameisterschaft 2004 in Portugal sehr gelegen. Seine Aufgabe war es schließlich, die Mannschaft zum Titelgewinn zu führen. Und das Interesse der Öffentlichkeit gestaltete sich entsprechend groß. Dass die Mannschaft dann im Finale scheiterte, war sicher tragisch. Der portugiesische Verband hielt jedoch am Trainer fest und betraute ihn mit der Aufgabe, das Team zur WM nach Deutschland zu geleiten.

Die Aussichten

Die WM-Qualifikation brachten die Portugiesen äußerst souverän hinter sich, blieben ungeschlagen und erzielten dabei sage und schreibe 35 Tore. In Europa können da nur noch die Tschechen mithalten, die in der Gruppenphase die gleiche Anzahl Treffer markierten. Besonders beeindruckend war der 7:1-Sieg über Russland, 2004 immerhin noch EM-Teilnehmer. Zur Gegnerschaft gehörten allerdings auch Mannschaften wie Liechtenstein und Luxemburg, die immer für eine Handvoll Gegentore gut sind. Somit relativiert sich die Bilanz ein wenig.

Bei der WM jedoch zählt das alles ohnehin nicht mehr. Dann gilt es, auf einem viel höheren Niveau zu bestehen. Portugal verfügt gewiss über einige Spieler, die einer solchen Aufgabe gewachsen sind. Allerdings ist fraglich, ob der Kader auch in der Breite genügend Qualität besitzt. Zudem muss abgewartet werden, ob sich Luís Figo noch einmal zu großen Leistungen aufschwingen kann. Vielleicht aber ist er gar nicht mehr so unersetzlich. Spieler wie Cristiano Ronaldo, Deco, Pauleta, Nuno Gomes oder Ricardo Carvalho sind es, die jetzt über das Wohl und Wehe der portugiesischen Nationalmannschaft entscheiden.

Schweden

Zum elften Mal gehört Schweden zum erlesenen Teilnehmerfeld einer Fußballweltmeisterschaft. Dabei haben die Skandinavier bereits einige beachtliche Ergebnisse vorzuweisen, allen voran die Finalteilnahme 1958 vor heimischem Publikum. In diese erste Hochzeit des schwedischen Fußballs fällt auch der Olympiasieg, der zehn Jahre zuvor in London errungen wurde. Weitere Titel jedoch sucht man in der Erfolgsbilanz vergebens.

Der Star

Zlatan Ibrahimovic ist ein Spieler, der polarisiert. Begründet liegt das im Auftreten und in der Spielweise des 24-Jährigen. Seine Selbstsicherheit, die einem Stürmer durchaus sehr dienlich sein kann, ist offenbar die pure Arroganz. Wie sonst lässt sich folgende Aussage erklären, die er vor seinem ersten Länderspiel tätigte: »Ich bin nicht nervös, ich bin brillant. Und brillante Spieler kennen keine Nervosität.« Doch was seine Kritiker in erster Linie verurteilen, ist das unsaubere Spiel. Bei der Wahl der Mittel schießt Ibrahimovic gern mal über das Ziel hinaus, begeht häufig auch unnötige Fouls.

Wie der Name vermuten lässt, sind bei Ibrahimovic nicht ausschließlich schwedische Wurzeln im Spiel. Die Mutter ist Kroatin, der Vater stammt aus Bosnien. Geboren jedoch wurde er in Malmö – also doch ein waschechter Schwede.

Bekannt ist der Stürmer auch für seine Schlagfertigkeit in Interviews: »Zuerst ging ich links, er auch. Dann ging ich rechts, er auch. Dann ging ich wieder links, und er ging einen Hot Dog kaufen.« – Zlatan Ibrahimovic über ein Laufduell mit Sami Hyypiä, finnischer Abwehrspieler des FC Liverpool.

Glücklicherweise fällt Zlatan Ibrahimovic nicht allein durch sein loses Mundwerk auf. Es steht auch Leistung dahinter. Sonst wäre es ihm mit Sicherheit nicht vergönnt gewesen, bei Ajax Amsterdam oder jetzt bei Juventus Turin zu spielen. Eine gute Technik, Dribbelstärke und Übersicht zeichnen den Angreifer besonders aus. Und seine acht Tore in der zurückliegenden WM-Qualifikation sprechen ohnehin eine deutliche Sprache.

Der Trainer

In den vergangenen Jahren bestimmte in Bezug auf Schwedens Nationalmannschaft ein Trainerduo die Geschicke. »Lars-Tommy« wurde das Gespann genannt. Dahinter verbargen sich Tommy Söderbergh und **Lars Lagerbäck**. Letzterer hat seit dem Ausscheiden bei der EM 2004 das alleinige Sagen.

Der 57-Jährige kann keine große Spielervergangenheit nachweisen. Und als Trainer verdiente er sich seine Sporen ausschließlich bei kleinen Klubs in der Heimat. Bereits 1990 heuerte er beim schwedischen Fußballverband an und engagierte sich zunächst im Nachwuchsbereich. 1998 holt ihn Tommy Söderbergh zur A-Nationalmannschaft und beförderte ihn wenig später zum gleichberechtigten Chef.

Die WM-Erfahrung der aktuellen Nationalspieler

Name	WM-Teilnahmen	WM-Spiele	Länderspieldebüt
Henrik Larsson	1994, 2002	9	1993
Teddy Lucic	1994, 2002	4	1995
Niclas Alexandersson	2002	4	1993
Marcus Allbäck	2002	4	1999
Tobias Linderoth	2002	4	1999
Anders Svensson	2002	4	1999
Olof Mellberg	2002	4	2000
Mattias Jonson	2002	2	1996
Fredrik Ljungberg	2002	2	1998
Zlatan Ibrahimovic	2002	2	2001
Daniel Andersson	2002	0	1997
Erik Edman	2002	0	2001
Andreas Isaksson	2002	0	2002

Tabelle 8.8: Die erfahrensten Spieler

Nun handelt Lagerbäck erstmals eigenverantwortlich. Und angesichts der erfolgreichen WM-Qualifikation funktioniert das offensichtlich ganz gut.

Die Aussichten

Vor vier Jahren mussten die Schweden im Achtelfinale die Segel streichen. Zumindest dahin wollen sie auch bei der WM in Deutschland. Bewerkstelligen soll das eine solide Mannschaft, versetzt mit einigen Glanzpunkten.

Zunächst einmal bauen die Skandinavier auf eine sattelfeste Abwehr. In der WM-Qualifikation hat sich gezeigt, dass hier sehr gut gearbeitet wird. Lediglich vier Gegentreffer ließ man in zehn Spielen zu. Traditionell sind die Schweden sehr gut organisiert, was sie zu einem äußerst unbequemen Gegner macht.

Darüber hinaus besitzt Trainer Lagerbäck jetzt auch in der Offensive über einige sehr gute Alternativen. Fredrik Ljungberg, Zlatan Ibrahimovic, Henrik Larsson, Kim Källström, Christian Wilhelmsson – diese Leute sollten durchaus auch Angriffswirbel entfachen können.

Dank dieser Voraussetzungen ist den Schweden vielleicht sogar das Viertelfinale zuzutrauen. Natürlich hängt das immer auch vom Losglück ab. Mit Sicherheit aber haben sie das Zeug, die Vorrunde zu überstehen. Und wenn das einmal geschafft ist, können die weiteren Aufgaben in Angriff genommen werden.

Schweiz

Zum achten Mal gibt die Schweiz ihre Visitenkarte bei einer Fußball-WM ab. Wirklich erfolgreich war man in all den Jahren nicht. Das Viertelfinale war stets das höchste der Gefühle. Beim letzten Versuch 1994 in den USA überstand man zumindest die Vorrunde. Im Achtelfinale gegen Spanien war dann aber Feierabend. Akteure von damals findet man im aktuellen Spielerkader nicht mehr. Als letzter hat Stéphane Chapuisat 2004 seinen Abschied aus dem Nationalteam verkündet.

Auf kontinentaler Ebene sieht die Erfolgsbilanz noch viel schlechter aus. Wenn die Eidgenossen einmal dabei waren, blieb nur Ernüchterung. Eine große Nummer im Weltfußball sind die Schweizer also wahrlich nicht. Ihre Meriten müssen sie sich somit erst noch erarbeiten. Sollten sie etwa im Sommer 2006 damit beginnen?

Der Star

Der Star der Schweizer ist ein junger Mann namens **Alexander Frei**. Der 26-Jährige war in der WM-Qualifikation bester Torschütze der »Nati«. Seinen sechs Treffern fügte er in der Relegation gegen die Türkei einen weiteren hinzu. Damit ist er auf dem besten Wege Schweizer Rekordtorschütze zu werden. Seine Quote ist jetzt schon beachtlich. Statistisch gesehen, benötigt Frei nicht einmal zwei Spiele für ein Tor. Oder einfacher ausgedrückt, seit seinem Debüt im Nationaltrikot 2001 hat er in mindestens jedem zweiten Spiel getroffen.

Die Torjägerqualitäten zeichneten ihn auch auf allen seinen bisherigen Vereinsstationen aus – in Schweizer Klubs genauso wie jetzt bei Stade Rennes. Dort wurde er 2005 sogar Torschützenkönig der französischen Ligue 1.

Die Qualität seiner Vereine ließ allerdings auch wenig Titelpotenzial erkennen. Ein Pokalsieg mit Servette Genf ist die magere Ausbeute. Somit muss sich Alex Frei auf höchstem Niveau erst noch beweisen. Die WM 2006 bietet ihm Gelegenheit dazu.

Der Trainer

Seit Sommer 2001 gibt **Jakob »Köbi« Kuhn** dem Nationalteam die Richtung vor. Nach der EM 2004 führte er die Mannschaft jetzt schon zum zweiten großen Turnier in Folge. Für Schweizer Verhältnisse ist das bemerkenswert.

Bereits der Spieler Kuhn war ein Mittelfeldakteur von Format. Im Laufe seiner 16-jährigen Karriere gewann er mit dem FC Zürich sechs Meistertitel und wurde fünfmal Pokalsieger. In der Schweizer Nationalmannschaft stand er zwischen 1962 und 1976 insgesamt 63 Mal seinen Mann und war bei der WM 1966 in England dabei.

Bei der gezeigten Verbundenheit mit seiner Heimatstadt Zürich verwundert es nicht, dass er dort auch den Trainerposten bekleidete. Als Nachwuchstrainer landete er dann beim Schweizer Fußballverband, der ihn 2001 zum Cheftrainer der A-Nationalmannschaft beförderte.

Der 62-Jährige gilt als ruhiger, besonnener, aber auch prinzipientreuer Fußball-Lehrer, der viel Wert auf eine gute Atmosphäre im Team legt. Störenfriede haben bei ihm schlechte Karten. Daher endete die Nationalmannschaftskarriere von Ciriaco Sforza 2001 kurz nach Kuhns Amtsantritt auch ziemlich abrupt.

Franz Beckenbauer liefert das Erfolgsrezept, dem kein Trainer der Welt widersprechen kann: »Flach spielen, hoch gewinnen.«

Die Aussichten

Sicherlich fehlt dem schweizerischen Fußball das Renommee. Zum Favoritenkreis werden die Eidgenossen allein deshalb nicht zählen. Die Erwartungen halten sich in Grenzen. In der Schweiz wird man darüber nicht böse sein. Unter diesen Voraussetzungen kann die »Nati« nur überraschen.

Trainer Kuhn hat eine junge Mannschaft aufgebaut, die erstaunliche spielerische Qualitäten besitzt. Besonders die entscheidenden Relegationsspiele in der WM-Qualifikation dürften dem Team in seiner Entwicklung extrem weitergeholfen haben. Schließlich hieß der Gegner Türkei, WM-Dritter von 2002. Und im Hinspiel haben die Schweizer diese Mannschaft beim 2:0-Sieg spielerisch dominiert. Die Feuertaufe bestanden die Eidgenossen dann beim Rückspiel. Im Hexenkessel von Istanbul hielten sie die WM-Fahrkarte fest in den Händen und gaben sie trotz der Niederlage nicht mehr her.

Obwohl einige Spieler bei Klubs im europäischen Ausland untergekommen sind, so gibt es doch viele, die in der heimischen Liga spielen. Dort wird keinesfalls schlechter Fußball geboten. Das zeigt sich schon allein daran, dass die schweizerischen Klubs jetzt auch regelmäßig in der Champions League mitmischen. Über Spielpraxis auf höchstem Niveau verfügen also nahezu alle Akteure.

In der Bundesliga setzt man übrigens traditionell gern auf Profis aus der Schweiz. So spielen Tranquillo Barnetta in Leverkusen, Benjamin Huggel und Christoph Spycher bei Eintracht Frankfurt, Marco Streller und Ludovic Magnin beim VfB Stuttgart, Philipp Degen in Dortmund uns Raphaël Wicky beim Hamburger SV.

Was das für die WM-Aussichten bedeutet, bleibt abzuwarten. Den Status des Außenseiters wird die Schweiz vorerst allerdings nicht los. Mit dem Überstehen der Vorrunde wäre dann in jedem Fall die Pflicht erfüllt. Alles was darüber hinausgeht, kann als willkommene Zugabe verbucht werden. Aber Überraschungen sind bekanntlich nie ausgeschlossen.

Was ist ein Konter?

Unabhängig vom spielerischen Vermögen, werden Außenseiter gegen scheinbar übermächtige Gegner immer auch auf das taktische Mittel des Konters setzen. Dabei handelt es sich um blitzschnell vorgetragene Gegenangriffe eventuell inmitten einer Drangphase des Gegners. Dessen entblößte Deckung sieht sich dann meist einer Überzahl von Angreifern gegenüber. Die Fähigkeit diesen numerischen Vorteil perfekt auszuspielen, hat ein blitzsauberes Kontertor zur Folge.

Serbien-Montenegro

Das erste Mal wird der Name Serbien-Montenegro im erlauchten Kreis der WM-Mannschaften auftauchen. Da der nationale Fußballverband aber das sportliche Erbe Jugoslawiens angetreten hat, zählen wir bereits die zehnte Teilnahme. Zweimal ist man dabei bis ins Halbfinale vorgestoßen – 1930 und 1962. Zuletzt war eine jugoslawische Mannschaft 1990 am Start, scheiterte aber bereist im Achtelfinale.

Zu einem Titelgewinn hat es auch auf kontinentaler Ebene nicht gereicht. Nahe dran war man aber des Öfteren, 1960 und 1968 scheiterte man jeweils im Finale.

Die WM-Erfahrung der aktuellen Nationalspieler

Name	WM-Teilnahmen	WM-Spiele	Länderspieldebüt
Dejan Stanković	1998	3	1998
Savo Milošević	1998	2	1994

Tabelle 8.9: Die erfahrensten Spieler

Der Star

Einer der auffälligsten Spieler im Kreise der serbischen Nationalmannschaft ist **Mateja Kežman**. Geboren am 12. April 1979 in Belgrad, wechselte er alsbald zum ortsansässigen Spitzenklub FK Partizan. Hier bot sich die Bühne, um sich internationalen

Talentspähern zu präsentieren. Kežmans Talent sollte nicht allzu lange verborgen bleiben. Der PSV Eindhoven machte im Sommer 2000 eine Millionensumme locker, um den Stürmer in die Niederlanden zu locken. Die Investition sollte sich auszahlen. Für den PSV schoss der Serbe über 100 Tore und wurde zweimal Torschützenkönig. Über den FC Chelsea London, wo er sich nicht durchsetzen konnte, ist Kežman inzwischen bei Atlético Madrid angekommen.

In der Nationalmannschaft debütierte der Angreifer im Jahr 2000. Bereits im selben Jahr spielte er für Jugoslawien bei der Europameisterschaft.

Einen wenig ruhmreichen Rekord stellte Mateja Kežman bei der EM 2000 auf. Im Vorrundenspiel gegen Norwegen wurde er in der 87. Spielminute eingewechselt. Nur 37 Sekunden später war sein Auftritt beendet. Nach einem rüden Foul wurde er von Schiedsrichter Hugh Dallas des Feldes verwiesen.

Der Trainer

Als Nachfolger von Dejan Savićević übernahm **Ilija Petković** im Juli 2003 das Amt des Nationaltrainers. Seither eilt das Team von Erfolg zu Erfolg. Verloren hat Serbien-Montenegro unter seiner Leitung in einem Pflichtspiel überhaupt noch nicht.

Schon als Spieler kam Petković zu Nationalmannschaftsehren. Für Jugoslawien absolvierte er 43 Länderspiele. Höhepunkt seiner Laufbahn war die WM-Teilnahme 1974 in Deutschland.

Auch als Trainer ist der 60-Jährige weit herumgekommen. In die Schweiz, nach China und Griechenland führte ihn sein Weg. 1998 schnupperte er als Assistenztrainer von Slobodan Santrač erneut WM-Luft. Nun sitzt er selbst als Hauptverantwortlicher auf der Bank.

»Es gibt Menschen, die Probleme haben, den Namen unseres Landes auszusprechen.« Ilija Petković möchte mit seiner Mannschaft dafür sorgen, dass Serbien-Montenegro ab dem Sommer 2006 aller Welt ein Begriff ist.

Die Aussichten

Ungeschlagen marschierte Serbien-Montenegro durch die Qualifikation. Lediglich einen Gegentreffer musste die Mannschaft hinnehmen. So defensivstark hat sich weltweit kein zweites Team gezeigt. Organisiert wird die Abwehr von Mladen Krstajić vom FC Schalke 04.

Darüber hinaus rühmt Trainer Petković die Harmonie im Team. Ob diese gerade auch in schwierigen Phasen Bestand haben wird, muss sich zeigen. Besonders wenn es nicht optimal lief, zeigten Mannschaften aus Ex-Jugoslawien in der Vergangenheit häufig Auflösungserscheinungen.

Die souveräne Qualifikation sollte auf jeden Fall den Blick auf die Realität nicht verstellen. Das Formulieren überzogener Ziele wird der Sache sicher nicht dienlich sein. Zunächst sollten die Serben alle Konzentration darauf verwenden, die Vorrunde zu überstehen.

Spanien

Mehr als 40 Jahre ist es her, als Spaniens Nationalmannschaft den einzigen Titel gewinnen konnte – den des Europameisters 1964. Bei Welttitelkämpfen war die »Selección Española«, abgesehen von einem vierten Platz 1950, immer spätestens im Viertelfinale mit ihrem Latein am Ende. Das verwundert sehr angesichts der Stärke der heimischen Meisterschaft, schließlich zählt die Primera Divisón zu den besten Ligen der Welt. Spanische Vereine spielen selbst im europäischen Fußball eine führende Rolle. Darüber hinaus gilt Spanien im Nachwuchsbereich seit Jahren zur Weltspitze. Zahlreiche Titel wurden in der jüngeren Vergangenheit in den unterschiedlichen Altersklassen eingefahren. Nicht zuletzt holte die U23-Auswahl 1992 in Barcelona sogar Olympiagold.

Das Problem im spanischen Fußball ist eher grundsätzlicher Art. Seit jeher genießen die Klubs einen viel höheren Stellenwert als das Nationalteam. Während in Deutschland beispielsweise die Fans aller Vereine republikweit geeint hinter der DFB-Elf stehen, stellt sich die Situation in Spanien ganz anders dar.

Basken für Bilbao

Im Sport treibt diese provinzielle Denkweise ganz besondere Blüten. So dürfen beim baskischen Fußballklub Athletic Bilbao ausschließlich Basken spielen. Für die Zusammenstellung der Mannschaft bedeutet dies eine massive Einschränkung. Man geht davon aus, dass es weltweit knapp 1,2 Millionen Basken gibt. Der Großteil lebt im spanischen Baskenland, etwa 150.000 im französischen Département Pyrénées-Atlantiques und ca. 125.000 sind ausgewandert, vorwiegend nach Südamerika.

In den 1930er Jahren gab es gar eine baskische Nationalmannschaft. Sie trug ihre Spiele für einen guten Zweck aus. Das Geld aus den internationalen Auftritten kam baskischen Flüchtlingskindern und Opfern des Bürgerkrieges zugute.

»Ein spanisches Kind träumt eher davon, einmal das Trikot von Real Madrid oder vom FC Barcelona zu tragen, als das der Landesauswahl«, meint der argentinische Ex-Nationalspieler Jorge Valdano, einstmals als Spieler, Trainer und auch Manager bei Real Madrid tätig.

Besonders in den Köpfen hat sich die Einheit Spaniens längst nicht verfestigt. Die verschiedenen Regionen legen wert auf ihre Autonomie und pflegen eigene Sprachen. Katalanen, Galicier, Basken – alle kochen sie hier ihr eigenes Süppchen.

Die Stars

Raúl

Star der Mannschaft ist noch immer Raúl González Blanco, kurz Raúl genannt. Während der WM, genau am 27. Juni, wird der Stürmer 29 Jahre alt. Schon jetzt ist er Rekordtorschütze des spanischen Nationalteams. Raúl gehört zu den treuen Seelen im Weltfußball. Seit seinem 15. Lebensjahr, als die Jugendabteilung von Atlético Madrid aufgelöst wurde, geht er für Real Madrid auf Torejagd. Mit diesem Renommee-Klub hat er unzählige Erfolge gefeiert, alle bedeutenden Vereinstitel gewonnen.

Nur im Nationaltrikot will es nicht klappen. 1996, mit gerade 19 Jahren, debütierte Raúl in der »Selección Española«. Mittlerweile ist er, genau wie bei Real, Kapitän der Mannschaft. Schnell, intelligent, kreativ, technisch brillant, kaltschnäuzig – so lässt sich Raúl charakterisieren. Einige der Eigenschaften gehen über des Anforderungsprofil eines Torjägers hinaus. Daher kann er auch etwas zurückhängend im offensiven Mittelfeld agieren und einem Sturmkollegen die Bälle zuarbeiten. Doch all seine Tore und Torvorlagen konnten der spanischen Auswahl bisher nicht zu einem großen Erfolg verhelfen.

Badezimmerunfall kostete Cañizares die WM

Ein kurioser Vorfall kostete Santiago Cañizares vor vier Jahren die dritte WM-Teilnahme nach 1994 und 1998. Versehentlich hatte die damalige spanische Nummer eins eine Flasche Eau de Cologne fallen lassen. Diese zersplitterte auf dem Badezimmerboden. Die Scherben durchtrennten eine Sehne in seinem Fuß.

Mitte 30 ist Cañizares, Torhüter des FC València, inzwischen. Und vielleicht nimmt ihn Trainer Luis Aragonés doch noch ein drittes Mal mit zu einer WM.

Fernando Torres

Im Angriff der Iberer erhält Raúl jetzt Unterstützung von Fernando Torres, dem aufstrebenden Star in Spaniens Fußball. Auch Torres spielt in Madrid, allerdings beim Lokalrivalen Atlético. Hier ist er, obwohl ein sehr zurückhaltender Typ, die zentrale Figur und mit Anfang 20 bereits Kapitän. Seine Tore geben den Fans des zuletzt nicht gerade vom Erfolg verwöhnten Vereins Hoffnung auf eine bessere Zukunft.

Lob bekommt Fernando Torres von allen Seiten. Alfredo di Stéfano, Madrids Fußball-Legende aus den 1950er und 60er Jahren, meint: »Er kann einer der größten Spieler Spaniens aller Zeiten werden.«

Bisher wurde er diesen Huldigungen gerecht, auch in der Nationalmannschaft. Bei der WM 2006 gilt es, den nächsten Schritt auf dem Weg zu einem Weltklassespieler zu vollziehen.

Die WM-Erfahrung der aktuellen Nationalspieler

Name	WM-Teilnahmen	WM-Spiele	Länderspieldebüt
Raúl González	1998, 2002	7	1996
Fernando Morientes	1998, 2002	7	1998
Santiago Cañizares	1994, 1998	1	1993
Iván Helguera	2002	5	1998
Iker Casillas	2002	5	2000
Juan Carlos Valerón	2002	4	1998
Rubén Baraja	2002	4	2000
Carles Puyol	2002	4	2000
»Xavi« Hernández	2002	3	2000
David Albelda	2002	2	2001
Albert Luque	2002	2	2002
Joaquín Sánchez	2002	2	2002
Sergio González	2002	1	2001

Tabelle 8.10: Die erfahrensten Spieler

Der Trainer

Nachdem für die Spanier im Sommer 2004 mal wieder ein Turnier enttäuschend verlaufen war, bei der Europameisterschaft schied man gar schon nach der Vorrunde aus, trat der damalige Trainer José Ignacio Sáez zurück. Mit der Nachfolge betraute der spanische Fußballverband **Luis Aragonés**.

Der 67-Jährige verfügt über eine immense Erfahrung aus mehr als 30 Trainerjahren. In Spanien genießt der Fußball-Lehrer daher höchstes Ansehen. Er selbst bezeichnete es als absoluten Karrierehöhepunkt, das Amt des Nationaltrainers bekleiden zu dürfen.

Auch als Spieler hat Aragonés der spanischen Auswahl gedient. Zwischen 1965 und 1972 brachte er es auf drei Tore in elf Spielen.

»Wenn sie begriffen haben, dass zum Fußball auch Arbeit gehört, ist es zu spät. Dann werden sie Trainer.« – Luis Aragonés über spanische Fußballer.

Die Aussichten

Schon seit Jahren kann Spaniens Nationalmannschaft auf exzellente Fußballer bauen. Mit Emilio Butragueño, Fernando Hierro oder Luis Enrique seine hier nur drei genannt. Nicht selten zählten die Iberer im Vorfeld großer Turniere zumindest zum erweiterten Favoritenkreis. Rechtfertigen konnten sie die Vorschusslorbeeren kaum einmal.

Das Spielerpersonal ist auch bei der zwölften WM-Teilnahme wieder von hoher Qualität. Alle sind mit ihren Klubs auf höchstem Niveau unterwegs. Sie spielen bei englischen und in der Hauptsache spanischen Top-Vereinen. Und dank der sehr guten Nachwuchsarbeit in Spanien wachsen ständig Talente nach. Die Mannschaft verfügt also nicht nur über Klasse, sie hat darüber hinaus hervorragende Perspektiven.

Ein ganz großer Trumpf dürfte zudem der Torhüter sein. Mit Iker Casillas steht bei den Spaniern ein Weltklassemann zwischen den Pfosten. Vermutlich ist Casillas der beste spanische Keeper aller Zeiten, stellt sogar den legendären Andoni Zubizarreta in den Schatten. Die Abwehr, organisiert von Carles Puyol, das Mittelfeld mit David Albelda, »Guit«, José Antonio Reyes und Vicente Rodríguez, der Sturm mit Raúl, Fernando Torres und Fernando Morientes – namentlich und unter Berücksichtigung ihrer renommierten Vereine stehen diese Spieler für das große Potenzial der »Selección Española«. Wenn sie denn nun endlich einmal ihre Herkunft und die Interessen ihrer Vereine hinten anstellen und sich im Sinne der gemeinsamen Sache unterordnen, dann könnte diese Mannschaft 2006 und sogar darüber hinaus Großes erreichen.

Tschechien

Bei der WM 1990 in Italien wirkten letztmals tschechische Fußballer mit, damals noch gemeinsam mit den Slowaken als ČSFR. Spieler aus dieser Zeit sind heute nicht mehr im Nationalteam aktiv.

Insgesamt achtmal sind tschechoslowakische Mannschaften bei Weltmeisterschaften dabei gewesen. Vor 1960 firmierten sie unter der Bezeichnung ČSR, bis 1989 dann unter dem Kürzel ČSSR. Gleich beim Debüt 1934 stieß man bis ins Finale vor, unterlag dort den Italienern erst in der Verlängerung mit 1:2. Gleiches geschah 28 Jahre später, als sich Brasilien als zu starker Endspielgegner erwies und 3:1 gewann.

Diesen beachtlichen Leistungen konnten die Tschechoslowaken auch kontinental einiges hinzufügen. Wenn sie bei Europameisterschaften dabei waren, dann drangen sie, abgesehen von 2000, immer bis ins Halbfinale vor. Der ganz große Triumph gelang 1976. Damals holte die ČSSR gegen Deutschland im Elfmeterschießen den EM-Titel.

Die Stars

Pavel Nedvěd

Der Super-Star ist zurück. Zu den beiden entscheidenden Relegationsspielen gegen Norwegen streifte sich Pavel Nedvěd erstmals seit 16 Monaten wieder das Trikot der tschechischen Nationalmannschaft über, nachdem er im Anschluss an das Halbfinal-Aus bei der Europameisterschaft 2004 seine Auswahl-Karriere für beendet erklärt hatte.

Tschechiens Kapitän gilt als nahezu kompletter Fußballer. Oft sind die hervorragenden Spielmacher lauffaul und von jeglicher Defensivarbeit befreit. Nicht so Nedvěd, der ist trotz aller technischen Fähigkeiten ein richtiges Arbeitstier. Das Laufwunder ist sich für keinen Weg zu schade und hilft selbst am eigenen Strafraum aus. Während eines Spiels erstreckt sich Nedvěds Wirkungskreis über das gesamte Spielfeld. Kein Grashalm bleibt von ihm verschont. Ungeachtet dieses enormen Pensums bewahrt sich der Mittelfeldstratege immer noch genügend Kraft und Konzentration, um die Stürmer mit gescheiten Pässen zu versorgen, oder selbst den Torabschluss zu suchen. Dank seiner brillanten Schusstechnik strahlt der 33-Jährige stets Torgefahr aus.

Die großartigen Fähigkeiten brachten dem Mann von Juventus Turin jede Menge Ehrungen ein, 2003 gekrönt durch den Titel »Europas Fußballer des Jahres«. Trophäen heimste er auch mit allen seinen Mannschaften reichlich ein. Angefangen bei Sparta Prag über Lazio Rom bis zu »Juve« – überall war ihm der Erfolg hold. Nur mit der Nationalmannschaft hat es noch nicht geklappt. Richtig nah dran war Nedvěd bei der EM 1996, als die Tschechen im Finale gegen Deutschland knapp verloren. Nun steht sein wohl letzter Versuch an. Das Turnier in Deutschland wäre Nedvěds erste WM-Teilnahme.

Tomáš Rosický

Aufgrund von Pavel Nedvěds riesigem Aktionsradius spart der Trainer locker einen defensiven Mittelfeldspieler. Diese Arbeit übernimmt schließlich Nedvěd in Personalunion. Daher bietet sich die Möglichkeit, einen weiteren offensiven Mittelfeldspieler einzusetzen. So blüht Tomáš Rosický an der Seite des Kapitäns regelrecht auf. Wer den 25-Jährigen von den Spielen seines Klubs Borussia Dortmund kennt, wird sich verwundert die Augen reiben, angesichts seiner Glanzleistungen in der Nationalmannschaft. Der Filigrantechniker zeigt sich nicht nur spielfreudig sondern auch torgefährlich.

»Tschechiens Fußballer des Jahres« von 2001 und 2002 hat mit dem BVB auch schon bessere Zeiten erlebt. 2002 feierte er dort den deutschen Meistertitel.

Der Trainer

Karel Brückner trat als Spieler bei Sigma Olomouc und Baník Ostrava nicht sonderlich in Erscheinung. Große Taten sind aus dieser Zeit nicht überliefert. Die Trainerkarriere begann ebenso wenig furios. Brückner diente sich regelrecht hoch über zahlreiche tschechische und slowakische Vereine, ehe er 1998 ein zweites Mal beim tschechischen Fußballverband anheuerte. Zunächst erneut im Nachwuchsbereich tätig, übernahm er nach dem Scheitern in der Qualifikation zur WM 2002 die A-Nationalmannschaft. In kürzester Zeit formte der 66-Jährige eines der besten Teams der Welt, das von Erfolg zu Erfolg eilte. Mit den guten Ergebnissen einher gingen starke Leistungen der Mannschaft. Dank der spielerischen Fähigkeiten waren die Partien einfach schön anzuschauen. Auch bei der letzten EM 2004 in Portugal spielte Tschechien den besten bzw. den schönsten Fußball. Dennoch war im Halbfinale gegen den späteren Europameister Griechenland Endstation.

Im modernen Fußball, wo Nuancen zwischen Sieg und Niederlage entscheiden, können Trainer wie Karel Brückner folgenden Worten von Edward Simmons, einem amerikanischen Maler, nur immer wieder beipflichten: »Der Unterschied zwischen Erfolg und Misserfolg ist der Unterschied zwischen Richtigtun und Fast-Richtigtun.« .

Die Aussichten

Die Mannschaft der Tschechischen Republik ist ein sehr spielfreudiges Team. Schnelle Kombinationen sind das Markenzeichen. Aufgrund der glänzenden Technik können sich daran nahezu alle Spieler beteiligen. Dennoch wird auch die taktische Disziplin nicht vernachlässigt. Trainer Brückner hat hier eine gute Mischung gefunden.

Personell sind die Tschechen erstklassig besetzt. Torhüter Petr Čech vom FC Chelsea London gehört weltweit zu den Besten seiner Zunft. Vor allem aber im Offensivbereich ist man bestens aufgestellt. Im rechten Mittelfeld agiert nach wie vor Alt-Star Karel Poborský. Auch Vladimír Šmicer erzielt noch immer wichtige Tore und ist aus dem Team nicht wegzudenken. Den Angriff kann Karel Brückner sehr variabel besetzen. Neben den spielstarken Milan Baroš und Marek Heinz steht ein Brecher wie Vratislav Lokvenc bereit. Sorgen hingegen bereitet Jan Koller. Der 2,02-Meter-Riese von Borussia Dortmund kann wegen eines Kreuzbandrisses erst kurz vor der WM auf den Fußball-Platz zurückkehren. Die Zeit, um in Form zu kommen, wird da recht knapp.

Zum Spielerkader gehören zudem noch die Bundesligaprofis David Jarolím vom Hamburger SV, Jan Polák vom 1. FC Nürnberg, Jiří Štajner von Hannover 96 und Roman Týce vom Zweitligisten TSV 1860 München.

Mit dem Formulieren von Zielen ist man in Tschechien vorsichtig. Vom Potenzial her kann die Mannschaft bei der WM 2006 eine sehr gute Rolle spielen. Wichtig dabei wäre, nicht nur schön sondern auch effektiv zu spielen. Wenn die Tschechen das hinbekommen, werden sie dem Turnier gewiss lang erhalten bleiben.

Die Probleme des Karel Poborský

Ein Possenspiel der besonderen Art erlebte Karel Poborský im Herbst 2005. Unschuldig an der Situation war der tschechische Rekordnationalspieler dabei keineswegs, denn er hatte den Trainer seines Klubs Sparta Prag heftigst kritisiert. Als Kapitän der Mannschaft konnte sich Poborský nicht mit der taktischen Ausrichtung und Spielweise anfreunden. Auch für die Personalpolitik des Vereins zeigte er kein Verständnis. Das hatte Konsequenzen für ihn. Man setzte ihm den Stuhl vor die Tür. Seither hält er sich bei SK Dynamo České Budějovice, wo er 20-prozentiger Teilhaber ist, fit. Eine Rückkehr nach Prag steht jedoch in Aussicht, vermutlich im Januar. Spartas Trainer Jaroslav Hřebík wurde nämlich inzwischen ebenfalls gefeuert.

Ukraine

Lange Jahre spielten die besten ukrainischen Fußballer für die Nationalmannschaft der Sowjetunion und prägten dabei nicht unwesentlich deren Niveau. Erst nach der Unabhängigkeit der Ukraine 1991 wurde auch der Fußball des Landes auf eigene Füße gestellt. Im April des darauf folgenden Jahres fand das erste Länderspiel statt, das 1:3 gegen Ungarn verloren ging.

Erstmals überhaupt hat sich die Ukraine nun für ein derart hochkarätiges Turnier qualifiziert. Und die Tatsache, dass sie dies als erstes europäisches Team schaffte, verdeutlicht die Klasse dieser Mannschaft. Nicht zuletzt war die WM-Qualifikationsgruppe 2, die man als souveräner Tabellenerster abschloss, eine der am stärksten besetzten überhaupt. So konnten unter anderem Europameister Griechenland und der WM-Dritte von 2002, die Türkei, distanziert werden.

Der Star

»Der Star ist die Mannschaft«, hat Berti Vogts einst treffend formuliert. Für die Ukraine gilt dies fast uneingeschränkt. Einer sticht dennoch heraus.

Der überragende Mann im Team der Ukraine ist **Andriy Shevchenko**. Starallüren sind dem 29-Jährigen im Kreis der Nationalmannschaft jedoch fremd. Er fügt sich perfekt ins Mannschaftsgefüge ein und bringt dann sein außergewöhnliches Können immer wieder zur Geltung.

Shevchenko zählt zu den besten Stürmern der Welt. Dank seiner individuellen Klasse kann er Spiele allein entscheiden. Auch beim AC Mailand, wo er seit 1999 in Lohn und Brot steht, hat er dies wiederholt unter Beweis gestellt. Dabei agiert »Sheva« meist wenig spektakulär – dafür aber umso effektiver. Er ist trickreich, schnell und beim Ausnutzen von Torchancen überaus abgebrüht.

»Wenn du nie bei einer WM gespielt hast, dann bist du ein Niemand.« Diesen selbstformulierten Makel wird Andriy Shevchenko im Sommer 2006 tilgen können.

Nach einigen Meistertiteln mit seinem Heimatverein Dynamo Kiew gab es auch in Mailand schon einiges zu feiern: Champions-League-Sieg 2003, italienischer Pokalsieger 2003 und Meister 2004. Darüber hinaus wurde Shevchenko im Jahr 2004 zu »Europas Fußballer des Jahres« gewählt und wenig später als »Held der Ukraine« ausgezeichnet.

Der Trainer

Verantwortlich für den größten Erfolg der noch jungen ukrainischen Fußball-Geschichte zeichnet **Oleg Blochin**. Er hat den Spielern den Teamgeist vermittelt und die Mannschaft zu einer verschworenen Gemeinschaft geformt. Zudem verkörpert der 53-Jährige eine absolute Respektsperson. In der Jugend galt Blochin für nahezu jeden seiner jetzigen Spieler als das große Idol. Mit offiziell 101 A-Länderspielen ist er Rekordnationalspieler der Sowjetunion. Und auch seine 35 Tore sind und bleiben für immer unerreicht.

In seiner glorreichen Spielerkarriere bei Dynamo Kiew konnte Oleg Blochin reichlich Titel sammeln, wurde zweimal Europapokalsieger, mehrfach Meister und Pokalsieger. Persönliche Ehrungen bleiben ebenfalls nicht aus. Auf die Torjägerkrone in der sowjetischen Liga hatte er fast ein Abonnement. Darüber hinaus wurde er dreimal zum besten Spieler gewählt. 1975 erhielt er die Auszeichnung »Europas Fußballer des Jahres«. Zum Karriereausklang wechselte er 1989 zu Vorwärts Steyr nach Österreich. Das besondere daran war, dass Blochin als erstem Spieler der UdSSR der Schritt durch den »Eisernen Vorhang« gestattet wurde.

Anfang der 1990er Jahre begann in Griechenland das Trainerleben. Doch erst 2003 übernahm Blochin die ukrainische Nationalmannschaft. Übrigens verfolgt er neben dem Fußball auch eine politische Karriere. Er sitzt als Abgeordneter für die sozialdemokratische Partei des in der »Orangen Revolution« unterlegenen Viktor Janukovich im ukrainischen Parlament. Diese Doppeltätigkeit wollte man ihm sogar verbieten. Daraufhin trat er als Nationaltrainer zurück, was nicht ohne Wirkung blieb. Flugs machte man im Parlament einen Rückzieher, und Blochin blieb im Traineramt.

Die Aussichten

Trotz eines herausragenden Shevchenko ist das große Plus der Ukraine die mannschaftliche Geschlossenheit. Die Spieler laufen offensichtlich sehr gern gemeinsam für ihr Land auf. Und Neid auf Superstar Shevchenko ist bisher nicht offen zutage getreten.

Erstaunlicherweise verdienen die Nationalspieler ihr Geld überwiegend in der Heimat. In den 1990er Jahren ist das ganz anders gewesen. Das aber ist der neue Trend. In der Ukraine wird genauso wie in Russland mittlerweile sehr gut bezahlt. Wegen des Geldes brauchen die Fußballer also ihre Heimat nicht mehr verlassen.

Ein besonderer Trumpf ist natürlich Andriy Shevchenko. Doch stellt sich die Frage, in welchem Maße das Spiel der Ukraine auf ihn zugeschnitten bzw. von ihm abhängig ist. Was passiert, wenn die Mannschaft mal ohne ihren Star auskommen muss?

Für viele Fußballexperten ist die Ukraine der Geheimtipp. Dieser Mannschaft wird zugetraut, im Turnier eine gute Rolle spielen zu können. Als WM-Debütant jedoch gilt es zunächst einmal, eine ordentliche Visitenkarte auf der großen Fußball-Bühne abzugeben. Überzogene Ziele erwartet man von einem Neuling eigentlich ohnehin nicht. Schließlich wären genau das die besten Voraussetzungen, um im Kreis der Weltelite unbeschwert aufzuspielen. Doch Oleg Blochin ist da offensichtlich anderer Auffassung. Schon bei seiner Vorstellung lehnte sich der Fußballlehrer gleich weit aus dem Fenster und kündigte an, dass sich die Ukraine direkt für die WM 2006 qualifizieren werde. Wirklich ernst genommen wurde er damals nicht. Recht behalten hat er aber . Nun ist es also an der Zeit, neue Ziele auszugeben:

»Viele haben mich einen Abenteurer geschimpft, als ich versprochen habe, die Ukraine zur WM zu führen. Ich weiß, sie werden mich für verrückt halten. Aber jetzt können wir sogar den WM-Titel holen.« – Oleg Blochin.

Südamerika

9

In diesem Kapitel

- Die »Gauchos« aus Argentinien
- Brasilien war immer dabei
- Ecuador etabliert sich
- Paraguay will endlich mehr als das Achtelfinale
- Uruguay musste wieder nachsitzen

Im Teilnehmerfeld der Fußball-WM wurden Südamerika vier feste Startplätze zugestanden. Das fünfte WM-Ticket verpasste Uruguay gegen den Sieger der Ozeanien-Qualifikation Australien.

Argentinien

Die Argentinier gehören zu den etablierten Mannschaften bei der Fußball-WM. Bereits zum 14. Mal ist die »Albiceleste« dabei. Der Name »Albiceleste« erklärt sich aus der traditionell weiß-himmelblaue Farbe der Trikots. Und von Erfolg waren einige dieser Auftritte auch noch gekrönt. So ist Argentinien einer von nur sieben Weltmeistern seit 1930. Die beiden Titel wurden 1978 vor heimischem Publikum und 1986 in Mexiko eingefahren. Eine Übersicht hierzu finden Sie im Anhang dieses Buches.

Exakt 20 Jahre ist es also her, als Diego Armando Maradona die »Gauchos« zum letzten WM-Titel geführt hat. Nach dem Verständnis der Südamerikaner ist damit genug Zeit verstrichen. Und wer die WM-Qualifikation punkgleich mit Brasilien abschließt, kann sich natürlich dem Formulieren hoher Ziele nicht verweigern. Doch große Ambitionen hatte man auch vor vier Jahren. Das Ergebnis war äußerst ernüchternd – Aus in der Vorrunde.

»Ich glaube nicht, dass irgendein Spieler größer oder kleiner ist als Diego Maradona.« – Kevin Keegan, 63maliger englischer Nationalspieler.

Der Star

Argentinien gehört zu jenen Mannschaften, die eine Vielzahl erstklassiger Fußballer mit nach Deutschland bringen werden. Es gestaltet sich sehr schwierig, aus diesem reichhaltigen Angebot den absolut herausragenden Akteur zu bestimmen. Beim Blick auf das hochbegabte Spielerpersonal fiel die Wahl auf **Juan Román Riquelme**.

Der Spielmacher brauchte lange, um seine Fähigkeiten voll zur Entfaltung zu bringen. Mimosengleich ist er besonders abhängig vom passenden Umfeld. Ein Großverein wie der FC Barcelona konnte nicht die Spielwiese für Juan Román Riquelme bieten. Diese günstigen Bedingungen fand er erst wieder beim FC Villarreal vor, wohin er Anfang 2005 wechselte. Zum Wohlbefinden tragen dort sicherlich auch die zahlreichen argentinischen Landsleute bei, die in Diensten des spanischen Erstligisten stehen.

In Argentinien galt »Südamerikas Fußballer des Jahres« von 2001 bereits in jungen Jahren als legitimer Nachfolger von Maradona. Dieser hat ihn höchstselbst mit seinem Erbe betraut. Den hohen Ansprüchen wollte und konnte Riquelme jedoch nie gerecht werden. Allein vom Körperbau und vom Bewegungsablauf ist er ein ganz anderer Spielertyp.

Inzwischen aber hat der Mittelfeldspieler, auch dank seines Durchbruchs in Villarreal, Spitzenniveau erreicht. Gefürchtet sind vor allem seine gefährlichen Freistöße. Zudem versteht er es seine Mitspieler, insbesondere die Stürmer, mit genialen Pässen zu versorgen.

Die WM-Erfahrung der aktuellen Nationalspieler

Name	WM-Teilnahmen	WM-Spiele	Länderspieldebüt
Javier Zanetti	1998, 2002	8	1994
Juan Sebastián Verón	1998, 2002	8	1996
Roberto Ayala	1998, 2002	5	1994
Hernán Crespo	1998, 2002	4	1995
Juan Pablo Sorín	2002	3	1995
»Kily« González	2002	3	1995
Pablo Aimar	2002	3	1999
Walter Samuel	2002	3	1999
Diego Placente	2002	2	2000

Tabelle 9.1: Die erfahrensten Spieler

Der Trainer

Die Spielerkarriere von **José Néstor Pekerman** gestaltete sich eher durchschnittlich. Große Taten und Erfolge sind nicht überliefert. Richtig startete er erst als Fußballlehrer durch, das aber ausschließlich im Nachwuchsbereich. Dort gilt er als einer der erfolgreichsten Trainer der Welt, wurde dreimal U20-Weltmeister mit den argentinischen Junioren. Dennoch schlug ihm beim Amtsantritt als Nationaltrainer im Herbst 2004 jede Menge Skepsis entgegen. Die Kritiker hat der 56-Jährige mit seiner Arbeit inzwischen längst widerlegt.

Überzeugen kann Pekerman vor allem durch seine Besonnenheit. Die Emotionalität und Heißblütigkeit seiner Landleute scheinen ihm fremd. Nüchtern analysiert er das Spiel seiner Mannschaft, ohne je die Fassung zu verlieren. Beruhigend wirkt sicher auch, dass ihm zahlreiche hochtalentierte Akteure zur Verfügung stehen. Er vermeidet es, diese mit zu engstirnigen taktischen Vorgaben zu betrauen, setzt vielmehr auf deren Flexibilität und lässt so Raum für die individuellen Fähigkeiten eines jeden Spielers.

Die Aussichten

Argentinien spielt im Gegensatz zu Brasilien mit Sicherheit weit weniger spektakulär. Rein ergebnisorientierter Fußball nennt sich das dann. Dennoch können die Spieler durch die Bank perfekt mit dem Ball umgehen. Diese Ballsicherheit, gepaart mit überragenden taktischen Fähigkeiten, lassen die Spieler in nahezu jeder Situation das Richtige tun.

Annähernd alle Akteure lassen sich gleichwertig ersetzen. Dem System schadet dies in keinster Weise. Alle Spieler verfügen über die taktische Flexibilität und Disziplin, um den Anforderungen des Trainers gerecht zu werden und seine Vorgaben optimal umzusetzen.

»Nichts ist definitiv im Fußball, schon gar nicht die Rahmenbedingungen. Und deshalb müssen die Spieler lernen, mit wechselnden Einflüssen umzugehen.« – José Néstor Pekerman, Nationaltrainer Argentiniens.

Lange Zeit waren die Argentinier wegen ihrer extrem harten Spielweise gefürchtet. Dazu sind sie noch immer fähig. Die Verteidigerschule der »Gauchos« bringt eisenharte Abwehrspieler hervor. Übertriebene Härte jedoch haben sie längst nicht mehr nötig. Ihre Klasse sollte sich aufgrund der genannten Fertigkeiten dennoch durchsetzen. Und schon allein deshalb ist Argentinien ein ganz unbequemer Gegner.

Eigentlich sind die Argentinier mal wieder dran. Seit einigen Jahren zählen sie nun schon zur weltweiten Fußballelite, doch unter Beweis stellen konnten sie das gerade bei den letzten WM-Turnieren nicht. Vor allem das peinliche Ausscheiden in der Gruppenphase bei der WM in Japan und Südkorea drückt noch immer schwer aufs Gemüt.

Der letzte Titel liegt gar schon fast 13 Jahre zurück. 1993 feierte man die Südamerikameisterschaft, es war dies der 14. kontinentale Titel. Immerhin wurde 2004 der

Olympiasieg eingefahren, doch handelte es sich dabei um eine Olympia-Auswahl, nicht vergleichbar mit der A-Nationalmannschaft.

In jedem Fall verfügt die »Albiceleste« über alle Voraussetzungen, um bei der Vergabe des Titels ein gehöriges Wörtchen mitzusprechen. Und aufgrund dessen gibt es auch nur dieses eine Ziel. In der Heimat ist man auf jeden Fall bereit, den dritten WM-Triumph nach 1978 und 1986 zu feiern.

Brasilien

Die Brasilianer gelten traditionell als die Ballkünstler schlechthin. Ihre Technik, das Ballgefühl und die Eleganz in den Bewegungen machen ihr Spiel seit jeher zu einem optischen Genuss. Dass all dies keine brotlose Kunst ist, zeigt ein Blick auf die Erfolgsbilanz der »Seleção«. Fünf WM-Titel stehen bereits zu Buche. Damit sind die Brasilianer Rekordweltmeister. Seit dem Beginn 1930 hat die Mannschaft bei keiner der 17 Weltmeisterschaften gefehlt.

Darüber hinaus wurde Brasilien siebenmal Südamerikameister, ist dort aktueller Titelträger. Amtierender Weltmeister, Sieger beim Confederations Cup 2005, Erster der FIFA-Weltrangliste – es lässt sich nicht verleugnen, dass Brasilien die momentan beste Mannschaft der Welt ist.

Die Stars

Was auf Argentinien zutrifft, gilt in noch höherem Maße auch für Brasilien. Keine andere Mannschaft ist von den Einzelspielern her besser besetzt. Das Aufgebot besteht nahezu nur aus Topstars. Viele erstklassige Spieler finden bei der Zusammenstellung des WM-Kaders überhaupt keine Berücksichtigung. Ein geradezu unerschöpfliches Reservoir an brillanten Ballartisten stellt hier jeden Trainer vor die Qual der Wahl.

Nur einen einzigen zu benennen, das verbietet sich fast. Doch selbst das Treffen einer gewissen Auswahl gestaltet sich ziemlich schwierig. Stellvertretend für eine Vielzahl begnadeter Fußballer sollen nachfolgend einige Spieler vorgestellt werden.

Ronaldinho

Allein die Namen der Brasilianer klingen bald schon wie Musik. **Ronaldo de Assis Moreira** heißt mit Künstlernamen »Ronaldinho Gaúcho«, kurz **Ronaldinho**. Er gilt als der momentan beste Fußballer auf unserem Planeten, dokumentiert durch die Wahl zum »Weltfußballer des Jahres 2004«.

Aufgrund seines Spielwitzes bekommt Ronaldinho im Offensivbereich alle Freiheiten. Er verfügt über ein unerschöpfliches Repertoire an Tricks, schon seit Kindheit durch tausendfaches Üben einstudiert. Damit ist er in der Lage, die Gegenspieler jederzeit zu überraschen. Gepaart mit seiner Dribbelstärke ist es nahezu unmöglich, ihn mit fairen Mitteln vom Ball zu trennen. Darüber hinaus gehört Ronaldinho, der für den FC Barcelona spielt, zu den besten Freistoßschützen der Welt.

Was ist ein Hackentrick?

Vor allem die Brasilianer sind kaum um ein Kunststück verlegen. Andere brechen sich fast die Beine bei derartigen Versuchen, sie jedoch verstehen es, mit dem Ball besondere Dinge zu vollbringen. Ein recht häufig gesehenes Mittel, den Gegner zu foppen, ist der Hackentrick. Dabei wird der Ball mit dem hintern Teil des Fußes gespielt. Es gibt aber auch die Variationen, den Ball mit der Sohle nach hinten zu ziehen oder mit der Innenseite zu berühren. In jedem Fall muss sich der Ball danach entgegen der ursprünglichen Blickrichtung bewegen.

Es ist durchaus möglich, sich den Ball auf diese Art selbst am Gegner vorbeizulegen. In den meisten Fällen jedoch erfolgt das Zuspiel mit der Hacke auf einen Mannschaftskollegen. Da ein Blickkontakt oft nicht gegeben ist, muss die sich ständig ändernde Spielsituation gut antizipiert werden bzw. die Laufwege des Mitspielers müssen bekannt sein. Unter Berücksichtigung dieser Aspekte sollte der Hackentrick optimal funktionieren. Der Schuss wird dann nach hinten losgehen, und zwar für den überraschten Gegenspieler.

Ronaldo

Auch der Name **Ronaldo Luís Nazário de Lima** darf in dieser Zusammenstellung selbstverständlich nicht fehlen. Schon in ganz jungen Jahren zeichnete den Stürmer eine unglaubliche Kaltschnäuzigkeit aus. Im Verwerten von Torchancen war er das Maß aller Dinge. Seine Schnelligkeit und die sichere Ballbeherrschung bei höchstem Tempo brachten ihm weltweite Anerkennung. Die Ehrung als »Weltfußballer des Jahres« wurde Ronaldo sogar mehrfach zuteil.

Schwere Verletzungen gehörten jedoch genauso zu seiner Karriere. Es kostete viel Kraft, um wieder bis an die Spitze zu kommen. Bei Real Madrid beweist er, dass er noch längst nicht zum »alten Eisen« gehört. Schließlich ist Ronaldo erst 29 Jahre – und hat dabei schon so viel gewonnen. Nicht zuletzt wurde er bereits zweimal Fußballweltmeister.

»Kaká«

Hier lohnt natürlich ebenfalls ein Blick auf die vollständige Pracht des Namens: **Ricardo Izecson dos Santos Leite**. Der Einfachheit halber nennt er sich »**Kaká**«.

Der Mittelfeldspieler verkörpert eine äußerst seltene Mischung. Er vereinigt brasilianische Spielfreude und die im europäischen Fußball geforderte Effektivität in sich. Das macht »Kaká« so wertvoll und ließ ihn bereits mit Anfang 20 zu einem überaus wichtigen Spieler beim AC Mailand reifen.

Adriano

Adriano Leite Ribeiro besticht als Stürmer vor allem durch Wucht, Athletik und Durchsetzungsvermögen. Er ist kopfballstark, verfügt aber auch über einen strammen Schuss. Das macht ihn für jeden Gegner unberechenbar. Adriano gehört zu den weltbesten Angreifern. Männer dieser Kategorie sind über 90 Minuten nie ganz auszuschalten.

Seine Torgefährlichkeit stellt er nicht nur bei Inter Mailand, sondern natürlich auch in der Nationalmannschaft unter Beweis. Bei der Südamerikameisterschaft 2004 und beim Confederations Cup 2005 wurde er jeweils Torschützenkönig.

Die WM-Erfahrung der aktuellen Nationalspieler

Name	WM-Teilnahmen	WM-Spiele	Länderspieldebüt
Cafu	1994, 1998, 2002	16	1990
Ronaldo	1994, 1998, 2002	14	1994
Roberto Carlos	1998, 2002	13	1992
Dida	1998, 2002	0	1995
Marcos	2002	7	1999
Lúcio	2002	7	2000
Gilberto Silva	2002	7	2001
Roque Júnior	2002	6	1999
Edmílson	2002	6	2000
Ronaldinho	2002	5	1999
José Kleberson	2002	5	2002
Ricardinho	2002	3	2000
Émerson	1998	2	1997
Zé Roberto	1998	1	1995
Juliano Belletti	2002	1	2001
Kaká	2002	1	2002

Tabelle 9.2: Die erfahrensten Spieler

»Robinho«

Die jugendliche Frische hingegen verkörpert **Robson de Souza**, genannt »**Robinho**«. Wie all die anderen ist auch er mit einem unheimlichen Talent gesegnet. Sich dann aber auch durchzusetzen und gar den Sprung in die brasilianische Nationalmannschaft zu schaffen, ist allein schon ein außerordentliches Qualitätsmerkmal. Und wer bei den »Königlichen« von Real Madrid spielt, dessen Fähigkeiten sind bereits damit umfassend gewürdigt. Nun gilt es, seine Klasse in den beiden Spitzenteams durch konstante Leistungen regelmäßig unter Beweis zu stellen. Und 2006 könnte der Stürmer dann erstmals bei einer WM dabei sein.

Der Trainer

Nicht zum ersten Mal kümmert sich **Carlos Alberto Parreira** um die Belange von Brasiliens Nationalmannschaft. Begonnen hatte es Anfang der 1970er Jahre, als er für die Kondition der Auswahlkicker verantwortlich zeichnete. Höhepunkt seines Schaffens war der WM-Titel 1994. Dazwischen arbeitete er noch zwei weitere Male kurz als Coach der »Seleção«. Parreira zählt zu den erfahrensten Trainern überhaupt. Und kaum ein anderer hat die mitunter schwierigen Charaktere der brasilianischen Ballkünstler so im Griff wie er.

In Deutschland wird Carlos Alberto Parreira die fünfte WM auf der Trainerbank erleben und mit dem bisherigen Rekordhalter Bora Milutinović, der bisher die Teams von Costa Rica, den USA, Mexiko und Nigeria betreute, gleichziehen. 1982 mit Kuwait, 1990 mit den Vereinigten Arabischen Emiraten, 1994 mit Brasilien und 1998 mit Saudi-Arabien – das waren die bisherigen Auftritte auf dem WM-Parkett des Weltenbummlers **Parreira**.

Die Aussichten

Allein der Blick auf das Spielerpersonal lässt nur einen Rückschluss zu. Bei den Brasilianern gibt es nur den Vorwärtsgang. Das Potenzial im Offensivbereich ist derart enorm, damit lässt sich prinzipiell jede Abwehr der Welt in Verlegenheit bringen. Ballsicherheit, perfekte Technik, Trick- und Ideenreichtum – im Angriffsspiel sind die Brasilianer so variabel, dass sie praktisch jedes taktische Mittel anwenden können.

Zudem ist der Spielerkader überaus ausgeglichen besetzt – und das auf allerhöchstem Niveau. Stammkräfte können nahezu ohne qualitative Einbußen ersetzt werden. Vermutlich werden selbst große Namen mit einem Platz auf der Ersatzbank vorlieb nehmen müssen.

Die größte Herausforderung für einen Trainer stellt bei dieser Ansammlung von Ballkünstlern die Organisation der Defensive dar. Insbesondere die Innenverteidiger sollen sich tunlichst auf ihre Abwehraufgaben konzentrieren. Einem Brasilianer lässt sich dies jedoch schwer vermitteln. Selbst ein Lúcio ist schließlich dafür bekannt, sich gern auch mal in der gegnerischen Hälfte zu tummeln.

Sollten die Brasilianer die angesprochene Disziplin für die Defensivarbeit aufbringen, wird bei der Frage nach dem Weltmeister 2006 kaum ein Weg an ihnen vorbei führen. Und da die Spieler fast ausschließlich bei europäischen Topklubs unter Vertrag stehen und dort natürlich reichlich Erfahrung sammeln können, besteht ohne Frage der Verdacht, dass sie sehr wohl um die Bedeutung einer sattelfesten Abwehr wissen. Für die Konkurrenz sind das düstere Aussichten.

In der brasilianischen Heimat indes zählt sowieso nur der WM-Titel. Ohne den brauchen sich die Spieler am Zuckerhut gar nicht blicken lassen. Druck und Erwartungshaltung sind also enorm. Und so etwas müssen die Spieler vor allem auch als Mannschaft erst einmal verkraften.

Ecuador

Vor vier Jahren war Ecuador erstmals bei einer Weltmeisterschaft dabei. Dass dies damals nicht allein glücklichen Umständen geschuldet war, bewies die Mannschaft jetzt mit der neuerlichen Qualifikation für die Endrunde. Damit wurde der größte Erfolg der ecuadorianischen Fußballgeschichte wiederholt. Vielmehr aber konnte nicht verbucht werden. Bedeutende Titel blieben bisher gänzlich aus.

Vielleicht liegt es daran, dass die Mannschaft Ecuadors ihren größten Trumpf bei Turnieren im Ausland nicht ausspielen kann: die unglaubliche Heimstärke. Vor allem die etwa 2.850 Höhenmeter der Hauptstadt Quito, wo die Heimspiele allesamt ausgetragen werden, machen den Gegnern mächtig zu schaffen. Die Punkte für die erfolgreiche WM-Qualifikation wurden daher auch nahezu ausschließlich vor eigenem Publikum eingefahren.

Der Star

Auf den ersten Blick stellt sich die Auswahl Ecuadors als Mannschaft der Namenlosen dar. Der überwiegende Teil der Spieler verdient sein Geld in der heimischen Liga. Top-Stars nach internationalem Maßstab gehören nicht zum Kader.

Genannt werden könnte hier **Ulises de la Cruz**. Als Profi von Aston Villa in der englischen Premier League steuert er die Europaerfahrung bei.

Erwähnung sollen jedoch auch die beiden einzigen WM-Torschützen von 2002 finden. Edison Méndez und Augustín Delgado. Letzterer spielt übrigens bei Barcelona. Gemeint ist hier jedoch nicht der spanische Spitzenklub, sondern der Barcelona Sporting Club in Guayaquil.

Die WM-Erfahrung der aktuellen Nationalspieler

Name	WM-Teilnahmen	WM-Spiele	Länderspieldebüt
Iván Hurtado	2002	3	1992
Augustín Delgado	2002	3	1994
Ulises de la Cruz	2002	3	1995
Marlon Ayoví	2002	3	1998
Raúl Guerrón	2002	3	2000
Edison Méndez	2002	3	2000
Carlos Tenorio	2002	3	2001
Jaime Iván Kaviedes	2002	2	1998
Edwin Tenorio	2002	2	1998
Giovanni Espinoza	2002	0	2000
Walter Ayoví	2002	0	2001

Tabelle 9.3: Die erfahrensten Spieler

Der Trainer

Bei der Copa América im Sommer 2004 gab es für Ecuador überhaupt nichts zu holen. Sang-, klang- und punktlos schied die Mannschaft nach der Vorrunde aus. Daraufhin zog Hernán Darío Gómez, der das Team zur WM 2002 geführt hatte, die Konsequenzen und stellte sein Amt als Nationaltrainer zur Verfügung. An seine Stelle trat am 30. Juli 2004 erneut ein Kolumbianer – **Luis Fernando Suárez**.

Die Arbeit von nur gut einem Jahr brachte dem 46-Jährigen in Ecuador jede Menge Ruhm. Ihm steigen die Huldigungen aber nicht zu Kopf. Er weiß, dass gerade im Fußball letztlich alles von Ergebnissen oder dem Tabellenstand abhängt. Erfolg und Misserfolg liegen eng beieinander. Auch ist ihm die Notwendigkeit harter Arbeit bewusst, stets dem Ziel folgend, die Leistungen der Mannschaft zu verbessern. Bei diesem Unterfangen werden ihm auch künftig seine Lehrjahre an der Seite der kolumbianischen Trainerlegende Francisco Maturana helfen.

Die Aussichten

Bei der WM 2002 konnte Ecuador immerhin das letzte der drei Gruppenspiele gegen Kroatien gewinnen. Am Ausscheiden freilich änderte dies nichts mehr. Dennoch verdeutlicht dies, dass die Mannschaft auch fern der Heimat siegfähig ist. Es wird sich zeigen, ob man daran anknüpfen kann.

Der »verrückte« Torwarttrainer

Um die Torhüter der ecuadorianischen Nationalmannschaft kümmert sich ebenfalls ein Kolumbianer. Es ist dies kein geringerer als René Higiuta, einst einer der spektakulärsten Keeper der Fußballgeschichte. Als kolumbianischer Nationaltorhüter sorgte er unter anderem bei der WM 1990 in Italien für Unterhaltung.

Bekannt wurde Higuita für sein risikoreiches Spiel, das mitunter auch zu Gegentoren führte. Für jeden Coach sind derartige Eskapaden auf dem Platz die reinste Horrorvorstellung. Von Francisco Maturana, einem seiner einstige Trainer, bekam er denn auch den Spitznamen »El Loco«, »der Verrückte«.

Bei seinen Ausflügen über das gesamte Spielfeld strahlte Higuita auch jede Menge Torgefahr aus. Im Laufe seiner Karriere sind insgesamt 41 Treffer überliefert. Neben 37 verwandelten Elfmetern gehören auch vier Tore aus dem Spiel heraus dazu.

Unvergessen jedoch ist der Ex-Keeper für das wohl spektakulärste Kunststück aus seinem Repertoire, den »Skorpionstachel«. Vorgeführt hat Higuita diesen unter anderem am 06. September 1995 beim Länderspiel gegen England im Londoner Wembley-Stadion. Er selbst beschreibt die artistische Einlage wie folgt: »Ich werfe mich nach vorn, berühre mit den Händen den Rasen und spiele den Ball mit den Fersen über meinen Kopf.« Ein »normaler« Torhüter würde den Ball locker fangen, Higuita kickte ihn eben auf diese Weise aus dem Strafraum.

Das Ziel jedenfalls ist ganz klar definiert. Es soll mehr sein als vor vier Jahren. Dabei dürfte hilfreich sein, dass eine recht stattlich Zahl an Spielern bereits die letzte WM in Japan und Südkorea miterlebt hat. Aufbauend auf diesen nicht zu unterschätzenden Erfahrungsschatz wird also das Erreichen des Achtelfinales angestrebt. Und sollten sich die Ecuadorianer in Deutschland einigermaßen heimisch fühlen, dann ist das nicht ausgeschlossen. Dass sie gegen Spitzenmannschaften bestehen können, haben sie schließlich mehrfach bewiesen.

Paraguay

Bereits zum siebten Mal stellt sich Paraguay bei einer Fußballweltmeisterschaft vor. Bei den letzten drei Teilnahmen 1986, 1998 und 2002 drang die Mannschaft jeweils bis ins Achtelfinale vor – das beste Abschneiden bisher. Vor vier Jahren bedeutete in der Runde der letzten 16 eine 0:1-Niederlage gegen Deutschland das Aus.

Die großen Triumphe des paraguayischen Fußballs liegen bereits einige Jahre zurück. Bei den Südamerikameisterschaften 1953 und 1979 kam die »Albirroja«, auch hier sind die Trikotfarben, genau genommen Rot und Weiß, namens gebend, zu Titelehren. Doch erst jüngst, im Jahr 2004, hat man wieder einmal auf sich aufmerksam gemacht. Bei den Olympischen Spielen in Athen gab es für Paraguay die Silbermedaille. Zwar handelte es sich dabei aus Reglementgründen nicht um die A-Nationalmannschaft, doch einige der jungen Spieler werden im Sommer 2006 in Deutschland dabei sein.

Die WM-Erfahrung der aktuellen Nationalspieler

Name	WM-Teilnahmen	WM-Spiele	Länderspieldebüt
Roberto Miguel Acuña	1998, 2002	8	1993
Carlos Alberto Gamarra	1998, 2002	8	1993
Denis Ramón Caniza	1998, 2002	8	1996
José Saturnino Cardozo	1998, 2002	6	1991
Carlos Humberto Paredes	1998, 2002	6	1998
Pedro Alcides Sarabia	1998, 2002	4	1995
Julio César Enciso	1998	4	1995
Roque Santa Cruz	2002	4	1999
Julio César Cáceres	2002	4	2002
Diego Antonio Galiván	2002	3	1999
César Augusto Ramírez	1998	2	1997
Nelson Rafael Cuevas	2002	2	1999
Gustavo Morínigo	2002	1	2001
Carlos Bonet	2002	1	2002
Justo Wilmar Villar	2002	0	1999

Tabelle 9.4: Die erfahrensten Spieler

Der Star

Eigentlich müsste an dieser Stelle der Name Roque Santa Cruz fallen. Da sich der Stürmer des FC Bayern München jedoch kürzlich einen Kreuzbandriss zuzog, ist er zu einem halben Jahr Zwangspause verurteilt. Die Zeit, um bis zum WM-Beginn optimale Fitness und Form zu erreichen, wird äußerst knapp.

Daher soll hier ein anderer Bundesligaprofi Würdigung erfahren. **Nelson Haedo Valdez** vom SV Werder Bremen gilt so ein wenig als Shootingstar in der Auswahl Paraguays – ein junger, aufstrebender Spieler, der sich bereits erste Sporen im Nationalteam verdient hat. Der Stürmer hat in Maracaibo das wichtigste Tor der WM-Qualifikation geschossen. Mit dem 1:0-Sieg gegen Venezuela löste Paraguay das WM-Ticket.

Der 22-Jährige macht den etablierten Kollegen im Angriff mächtig Druck und hat beste Chancen, bis zum Turnierbeginn einen Stammplatz zu erobern. Dasselbe Ziel verfolgt er in Bremen, wo er mit zwei anderen WM-Teilnehmern, dem Deutschen Miroslav Klose und dem Kroaten Ivan KlasniĐ, um die Gunst des Trainers ringt.

Der Trainer

Auf Paraguays Bank sitzt ein ganz erfahrener Trainer. **Aníbal Ruíz**, der auf den Spitznamen »El Maño«, zu deutsch »die Hand«, hört, übernahm das Amt nach der WM 2002 vom Italiener Cesare Maldini und ist somit hauptverantwortlich für die erfolgreiche WM-Qualifikation. Gerade in Südamerika ist es nicht selbstverständlich, dass man einen Fußballlehrer über einen solch langen Zeitraum gewähren lässt. Es hat sich auf jeden Fall ausgezahlt.

Der Fußballverband Paraguays war sich der Qualitäten von Ruíz, der aus Uruguay stammt, offenbar bewusst. Lange hat er in der paraguayischen Primera División gearbeitet. Mit Olimpia Asunción gewann er 1979 sogar die Copa Libertadores, heute das südamerikanische Pendant zur Champions League.

Die Aussichten

In Paraguay verleugnet man durchaus nicht seine Ambitionen, bei einer Weltmeisterschaft auch einmal über das Achtelfinale hinauszukommen. Dies jedoch wird zweifellos ein schwieriges Unterfangen.

Ähnlich wie Ecuador offenbarten die »Guaraníes« zuletzt Schwächen in der Ferne. Dieses Problem gilt es abzustellen, denn bei der WM in Deutschland gibt es nur Auswärtsspiele. Ein Vorteil dürfte sein, dass Trainer Ruíz auf eine Reihe international erprobter Akteure zurückgreifen kann. Das betrifft nicht nur die WM-Erfahrung von etwa einem Dutzend Spielern, sondern auch die regelmäßigen Einsätze bei ausländischen Vereinen, vor allem in Europa.

Unabhängig davon muss nach der Gruppen-Auslosung erst einmal die Lage analysiert werden. Dann lässt sich anhand der Gegner einschätzen, welche Chancen Paraguay eingeräumt werden können. Wichtig wird sein, nicht den zweiten Schritt vor dem ersten tun zu wollen. Soll heißen, zunächst einmal gilt es, die Vorrunde zu überstehen. Erst danach kann von weiteren Großtaten geträumt werden.

Aníbal Ruíz wird also hoffentlich wissen, worauf es ankommt. Hans Krankl, ehemals österreichischer Nationaltrainer, war sich da offenbar nicht so ganz sicher: »Wir müssen gewinnen, alles andere ist primär.«

Afrika

10

In diesem Kapitel

- Alle afrikanischen WM-Teilnehmer

Gerade in Afrikas WM-Qualifikation hat sich Sensationelles zugetragen. Die etablierten Mannschaften, die den Fußball auf dem »schwarzen Kontinent« in der jüngeren Vergangenheit dominierten, hatten diesmal zum Großteil das Nachsehen. Kamerun, Senegal, Südafrika, Nigeria – alles Namen, die bei der WM 2006 fehlen werden. Tunesien immerhin konnte sich durchsetzen. Die vier anderen afrikanischen Starter jedoch sind WM-Neulinge.

Angola

Die erst seit 1975 unabhängige ehemalige portugiesische Kolonie ist im internationalen Fußball ein nahezu unbeschriebenes Blatt. 1979 wurde der Fußballverband gegründet. Und erst zur Qualifikation für die WM 1986 stieg man so richtig in den Spielbetrieb ein. Siege blieben jedoch lange Zeit Mangelware. Die Mannschaft qualifizierte sich in den 90er Jahren immerhin zweimal für die Afrikameisterschaft. Viel mehr gibt die Erfolgsbilanz aber nicht her.

Nun steht die erste WM-Teilnahme an. Ohne Frage ist allein dies bereits der größte Erfolg der angolanischen Fußball-Geschichte. Die Feierlichkeiten im Land waren nach der erfolgreichen Qualifikation dementsprechend ausgelassen – fast schon WM-reif.

Aller Voraussicht nach wird Angola bei der WM ohne Bundesligaprofis auflaufen, obwohl es bei Hertha BSC Berlin einen Kandidaten gäbe: Nando Rafael – ein Mann mit angolanischen Wurzeln, geboren in Luanda – verzichtet freiwillig auf das Nationalteam.

Im jahrzehntelangen Bürgerkrieg kamen seine Eltern ums Leben, woraufhin er schon als Kind nach Europa flüchtete. Mittlerweile fehlt ihm jeglicher Bezug zu Angola. Stattdessen spielt er mittlerweile für die deutsche U21-Auswahl. Das Thema angolanische Nationalmannschaft ist für Nando Rafael somit endgültig erledigt.

Der Star

Als einer talentiertesten Fußballer Angolas gilt momentan **Fabrice Alcebíade Maieco**, kurz **»Akwá«** – ein wendiger Stürmer, der sich dank körperlicher Robustheit durchzusetzen weiß. In jungen Jahren jedoch blieb ihm der Durchbruch in Europa verwehrt. Er spielt deshalb im arabischen Raum. Seit 1998 steht er bei Katar SC unter Vertrag

Fabrice »Akwá« Maieco ist Kapitän der angolanischen Nationalmannschaft, für die er eine stattliche Anzahl an Toren erzielt hat. Allein in der WM-Qualifikation waren es fünf.

Der Trainer

Beinahe wäre Angola bereits in der ersten Runde der WM-Qualifikation gescheitert. Das Hinspiel am 12. Oktober 2003 im Tschad ging mit 1:3 verloren. Das kostete den damaligen Trainer Ismael Kurtz den Job. An seine Stelle trat **Luís de Oliveira Gonçalves**, bis dahin verantwortlich für Angolas Junioren und dabei als Afrikameister und WM-Teilnehmer 2001 äußerst erfolgreich. Im Rückspiel konnte die Mannschaft den frühen K.o. durch einen 2:0-Sieg vermeiden und ist seither so erfolgreich wie selten zuvor.

Die Aussichten

Die WM-Teilnahme ist für Angolas Fußballer zweifellos eine Riesensache. Druck werden sie kaum verspüren. Große Taten erwartet keiner von ihnen. Sie können eigentlich nur gewinnen. Doch ganz ohne Ambitionen tritt Angola in Deutschland nicht an.

»Wir werden alles in unserer Macht stehende tun, um die Überraschungen zu schaffen, die man in Angola von uns erhofft.« – Luís de Oliveira Gonçalves, Nationaltrainer von Angola.

Natürlich spielt kaum einer der Angolaner regelmäßig auf höchstem Niveau. Die meisten Akteure verdienen ihr Geld bei unterklassigen Vereinen oder in der heimischen Liga. Unterschätzen aber sollte man die »Palancas Negras«, die schwarzen Antilopen, keinesfalls. Wer in der WM-Qualifikation u.a. Nigeria hinter sich lässt, der kann auch gegen andere namhafte Gegner bestehen.

Elfenbeinküste

Auch die Elfenbeinküste hat als WM-Neuling nicht allzu viele Meriten vorzuweisen. Immerhin besteht der nationale Fußballverband bereits seit 1960. Doch einen bedeutenden Titel hat die Mannschaft erst einmal gewonnen. 1992 triumphierte man bei der Afrikameisterschaft.

Die erstmalige Qualifikation für eine Weltmeisterschaft bedeutet zugleich die Einlösung eines Versprechens. Zu Ehren des im Juni 2004 verstorbenen Assistenztrainers Mama Ouattara, der während einer Trainingseinheit zusammengebrochen war, wollten die Spieler unter allen Umständen die WM-Fahrkarte nach Deutschland lösen. Das ist letztlich gelungen.

Das Drama von Yaoundé

An Spannung war die entscheidende Phase in der Afrika-Gruppe 3 kaum zu überbieten. Die wahre Dramatik aber spielte sich in Yaoundé beim Spiel Kamerun gegen Ägypten ab. In der fünften Minute der Nachspielzeit bekamen die Gastgeber einen Elfmeter zugesprochen – die Chance zum 2:1-Siegtreffer, der den Gruppensieg bedeutet hätte. Pierre Womé schritt zur Tat – und schoss den Ball an den Pfosten. Es blieb beim 1:1, Kamerun kostete das Remis die WM-Teilnahme. Die Elfenbeinküste, die parallel im Sudan mit 3:1 siegte, kann sich nun auf Deutschland 2006 freuen.

Der Star

Schnell, kopfballstark und torgefährlich – das sind die Attribute, die **Didier Drogba** kennzeichnen. Dem FC Chelsea London waren diese Fähigkeiten im Sommer 2004 etwa 36 Millionen Euro wert. Und Drogba enttäuschte die großen Erwartungen nicht. Mit den »Blues« wurde er umgehend englischer Meister.

Auch in der Nationalmannschaft der Elfenbeinküste stellte er seine Qualitäten regelmäßig unter Beweis. Sein Anteil an der erfolgreichen WM-Qualifikation lässt sich an den neun Treffern messen. Damit zählt er zweifellos zu den großen Stützen bei den Westafrikanern.

Der Trainer

Der Trainer ist ein alter Bekannter. **Henri Michel** kann massive WM-Erfahrung vorweisen. Bereits 1986 wurde er mit Frankreich WM-Dritter. Acht Jahre später konnte er mit Kamerun nicht viel ausrichten und schied nach drei Gruppenspielen sang- und klanglos aus. Kaum besser lief es bei der WM 1998. Als Trainer von Marokko blieb er ebenfalls nach der Vorrunde auf der Strecke. Fast wäre er auch beim Turnier in Japan und Südkorea dabei gewesen. Doch nach erfolgreicher Qualifikation wurde ihm Tunesiens Vorrunden-Aus bei der Afrikameisterschaft 2002 zum Verhängnis, er wurde daraufhin entlassen.

Michel, als Aktiver selbst 58maliger französischer Nationalspieler, feierte seinen ersten großen Trainererfolg bei den Olympischen Spielen 1984 in Los Angeles. Mit Frankreichs Olympia-Auswahl gewann er dort die Goldmedaille.

Die Aussichten

Die Elfenbeinküste kann durchaus als Geheimtipp der WM 2006 gelten. Das junge, gewachsene Team ist mit einigen hervorragenden Fußballern bestückt, die Dank ihrer Anstellung bei europäischen Klubs viel Erfahrung in die Mannschaft tragen.

Gerade in der Offensive sind die »Elefanten« sehr gut aufgestellt. Ihr Spiel ist entsprechend nach vorn ausgerichtet. Unsicherheiten hingegen lässt die Hintermannschaft erkennen. Wie sich das gegen Teams von Spitzenformat auswirkt, muss sich zeigen. In jedem Fall ist es den Männern um Kapitän Cyrille Domoraud zuzutrauen, bei der WM in Deutschland eine beachtliche Rolle zu spielen.

Ghana

Ghana gehört auf dem afrikanischen Kontinent zu den erfolgreichsten Mannschaften überhaupt. Die Titel bei den Afrikameistermeisterschaften 1963, 1965, 1978 und 1982 zeugen davon. Doch alle Bemühungen, sich auch einmal für eine Weltmeisterschaft zu qualifizieren, waren seit 1962 regelmäßig vergebens.

Doch nun haben es die »Black Stars« um Kapitän Stephen Appiah endlich geschafft. Und das auch noch überaus souverän. Mit fünf Punkten Abstand hielt man die Konkurrenz in der Afrika-Gruppe 2 sicher auf Distanz. Südafrika, der namhafteste Gegner, wurde mit 3:0 und 2:0 zweimal deutlich in die Schranken verwiesen.

Der Star

Michael Essien nimmt mit seinen 23 Jahren bereits eine ungemein wichtige Rolle in Ghanas Nationalmannschaft ein. Seine Vielseitigkeit macht ihn besonders wertvoll. Er kann auf nahezu allen Positionen eingesetzt werden. Vorwiegend agiert er jedoch im Mittelfeld, wo er seine Vorzüge offensiv wie defensiv gleichermaßen einbringen kann. Ungemein hilfreich ist ihm dabei die starke Technik, gepaart mit Schnelligkeit, Athletik und Zweikampfstärke. Die Kombination all dieser Eigenschaften macht Michael Essien zu einem vollendeten Fußballer. Das hat auch der FC Chelsea London erkannt, der ungeheure 38 Millionen Euro dafür löhnte, dass der Ghanaer 2005 einen Fünf-Jahresvertrag unterschrieb. Damit ist Essien der teuerste afrikanische Fußballer überhaupt.

Der Trainer

Seit Dezember 2004 gibt der Serbe **Ratomir Dujković** den Weg von Ghanas Fußballnationalmannschaft vor. Mit ihm hofft man, dass Konstanz auf der Position des Trainers einkehrt. Diese gaben sich zuvor regelrecht die Klinke in die Hand. Dujković war bereits die Nummer vier in nur gut einem Jahr.

Vor seinem Engagement in Ghana war der ehemalige jugoslawische Nationaltorhüter und EM-Teilnehmer 1968 für die Auswahl Ruandas verantwortlich.

»Ich habe zu lange überlegt, ob ich schießen oder abspielen soll. Und als ich dann schoss, hatte ich mich eigentlich schon entschieden, abzugeben.« – Cyrille Makanaky, ehemaliger Nationalspieler Kameruns.

Die Aussichten

Der ghanaischen Mannschaft werden bei der WM 2006 ähnlich gute Chancen eingeräumt wie der Elfenbeinküste. Die beiden Teams hinterließen kontinental zuletzt den stärksten Eindruck. Wie all die afrikanischen WM-Debütanten kann auch Ghana mit einer großen mannschaftlichen Geschlossenheit aufwarten. Hinzu aber kommen noch einige außergewöhnliche Spieler, die von ihrer Auslandserfahrung bei europäischen Vereinen zehren. Zudem setzt Trainer Ratomir DujkoviĐ auf eiserne Disziplin, deren Durchsetzung gerade bei afrikanischen Mannschaften recht schwierig und dafür umso wichtiger ist.

Für einen Neuling gilt es natürlich zunächst einmal, eine gute Figur auf der großen Fußballbühne abzugeben. Überzogene Ziele sind da vorerst fehl am Platze. Das Minimalziel lautet in derartigen Fällen dann immer Überstehen der Vorrunde. Wenn dies erst einmal geschafft ist, kann ab dem Achtelfinale vieles passieren. Alles jedoch, was hierauf folgt, wäre nur willkommene Zugabe.

Togo

Obwohl der togolesische Verband bereits 1960 gegründet wurde, ist das Land ein nahezu weißer Flecken auf der Fußballweltkarte. Alle Versuche, sich für eine WM zu qualifizieren, endeten zumeist kläglich. Und selbst auf afrikanischer Ebene konnten, abgesehen von wenigen Ausnahmen in einzelnen Spielen, keine Bäume ausgerissen werden. Umso frappierender ist die nun erstmalige WM-Teilnahme der »Sperber«. Togos erfolgreiche WM-Qualifikation kann fast schon als sensationell bezeichnet werden, genauso wie die von Angola. Beide Teams gelten als die größten Überraschungen.

Der Star

Emmanuel Adebayor gilt als Garant für den Erfolg der Togolesen. Mit elf Treffern war er bester Torschütze in der WM-Qualifikation Afrikas. Bereits mit Anfang 20 ist Adebayor die zentrale Figur, auf ihn ist das Spiel der Mannschaft zugeschnitten. Mit gut 1,90 m Körpergröße ist der Stürmer auch nicht zu übersehen und dient seinen Mannschaftskollegen permanent als Anspielstation.

Mit dem AS Monaco, wo der Stürmer seit 2003 spielt, erreichte er gleich in der ersten Saison das Champions-League-Finale, das jedoch mit 0:3 gegen den FC Porto verloren ging. Er selbst wirkte in diesem Spiel nicht mit.

Der Trainer

Trainer **Stephen Keshi** stammt aus Nigeria. 1994 spielte der Verteidiger für die nigerianische Nationalmannschaft, die so genannten »Super Eagles«, bei der WM in den USA. Im Achtelfinale gegen Italien war damals allerdings Endstation.

Viel Erfahrung hat Keshi schon als Spieler in Europa gesammelt, wo er auch seinen Trainerschein erwarb. Die Effizienz und Professionalität, mit denen er dabei konfrontiert wurde, möchte er nun dem afrikanischen Fußball vermitteln. Seit dem Frühjahr 2004 versucht er das in der Republik Togo. Vom schnellen Erfolg wurde aber selbst er überrascht.

Was ist die Coachingzone?

Die Coachingzone, offiziell auch technische Zone genannt, ist ein Bereich rund um die Trainerbank, in der sich Ersatzspieler, Betreuer und Trainer während des Spiels aufzuhalten haben. Für die Abmessungen gibt es lediglich Empfehlungen im Reglement, da in den Stadien natürlich unterschiedliche örtliche Gegebenheiten vorliegen. In jedem Fall wird die Zone bei der WM markiert sein, meist nimmt man hier wie zur Abgrenzung des Spielfeldes weiße Linien, die maximal einen Meter an die Seitenlinie des Spielfeldes heranreichen.

Das Verlassen der Zone ist nur in Ausnahmefällen gestattet, wenn sich zum Beispiel Spieler zum Warmmachen begeben oder Betreuer zur Behandlung eines Verletzten auf den Platz laufen dürfen.

Nur eine Person darf, sich in der Zone bewegend, Anweisungen an die Akteure auf dem Spielfeld geben. In der Regel wird das selbstverständlich der Trainer sein. Danach ist er angehalten, seinen Platz auf der Bank bzw. dem Stuhl wieder einzunehmen.

Die Aussichten

Die Underdogs genießen natürlich gewisse Vorteile. Zwar ist die Euphorie in der Heimat unermesslich hoch, doch überzogene Erwartungen stellt man an einen WM-Debütanten logischerweise nicht. Als Schlussfolge hält sich auch der Druck, der auf den Spielern lastet, in Grenzen. Die Mannschaft kann also befreit aufspielen. Und unter derartigen Voraussetzungen sind allzu oft die besten Leistungen möglich.

Ziel der Togolesen wird sein, vor den Augen der ganzen Welt eine gute Figur abzugeben, damit die Landsleute in der Heimat stolz auf ihre Spieler sein können. Wenn dann in der Vorrunde, abhängig von der Gegnerschaft, auch noch ein Sieg herausspringt, ist die Pflicht allemal erfüllt. Sollte darüber hinaus der Einzug ins Achtelfinale gelingen, wäre eine zusätzliche Überraschung perfekt. Aber schließlich hat Togos Team in Afrikas WM-Qualifikationsgruppe 1 die Mannschaft Senegals hinter sich gelassen. Was also spricht da gegen weitere große Taten?

Tunesien

Im Vergleich zu den anderen afrikanischen WM-Startern gehört Tunesien fast schon zu den renommierten Größen des Fußballs. Bereits zum vierten Mal nehmen die Nordafrikaner an einer Weltmeisterschaft teil. Allerdings war bisher regelmäßig nach der Vorrunde Schluss. Gerade mal ein Spiel konnten die Tunesier gewinnen. Und das war gleich der erste Auftritt überhaupt bei der WM 1978 in Argentinien, als Mexiko mit 3:1 bezwungen wurde.

Auf kontinentaler Ebene gab es erstmals 2004 etwas zu feiern. Bei der Afrikameisterschaft im eigenen Land gewann Tunesien seinen einzigen Titel.

Der Star

Die absoluten Top-Stars sucht man in Tunesiens Spielerkader vergeblich. Die Mannschaft verfügt dennoch über eine Reihe von gestandenen Profis, die zum Großteil ihr Geld in Europas Ligen verdienen. Die auffälligsten Akteure sind vielleicht noch die beiden gebürtigen Brasilianer – **José Clayton** und **Francileudo dos Santos**, mit sechs Toren bester Torschütze Tunesiens in der Qualifikation. Doch auch Hatem Trabelsi von Ajax Amsterdam und Torwart-Oldie Ali Boumijel gehören zu den prägenden Erscheinungen. Letzterer wird bei der WM bereits 40 Jahre alt sein.

Alter	Name	Nation	Jahr	Position
42 Jahre, 39 Tage	Roger Milla	Kamerun	WM 1994	Stürmer
41 Jahre, 0 Tage	Pat Jennings	Nordirland	WM 1986	Torhüter
40 Jahre, 292 Tage	Peter Shilton	England	WM 1990	Torhüter
40 Jahre, 133 Tage	Dino Zoff	Italien	WM 1982	Torhüter
39 Jahre, 334 Tage	Jim Leighton	Schottland	WM 1998	Torhüter
39 Jahre, 260 Tage	Ángel Amadeo Labruna	Argentinien	WM 1958	Stürmer
39 Jahre, 259 Tage	Joseph-Antoine Bell	Kamerun	WM 1994	Torhüter
39 Jahre, 145 Tage	Stanley Matthews	England	WM 1954	Stürmer

Tabelle 10.1: Die ältesten Spieler der WM-Geschichte

Der Trainer

Der Star scheint vielmehr der Trainer zu sein. **Roger Lemerre** hat sich als Coach der französischen Nationalmannschaft einen Namen gemacht. Doch zwei Jahre nach dem Europameistertitel 2000 wurde ihm das schlechte Abschneiden der »Équipe Tricolore« bei der WM 2002 zum Verhängnis. Er musste seinen Hut nehmen.

Lange brauchte Lemerre nicht nach einer neuen Anstellung suchen. In Tunesien empfing man ihn mit offenen Armen. Die Aufgabe des Trainers war, eine konkurrenzfähige Mannschaft für die Afrikameisterschaft 2004 im eigenen Land aufzubauen. Keinesfalls als Favorit gestartet, holte Tunesien überraschend den Titel. Grund genug für den tunesischen Fußballverband, die Zusammenarbeit mit dem Franzosen bis 2006 fortzusetzen.

Lemerre ist übrigens der einzige Trainer, der auf Nationalmannschaftsebene zwei unterschiedliche kontinentale Meisterschaften gewonnen hat. Während der WM, genau am 18. Juni, wird er 65 Jahre alt.

Die Aussichten

Die Mannschaft Tunesiens hat allenfalls Außenseiterchancen. Zu bieder waren ihre Auftritte in der Vergangenheit. Und auch beim FIFA Confederations Cup 2005, der Generalprobe für die WM, wussten die Nordafrikaner kaum zu überzeugen.

Ohne herausragende Individualisten schwört Roger Lemerre auf den Zusammenhalt der Mannschaft. Dieser soll wie bei der erfolgreichen Afrikameisterschaft Berge versetzen. Es ist zu erwarten, dass die Tunesier 2006 in Deutschland ein ganz unangenehmer Gegner sein werden. Ob das genügt, um endlich einmal über die Vorrunde hinaus zu kommen, bleibt abzuwarten.

Die WM-Erfahrung der aktuellen Nationalspieler

Name	Länderspieldebüt	WM-Teilnahmen	WM-Spiele
Kaïs Ghodhbane	1996	1998, 2002	5
Riadh Bouazizi	1995	1998, 2002	5
Khaled Badra	1995	1998, 2002	4
Hatem Trabelsi	1998	1998, 2002	4
Ali Boumnijel	1991	1998, 2002	3
José Clayton	1998	1998, 2002	3
Radhi Jaïdi	1996	2002	3
Ziad Jaziri	1999	2002	3
Ali Zitouni	1999	2002	3
Selim Benachour	2002	2002	3
Imed Mhadhebi	1998	2002	2

Tabelle 10.2: Die erfahrensten Spieler

Asien

11

In diesem Kapitel

- Alle asiatischen Mannschaften im Überblick

Asien wurde mit vier fixen Startplätzen für die WM bedacht. Diese werden belegt von altbekannten Namen – Mannschaften, die bereits seit Jahren zum Besten in Asiens Fußball gehören.

Iran

Die Mannschaft des Iran wird zum dritten Mal an einer Weltmeisterschaft teilnehmen. Ihr WM-Debüt feierten die Iraner bereits 1978 in Argentinien. Damals, wie auch 1998 in Frankreich, war schon nach der Vorrunde Endstation. Dies gilt es, beim Turnier in Deutschland besser zu machen.

Die Stardichte lässt bei den asiatischen Mannschaften natürlich zu wünschen übrig. Dennoch weist auch der Kader des Iran einige vertraute Namen auf. Gerade in der deutschen Bundesliga wurde und wird immer gern auf die Dienste der Perser zurückgegriffen. Ein großer Name jedoch ist auf seine alten Tage längst wieder in die Heimat zurückgekehrt.

Der Star

Dank seiner Tore ist **Ali Daei** schon seit Jahren eine feste Größe in der Nationalmannschaft. In seinen annähernd 150 Länderspielen hat er die unglaubliche Zahl von weit über 100 Toren geschossen – Weltrekord! Noch immer versenkt der Mittdreißiger die Bälle regelmäßig im Netz. Allein in der WM-Qualifikation glänzte der Kapitän wieder mit neun Treffern.

Auch den deutschen Fußballfreunden ist Ali Daei ein Begriff. In der Bundesliga spielte er für Arminia Bielefeld, den FC Bayern München und Hertha BSC, wurde 1999 Deutscher Meister, ehe es ihn 2002 zurück nach Asien zog. Mittlerweile ist er beim FC Saba Battery in Teheran aktiv. Die unglaublichen Torjägerqualitäten machten Ali Daei 1996 und 2004 zum Welttorjäger und brachten ihm unter anderem die Ehrung als »Asiens Fußballer des Jahres« 1999 ein.

Die WM-Erfahrung der aktuellen Nationalspieler

Name	WM-Teilnahmen	WM-Spiele	Länderspieldebüt
Ali Daei	1998	3	1993
Mehdi Mahdavikia	1998	3	1996

Tabelle 11.1: Die erfahrensten Spieler

Der Trainer

Nachdem die Qualifikation für die letzte WM verpasst wurde, übernahm Anfang 2002 **Branko Ivanković** den Posten des Nationaltrainers. Als Spieler trat der Kroate nicht sonderlich in Erscheinung. Im Trainerjob allerdings konnte er schon einiges an Erfahrung sammeln. Bei der WM 1998 in Frankreich fungierte er als Assistent von Miroslav Blazević. Die kroatische Mannschaft erreichte damals einen starken dritten Platz.

Auch in Deutschland hat Ivanković seine Visitenkarte schon abgegeben. In der Saison 1999/2000 trainierte er Hannover 96 in der zweiten Bundesliga. Dies jedoch war nur ein kurzes Gastspiel.

Die Aussichten

Der überwiegende Teil der Nationalspieler ist bei Vereinen in der Heimat tätig. Es fehlt also der regelmäßige Vergleich mit den besten Spielern und Teams. Und auch die Nationalmannschaft agiert meist im asiatischen Raum und hat höchst selten Gegner von großem Kaliber.

Die Frage wird sein, ob die Deutschlandprofis ihre Erfahrung aus Europa in erforderlichem Maße einbringen können. Berechtigte Zweifel liegen darin begründet, dass nicht alle bei ihren Vereinen einen Stammplatz haben und somit nur gelegentlich zum Einsatz kommen. Die Verantwortung verteilt sich also auf wenige Schultern, denn die Spieler, die in Asien zu glänzen verstehen, bleiben gegen hochkarätige Gegner häufig wirkungslos. Und allein auf die Tore von Ali Daei sollte das Team aufgrund dessen stattlichen Alters nicht angewiesen sein.

In jedem Fall sollten die Iraner nicht auf die Worte von Richard Golz, Torhüter des SC Freiburg, hören: »Ich habe nie an unserer Chancenlosigkeit gezweifelt.«

Einziges Ziel der Perser kann nur lauten, die Vorrunde irgendwie zu überstehen und ins Achtelfinale einzuziehen. Das wäre angesichts der Voraussetzungen schon Erfolg genug. Fraglich ist, ob die Mannschaft die Konkurrenzfähigkeit für ein Turnier von solch hohem Niveau besitzt. Eventuell reicht es, um in einem Spiel Paroli bieten zu können, doch die Konstanz über die gesamte Vorrunde bringt die Mannschaft des Iran nicht mit.

Japan

1998 konnte sich Japan erstmals für eine WM qualifizieren. Seither entwickelte sich die Mannschaft zu einer festen Größe im Teilnehmerfeld. Zum dritten Mal in Folge werden sich die Asiaten im Jahr 2006 mit den weltbesten Teams messen. Die gestiegene Qualität des japanischen Fußballs lässt sich auch durch die Triumphe bei den Asienmeisterschaften 2000 und 2004 dokumentieren.

Japans Mannschaft hält eine Mischung aus Akteuren der einheimischen J-League und »Legionären«, also im Ausland tätigen Profis, bereit. Vor allem letztere werden in der Heimat verehrt. Im internationalen Maßstab allerdings hat kaum einer das Zeug zum Superstar.

Die WM-Erfahrung der aktuellen Nationalspieler

Name	WM-Teilnahmen	WM-Spiele	Länderspieldebüt
Hidetoshi Nakata	1998, 2002	7	1997
Shinji Ono	1998, 2002	5	1998
Seigo Narazaki	1998, 2002	4	1998
Yoshikatsu Kawaguchi	1998, 2002	3	1997
Junichi Inamoto	2002	4	2000
Naoki Matsuda	2002	4	2000
Tsuneyasu Miyamoto	2002	4	2000
Koji Nakata	2002	4	2000
Takayuki Suzuki	2002	4	2001
Atsushi Yanagisawa	2002	3	1998
Alessandro »Alex« Santos	2002	2	2002
Takashi Fukunishi	2002	1	1999
Mitsuo Ogasawara	2002	1	2002
Hitoshi Sogahata	2002	0	2001

Tabelle 11.2: Die erfahrensten Spieler

Der Star

Japanische Fußballer tun sich schwer im Ausland. Nur wenige schaffen es, sich durchzusetzen. Unabhängig davon aber genießen diese Spieler im »Land der aufgehenden Sonne« großes Ansehen – nicht nur beim Nationaltrainer, sondern auch bei den Fans.

Einer der populärsten Kicker Japans ist **Hidetoshi Nakata**. In der jüngeren Vergangenheit allerdings sorgte er mehr in den Klatschspalten für Schlagzeilen denn auf den Sportseiten. Eine eigene Fernsehshow namens *Nakata.net-TV* und die permanente Präsenz als Werbestar taten ein Übriges.

Fußballerisches Talent hat er ohne Frage mit in die Wiege gelegt bekommen. Schuss- und dribbelstark verfügt er zudem über Spielmacherqualitäten. Schon mit Anfang Zwanzig wurde er zweimal in Folge zu Asiens Fußballer des Jahres gewählt Der horrenden Ablösesumme jedoch, die der AC Parma 2001 für ihn auf den Tisch blätterte, konnte Nakata in Italien nie ganz gerecht werden; er bekam letztlich nur unregelmäßig Spielpraxis. Inzwischen hat er der italienischen Wahlheimat den Rücken gekehrt und sich den Bolton Wanderers in England angeschlossen.

Der Trainer

Arthur Antunes Coimbra, besser bekannt als **»Zico«**, trägt seit 2002 die Verantwortung für Japans Nationalteam. Es schien dies die logische Folge eines damals bereits gut zehn Jahre währenden Engagements im japanischen Fußball zu sein. Bereits 1991 war »Zico« in die neu gegründete J-League gekommen, um seine Spielerkarriere bei den Kashima Antlers ausklingen zu lassen. Anschließend wechselte er dort auf den Trainerstuhl. Mittlerweile war »Zico« auch schon für die Nationalmannschaft seiner brasilianischen Heimat als technischer Koordinator tätig, unter anderem bei der WM 1998 in Frankreich.

Seine Klasse und Popularität als Spieler wird allein dadurch deutlich, dass er der »weiße Pelé« genannt wurde. In seiner aktiven Zeit war »Zico« eine der herausragenden Figuren in Brasiliens Nationalteam. Zwischen 1971 und 1989 absolvierte er 72 Länderspiele und erzielte dabei 52 Tore. Bei Weltmeisterschaften hat er drei Anläufe genommen, der Titel jedoch blieb ihm versagt.

Die Aussichten

Was die japanischen Fußballer auszeichnet, ist eine solide Technik. Dadurch sind sie sehr sicher am Ball und im Passspiel. Und an Einsatzfreude hat es den Japanern noch nie gemangelt.

Schwierigkeiten haben die Asiaten, ihr großes Potenzial regelmäßig abzurufen. Gute Kombinationen bis in Tornähe sind keine Seltenheit. Zum entscheidenden letzten

Pass oder zum Torabschluss kommt es dagegen kaum. Darüber hinaus benötigen die Stürmer zu viele Chancen. Hier fehlt ganz einfach die Nervenstärke. Im Übereifer geht häufig die nötige Ruhe verloren.

Problematisch ist, dass die Auslandsprofis bei ihren Klubs meist nur die »zweite Geige spielen«. Zum Einsatz kommen sie nur recht unregelmäßig. Dennoch sammeln sie in Europa nützliche Erfahrungen, die sie daheim in der Nationalmannschaft einbringen können.

Der Fußball hat in Japan zuletzt gehörig an Wertschätzung gewonnen und zählt mittlerweile zu den populärsten Sportarten. Besonders für die junge Generation ist er jetzt schon die Nummer eins. Nicht unwesentlich dazu beigetragen hat natürlich die WM 2002. Als einer der Co-Gastgeber konnte Japan immerhin den Einzug ins Achtelfinale verbuchen. Das wird nun in Deutschland wieder das Minimalziel sein. Für alles, was darüber hinausgeht, braucht die Mannschaft einige besondere Umstände wie Losglück und eine überragende Form.

Saudi-Arabien

Seit dem Debüt 1994 ist Saudi-Arabien ein fester Bestandteil der WM-Turniere. Zum vierten Mal in Folge wird die Mannschaft auf der großen Fußballbühne erscheinen. Trotz dieser gewissen Konstanz sind gerade die »Saudis« immer besonders schwer einzuschätzen. Während sie bei der WM in den USA durchaus für Furore sorgten und als Neuling bis ins Achtelfinale vorstießen, dienten sie zuletzt lediglich als Punktelieferant in der Vorrunde. Bezeichnend war dabei das 0:8-Debakel 2002 gegen Deutschland.

Nach solch einer Niederlage fallen häufig deutliche Worte innerhalb einer Mannschaft. Dabei geht es darum, die Fehler zu analysieren. Oder man hält es mit dem ehemaligen deutschen Nationalspieler Fredi Bobic: »Man darf jetzt nicht alles so schlecht reden, wie es war.«

In der WM-Qualifikation präsentierte sich der dreimalige Asienmeister, zuletzt 1996, recht souverän. Sogar Südkorea wurde dabei zweimal geschlagen. Ansonsten aber hält sich die Qualität der Gegnerschaft in Asien traditionell in Grenzen. Richtig gefordert wurde die Mannschaft da eher selten.

Der Star

Sami Al-Jaber ist der Dauerbrenner schlechthin im saudischen Fußball. Seit Anfang der 1990er Jahre schnürt er die Schuhe für die Nationalmannschaft. Über 150 Länderspiele stehen bereits in seiner Statistik. Eigentlich hatte sich der 33-Jährige schon aus der Landesauswahl zurückgezogen, doch unlängst kehrte er zurück und machte umgehend wieder mit Toren auf sich aufmerksam.

In Saudi-Arabien ist Sami Al-Jaber bereits zu Lebzeiten eine Fußballlegende. Die gesamte WM-Geschichte des Landes ist unter anderem mit seinem Namen verbunden. Der filigrane Techniker verfügt über einen ausgeprägten Torriecher, den er schon 1994 in den USA unter Beweis stellte.

Die WM-Erfahrung der aktuellen Nationalspieler

Name	WM-Teilnahmen	WM-Spiele
Sami Al-Jaber	1994, 1998, 2002	6
Nawaf Al-Temyat	1998, 2002	4
Abdulaziz Al-Khathran	2002	3
Redha Tukar	2002	3
Mohammad Al-Shlhoub	2002	1
Mabrouk Zaid	2002	0

Tabelle 11.3: Die erfahrensten Spieler

Der Trainer

Trainer der Auswahl Saudi-Arabiens ist **Gabriel Humberto Calderón**. Vielleicht erinnerte man sich beim saudischen Fußballverband an die WM 1994, als mit Jorge Solari schon einmal ein Argentinier für das bisher beste Abschneiden bei einer WM sorgte. Nach dem enttäuschenden Vorrunden-Aus bei der Asienmeisterschaft im Sommer 2004 übernahm Calderón das Amt vom Niederländer Gerard van der Lem. In der Folge stabilisierte sich die Mannschaft und schwang sich auf, die WM-Qualifikation problemlos zu meistern.

Ein erfahrener Trainer ist der Argentinier wahrlich nicht. Die Kurzengagements bei Vereinen in Frankreich und in der Schweiz sind kaum der Rede wert. Bisher hatte sich Calderón fast ausschließlich dem Nachwuchsfußball verschrieben und arbeitete in diesem Bereich für den Weltverband FIFA. Dieses Defizits ist er sich durchaus bewusst. Und daher setzt er umso mehr auf die Erfahrungen aus seiner Spielerkarriere. Dabei hat er so einiges erlebt. Zwei Weltmeisterschaften schlagen zu Buche. Nach 1982 verpasste er jedoch das Turnier 1986, als Argentinien Weltmeister wurde. 1990 endete der Traum vom WM-Titel erst im Finale – in dem Moment, als Andreas Brehme den Foulelfmeter zum entscheidenden 1:0 für Deutschland verwandelt hatte.

Die Aussichten

Unbestritten verfügt Saudi-Arabien über hervorragende Fußballer. Technisch sind sie alle bestens ausgebildet. Das Problem ist jedoch diese Fähigkeiten auch gegen körperlich robuste Gegner zur Geltung zu bringen. Hier lassen sich die »Wüstensöhne« schnell den Schneid abkaufen. Darüber hinaus wird auf dem Niveau der Klassemannschaften ein viel höheres Tempo vorgelegt. Mit dieser Dynamik haben die Spieler Schwierigkeiten. Ihre Technik geht dabei fast völlig unter.

Besonders nachteilig wirkt sich dann natürlich aus, dass die Akteure den täglichen Spielbetrieb in den maßgebenden europäischen Top-Ligen allenfalls aus dem Fernsehen kennen. Und gerade die Praxis im absoluten Spitzenbereich fehlt ihnen fast völlig. Selbst das Nationalteam trifft höchst selten auf Gegner von Format. Diese Erfahrungen aber sind nahezu unabdingbar. Die eigenen Fähigkeiten können nur im Messen mit starken Gegnern weiterentwickelt werden. Eine überragende Technik allein hilft da kaum weiter. Daher ist Saudi-Arabiens Auftritt bei der WM 2006 wie immer mit einer gewissen Ungewissheit verbunden und ein Überstehen der Vorrunde schwer vorstellbar.

Südkorea

Südkorea kann inzwischen auf eine stattliche WM-Bilanz zurückblicken. Zum sechsten Mal in Folge und zum siebten Mal insgesamt darf man am Turnier der weltbesten Mannschaften teilnehmen. Während in all den Jahren zuvor regelmäßig nach der Vorrunde Schluss war, erreichten die Südkoreaner 2002 sensationell den vierten Platz. Damit gelten die Südkoreaner als erfolgreichste Mannschaft Asiens. Dieses Attribut jedoch konnten sie kontinental nicht ganz untermauern, denn die beiden Siege bei der Asienmeisterschaft liegen weit mehr als 40 Jahre zurück.

Die Südkoreaner sind kleine Konditionswunder, die geben niemals auf – getreu dem Motto von Jörg Berger: »Resignation ist der Egoismus der Schwachen.«

Der Star

Die Nationalspieler sind überwiegend in der Heimat aktiv, einige spielen in Japan, aber nur ganz wenige versuchen ihr Glück bei europäischen Klubs. Auf diese fokussiert sich natürlich das Interesse. Und gute Leistungen bringen ihnen in Südkorea besonders schnell eine Menge Ruhm.

Einer der Auslandsprofis ist **Cha Du-Ri**. Der 25-Jährige teilt das Schicksal vieler Söhne von erfolgreichen Vätern. Er wird gemessen an den Leistungen und Erfolgen seines

»alten Herrn«. Cha Bum-Kun gilt noch immer als einer der besten Fußballer Südkoreas. In der Bundesliga hat der Senior 98 Tore erzielt. Immerhin scheute sich der Sohn nicht, einen ähnlichen Weg einzuschlagen. Wie einst der Vater spielt Cha Du-Ri inzwischen bei Eintracht Frankfurt.

Die WM-Erfahrung der aktuellen Nationalspieler

Name	WM-Teilnahmen	WM-Spiele	Länderspieldebüt
Lee Woon-Jae	1994, 2002	8	1994
Ahn Jung-Hwan	2002	7	1999
Lee Chun-Soo	2002	7	2000
Park Ji-Sung	2002	7	2000
Song Chong-Gug	2002	7	2000
Choi Jin-Cheul	2002	6	1997
Lee Young-Pyo	2002	5	1999
Cha Du-Ri	2002	4	2001
Lee Dong-Gook	1998	1	1998
Choi Tae-Uk	2002	1	2000

Tabelle 11.4: Die erfahrensten Spieler

Der Trainer

Erst seit dem 01. Oktober 2005 ist **Dick Advocaat** Trainer von Südkoreas Nationalmannschaft. Der Niederländer übernahm das Amt von seinem Landsmann Jo Bonfrere, der trotz erfolgreicher WM-Qualifikation gehen musste. Damit entwickelt sich in Südkorea so langsam eine niederländische Trainertradition, denn bei der WM 2002 wurde Guus Hiddink dank des großartigen vierten Platzes zum Nationalhelden. Daran müssen sich jetzt natürlich alle Nachfolger messen lassen. Für Dick Advocaat eine unzweifelhaft schwere Aufgabe. Doch seine große Erfahrung sollte ihn befähigen, sich dieser Herausforderung zu stellen.

Die größten Erfolge feierte Advocaat mit dem PSV Eindhoven und den Glasgow Rangers. Doch in der Heimat war er immer umstritten. Gerade seine beiden Amtszeiten als »Bondscoach« der Nationalmannschaft riefen permanent die Kritiker auf den Plan. Zuletzt scheiterte er mit den Niederlanden bei der EM 2004 im Halbfinale. Anschließend versuchte er sich auch in der Bundesliga, doch kann die kurze Zusammenarbeit mit Borussia Mönchengladbach getrost als großes Missverständnis abgetan werden.

Während Advocaat sich dann gut zwei Monate um das Nationalteam der Vereinigten Arabischen Emirate kümmerte, ereilte ihn der Ruf aus Südkorea. Die Chance auf seine zweite WM nach 1994 wollte sich der Niederländer natürlich nicht entgehen lassen.

Einst von Karl-Heinz Körbel geprägt, dem ehemaligen Bundesligatrainer bei Eintracht Frankfurt, , spricht dieser Satz vielen Fußballlehrern aus der Seele: »Den größten Fehler, den wir jetzt machen könnten, wäre, die Schuld beim Trainer zu suchen.« Wie oft wird Dick Advocaat in seiner langen Karriere dies schon gedacht haben?

Die Aussichten

Realistisch betrachtet, ist eine Wiederholung des erfolgreichen Abschneidens von 2002 kaum möglich. Der Heimvorteil und die Euphorie hatten Südkorea damals bis ins Halbfinale getragen. Diese Unterstützung wird den Asiaten nun fehlen. Daher sollte im Umfeld der »Taeguk Warriors« auch die Vernunft einziehen, die Ziele entsprechend dem Potenzial der Mannschaft zu definieren.

Abhängig von der Auslosung werden sich die Südkoreaner wohl wieder an früheren WM-Turnieren orientieren müssen. Zunächst einmal gilt es, die Vorrunde zu überstehen. Sollte dies gelingen, können Schritt für Schritt weitere große Taten geplant werden. Jedoch würde alles, was über das Achtelfinale hinausgeht, einen nahezu sensationellen Anstrich à la 2002 bekommen.

Nord-, Mittelamerika und Karibik

12

In diesem Kapitel

- Alle WM-Teilnehmer aus der CONCACAF-Gruppe

Der Konföderation von Nord-, Mittelamerika und der Karibik, kurz CONCACAF-Gruppe genannt, wurden drei feste Plätze im WM-Teilnehmerfeld zugestanden. Mexiko und die USA als dominierende Nationen konnten sich erneut nahezu problemlos für die WM qualifizieren. Und wie vier Jahre zuvor stieß noch Costa Rica dazu. Eine vierte WM-Fahrkarte sicherte sich Trinidad & Tobago in der interkontinentalen Relegation gegen Bahrain.

Costa Rica

Zum dritten Mal stellt sich eine Auswahl Costa Ricas bei Fußballweltmeisterschaften vor. Schon beim Debüt 1990 in Italien erzielten die »Ticos« einige beachtliche Ergebnisse und erreichten immerhin das Achtelfinale. Damals wie auch 2002 bekam es die Mannschaft in der Vorrundengruppe jeweils mit Brasilien zu tun. Vor vier Jahren verpasste man punktgleich mit dem späteren WM-Dritten Türkei aufgrund des schlechteren Torverhältnisses knapp den Sprung ins Achtelfinale.

Als es Mitte des vergangenen Jahrhunderts noch eine reine Mittelamerikameisterschaft gab, war Costa Rica die dominierende Nation und sicherte sich regelmäßig den Titel. Nach Gründung der CONCACAF 1961 wuchs natürlich die Konkurrenz. Dennoch triumphierte man dreimal, zuletzt 1989. Seit der Wettbewerb jedoch Gold Cup heißt, gab es nichts mehr zu feiern. Die Übermacht der USA und Mexikos ist einfach zu groß.

Der Star

Die Suche nach einem Star, der auch über die Landesgrenzen Costa Ricas hinaus bekannt ist, gestaltet sich schwierig. Nur ganz wenige Spieler versuchen ihr Glück in Europa. Der bekannteste von ihnen ist **Paulo César Wanchope**, eines der größten Talente im Land.

Dabei musste der großgewachsene Stürmer bereits zu Beginn seiner Karriere eine schwere Krise verkraften. Ein erster Anlauf, in der englischen Premier League unterzukommen, scheiterte kläglich. Beim Probetraining der Queens Park Rangers fiel Wanchope durch und wurde wieder nach Hause geschickt. Das machte ihm schwer zu schaffen. Die aufgekommenen Zweifel trieben ihn fast in die Arme seiner zweiten großen Leidenschaft, dem Basketball. Heute jedoch kann er sich glücklich schätzen, dem Fußball damals treu geblieben zu sein.

Einige Jahre später hat man Wanchopes Qualitäten auch in England erkannt. Derby County schenkte ihm 1997 das Vertrauen und er rechtfertigte dieses. Seine Torjägerqualitäten hat er mittlerweile hinlänglich unter Beweis gestellt.

Dank seiner Körpergröße bringt der 30-Jährige die nötigen Voraussetzungen mit, die gerade im britischen Fußball so besonders wichtig sind. Dennoch zeichnen ihn auch eine gute Technik und Eleganz in den Bewegungen aus. Inzwischen spielt Wanchope im Katar bei Al-Garafah.

Die WM-Erfahrung der aktuellen Nationalspieler

Name	WM-Teilnahmen	WM-Spiele	Länderspieldebüt
Ronald Gómez	2002	3	1993
Luis Antonio Marín	2002	3	1993
Mauricio Solís	2002	3	1993
Walter Centeno	2002	3	1995
Mauricio Wright	2002	3	1995
Harold Wallace	2002	3	1996
Paulo César Wanchope	2002	3	1996
Steven Bryce	2002	3	1999
Carlos Castro	2002	3	2001
Winston Parks	2002	3	2001
Rolando Fonseca	2002	2	1992
Jervis Drummond	2002	0	1995
Pablo Chinchilla	2002	0	1997
Álvaro Mesén	2002	0	1999
William Sunsing	2002	0	2000

Tabelle 12.1: Die erfahrensten Spieler

Der Trainer

Nicht nur Costa Ricas WM-Geschichte ist eng mit Brasilien verknüpft. Trainer **Alexandre Borges Guimaraes** hat sogar noch engere Beziehungen zu Südamerika. Er wurde in Rio de Janeiro geboren und verfügt über die brasilianische und die costaricanische Staatsbürgerschaft. Bereits mit elf Jahren kam er in das mittelamerikanische Land, weil sein Vater von Berufs wegen dorthin versetzt wurde. Und immer, wenn die Nationalmannschaften beider Länder aufeinandertreffen, ist das für den 46-Jährigen eine sehr emotionale Angelegenheit.

Als Spieler gehörte Guimaraes zur legendären Mannschaft Costa Ricas, die sich 1990 für die WM qualifizierte. Und wie sollte es anders sein: Ausgerechnet im Spiel gegen Brasilien feierte er sein WM-Debüt. Die Partie allerdings ging mit 0:1 verloren.

Zu Beginn des Jahres 2001 hatte Guimaraes den Trainerposten übernommen und führte mit einer kurzen Unterbrechung seither das Nationalteam . Somit fehlte er auch nicht bei der zweiten WM-Teilnahme Costa Ricas 2002 in Japan und Südkorea.

Guimaraes gilt als sehr ruhiger und besonnener Trainer, der besonders mit ausgezeichneten Sprachkenntnissen glänzen kann. Nicht weniger als fünf Sprachen zählen zu seinem Repertoire: Spanisch, Portugiesisch, Englisch, Französisch und Italienisch.

Der großen Verantwortung, die so ein Trainer zu tragen hat, wird sich auch Alexandre Borges Guimaraes bewusst sein. Sein Kollege Slobodan Ćendić, einst Bundesligatrainer des FC Schalke 04, des 1. FC Saarbrücken und des FC Homburg, hat das gegenüber einem seiner Spieler in folgende Worte gefasst: »Du kannst nichts dafür, du nicht. Ich bin der Idiot, der dich aufgestellt hat.«

Die Aussichten

Die Mannschaft aus Costa Rica wird gemäß ihrer Vorbilder von 1990 wieder jede Menge Begeisterung an den Tag legen, dem Ziel folgend, an das gute Auftreten von damals anzuknüpfen. Trainer Guimaraes träumt sogar davon, dies noch übertreffen zu können. Das würde bedeuten: Viertelfinale. Dafür allerdings bedarf es einiger glücklicher Umstände. Gewiss, ausgeschlossen ist dies mit Blick auf die jüngere Vergangenheit nicht. Eine große Überraschung wäre es hingegen ohne Frage.

Die Voraussetzungen scheinen aber zumindest teilweise gegeben. Die Mannschaft spielt in annähernd gleicher Formation seit Jahren zusammen. Die meisten Spieler waren schon bei der WM 2002 dabei. Die Frage wird sein, in welcher Form sie sich seither weiterentwickelt haben. Es ist schließlich bekannt, dass das Niveau im Weltfußball auf Vereinsebene hauptsächlich in Europa bestimmt wird. Und hier findet man costaricanische Spieler eher selten.

Mexiko

Mexiko gehört zu den Stammgästen bei der Fußball-WM. Im Sommer 2006 werden die Mittelamerikaner zum 13. Mal dabei sein. Wirklich Zählbares allerdings gab es in all den Jahren nicht zu vermelden. Angesichts der großen Zahl an WM-Teilnahmen waren die Mexikaner erstaunlich erfolglos. Das Viertelfinale war zweimal, jeweils im eigenen Land, das höchste der Gefühle. Bei den letzten drei Turnieren erwies sich das Achtelfinale regelmäßig als Endstation. Mexiko hält folglich auch einige Negativrekorde. Zum Beispiel hat keine andere Mannschaft so oft verloren – 20 WM-Niederlagen schlagen zu Buche.

Erfolgserlebnisse holt sich Mexiko traditionell vor der eigenen Haustür. Die Kontinentalmeisterschaften machen in der jüngeren Vergangenheit fast ausschließlich Mexikaner und US-Amerikaner unter sich aus. Siebenmal gewann »El Tri« den Titel bei dem Wettbewerb, der seit 1991 als CONCACAF Gold Cup ausgetragen wird.

Die WM-Erfahrung der aktuellen Nationalspieler

Name	WM-Teilnahmen	WM-Spiele	Länderspieldebüt
Cuauhtemoc Blanco	1998, 2002	8	1995
Jesús Arellano	1998, 2002	7	1996
Oscar Pérez	1998, 2002	4	1997
Oswaldo Sánchez	1998, 2002	0	1996
Duilio Davino	1998	4	1996
Jared Borgetti	2002	4	1997
Rafael Márquez Álvarez	2002	4	1997
Gerardo Torrado	2002	4	1999
Pavel Pardo	1998	3	1996
José Rafael García Torres	2002	1	1996

Tabelle 12.2: Die erfahrensten Spieler

Der Star

Einen der bekanntesten Namen im Team trägt **Jared Borgetti**, der in voller Pracht Jared Francisco Borgetti Echevarria heißt. Seine Torjägerqualitäten stellte der 32-Jährige unlängst beim Confederations Cup 2005 in Deutschland unter Beweis, wo Mexiko im Spiel um Platz 3 gegen Deutschland verlor. Darüber hinaus kommt weltweit keiner an seine 14 Treffer in der Qualifikation für die WM 2002 heran. Mittlerweile ist er gar Rekordtorschütze seines Landes.

Jared Borgetti gilt so ein wenig als Spätstarter. In der Heimat spielte er lange Zeit ausschließlich für kleinere Klubs. Tore jedoch machte er schon immer – und das nicht zu knapp. So kamen seine Vereine sogar zu Titelehren. Auch im Nationalteam brauchte er eine Weile, um die Trainer von seinen Qualitäten zu überzeugen. Doch seit einigen Jahren ist er eine feste Größe. Und auch den Sprung zu einem ausländischen Verein hat er inzwischen gewagt. Bei den Bolton Wanderers in England zählt man jetzt auf die Tore des kopfballstarken Stürmers.

Der Trainer

Seit dem 22. Oktober 2002 bekleidet **Ricardo Antonio La Volpe** das Amt des mexikanischen Nationaltrainers in der Nachfolge von Javier Aguirre, der nach der WM 2002 die Tätigkeit des Vereinstrainers vorzog. Als Spieler hat La Volpe, geboren in Buenos Aires, den ganz großen Erfolg miterlebt. 1978 gehörte er dem argentinischen Weltmeisterteam an, war aber lediglich der dritte Torwart im Kader.

Schon zu seiner aktiven Zeit zog es La Volpe Ende der 1970er Jahre nach Mexiko, wo er auch seine komplette bisherige Trainerlaufbahn verbrachte. 1983 gelang ihm der fließende Übergang vom Spielfeld auf die Bank. Von besonders viel Erfolg war seine Arbeit jedoch nicht gekrönt. Lediglich ein Meistertitel schlägt für ihn zu Buche. Daher sah er sich beim Amtsantritt als Nationalcoach auch viel Skepsis gegenüber. Darüber hinaus hätten Medien und Fans gern einen Mexikaner in dieser Position gesehen. Die erfolgreiche WM-Qualifikation entzog den Kritikern zunächst einmal den Nährboden. Doch werden sie umgehend wieder auf den Plan gerufen, wenn es bei Mexiko selbst noch im Vorfeld der WM mal zwei, drei Spiele nicht läuft.

La Volpe raucht wie ein Schlot

Ricardo Antonio La Volpe ist Kettenraucher. Das ist soweit nichts besonderes, doch in einer Zeit, wo Raucher von der Gesellschaft mehr und mehr ins Abseits gedrängt werden, sind auch der FIFA qualmende Trainer ein Dorn im Auge. So ist es mittlerweile nicht mehr erwünscht, sich auf der Trainerbank eine Zigarette oder ähnliches anzuzünden. Schließlich befinden sich auch die Fußballlehrer während der Spiele ständig im Fokus der Fernsehkameras. Zumindest 45 Minuten also muss La Volpe Enthaltsamkeit üben. In der Halbzeitpause kann er dann schnell mal eine durchziehen.

Die Aussichten

Die Mexikaner reisen mit dem Ziel nach Deutschland, zumindest das Viertelfinale zu erreichen. Diese Pläne sind durchaus nicht unrealistisch. Die Unwägbarkeiten von

Auslosung und Turnierverlauf können diesem Vorhaben sowohl ab- als auch zuträglich sein.

Lange Zeit galt Mexiko als recht unbequemer Gegner und frönte einer recht unattraktiven Spielweise. Doch Trainer La Volpe propagiert eine offensivere Taktik und hat sich die Mannschaft nach diesen Vorgaben zusammengestellt. Schon in der WM-Qualifikation zeigte sich »El Tri« mit insgesamt 67 Treffern als enorm torgefährlich. Keine Mannschaft weltweit hat mehr Tore erzielt.

Zudem stellt das Team eine recht gute Mischung aus erfahrenen und jungen Spielern dar. Zu den Säulen zählt neben Jared Borgetti auch Rafael Márquez Álvarez vom spanischen Spitzenklub FC Barcelona.

Trinidad & Tobago

Die Mannschaft aus dem kleinen Inselstaat vor der Nordküste Südamerikas qualifizierte sich erstmals für eine Fußball-Weltmeisterschaft. Lediglich 5.100 Quadratkilometer Fläche umfassen die beiden Hauptinseln Trinidad und Tobago zusammen mit den kleineren Nebeninseln. Es ist schon ein Kunststück, aus den gerade einmal 1,3 Millionen Einwohnern eine schlagkräftige Mannschaft aufzubauen, die dann auch noch die Qualität besitzt, sich für eine WM zu qualifizieren. Statistiker haben herausgefunden, dass nie ein Land mit einer geringeren Einwohnerzahl an einer Fußball-WM teilgenommen hat.

Die Elf von Leo Beenhakker musste denn auch einen langen beschwerlichen Weg durch die WM-Qualifikation gehen. An den CONCACAF-Größen USA und Mexiko war kein Vorbeikommen. Auch Costa Rica musste man den Vortritt lassen. Damit waren die drei fixen WM-Startplätze vergeben. Für den Vierten der Gruppe sah das Reglement die Relegation gegen einen Asienvertreter vor. Beim Duell gegen Bahrain setzte sich Trinidad & Tobago knapp durch und konnte so den größten Erfolg seiner Fußball-Geschichte feiern.

Der Star

Der bekannteste Mann in den Reihen der Insulaner ist **Dwight Yorke**. Er gilt als Trinidad & Tobagos bester Fußballer aller Zeiten. Auf jeden Fall hat er es am weitesten gebracht von allen. Seit 1989 spielte Yorke in der englischen Premier League, lange Jahre bei Aston Villa. Dort entwickelte er sich zu einem der besten Torjäger er Liga. Das blieb auch Alex Ferguson nicht verborgen, der ihn 1998 zu Manchester United holte. Hier stellten sich dann die Erfolge ein. Gleich die erste Saison war ein Traum. Yorke konnte mit seinen Teamkameraden Meisterschaft und Pokalsieg in England sowie den Champions-League-Triumph feiern – drei Titel in einer Spielzeit, auch »Triple«

genannt. Zudem wurde Yorke in diesem Jahr auch noch Torschützenkönig – eine perfekte Saison.

Weltpokalsieg und weitere Meistertitel folgten, doch mit zunehmendem Alter verspürte er die Konkurrenz im Nacken. Der Kader von »ManU« war schon damals hochkarätig besetzt. Im Jahr 2002 konnte er einem Niederländer namens Ruud van Nistelrooy nicht mehr Paroli bieten und verlor seinen Stammplatz. Daraufhin verließ er den Verein Richtung Blackburn. Mittlerweile spielt der 34-Jährige in Australien, seit Januar 2005 steht er bei Sydney United unter Vertrag. Sein Trainer dort heißt Pierre Littbarski, der deutschen Weltmeister von 1990 vom 1 FC Köln mit den »Säberlbeinen«.

Zu viel der Ehre?

Selbst in Deutschland ist es inzwischen üblich Straßen, Plätze und Bauwerke nach noch lebenden Personen zu benennen. Die Michael-Schumacher-Straße in Kerpen, die Gunda-Niemann-Stirnemann-Halle in Erfurt kommen da in den Sinn. Auch Dwight Yorke wurde eine solche Ehre zuteil. Ein aus Anlass der U17-Weltmeisterschaft 2001 erbautes Stadion in Bacolet trägt seinen Namen.

Der Nationalmannschaft seiner Heimat hatte Yorke zwischenzeitlich schon den Rücken gekehrt. Und seit seinem Debüt für die »Soca Warriors« 1989 ist auch viel Zeit ins Land gegangen. Doch anlässlich der Qualifikation für die WM 2006 raffte er sich noch einmal auf. Gemeinsam mit seinem Freund Russell Latapy, 37-jähriger Spielertrainer beim schottischen Erstliga-Aufsteiger FC Falkirk, streift Yorke jetzt wieder regelmäßig das Nationaltrikot über.

Und zum Ende seiner Karriere gibt es mit der WM in Deutschland noch einen ganz besonderen Höhepunkt. Die Bedeutung dessen drückt Dwight Yorke in einem Satz aus: »Dafür habe ich mein ganzes Leben gearbeitet.«

Der Trainer

Ein zweiter bekannter Name im Weltfußball sitzt auf der Trainerbank. **Leo Beenhakker** kümmert sich seit dem Frühjahr 2005 um die Geschicke der Auswahl von Trinidad & Tobago. Die Amtsgeschäfte übernahm er von Bertille St. Claire, der nach einem misslungen Start in die entscheidende Gruppenphase der CONCACAF-Qualifikation zurückgetreten war. Beenhakker konnte das Ruder herumreißen. Gegen die Mannschaften derselben Gewichtsklasse wurden in der Folge Siege eingefahren. Nur gegen die USA und Mexiko konnte auch der 63-Jährige Niederländer nichts ausrichten. Erst im Rückspiel in Port of Spain konnten Mexikaner mit 2:1 geschlagen werden. Da aber waren die Gäste längst für die WM qualifiziert und traten nicht mit der besten Elf an.

Leo Beenhakker ist ein weitgereister Fußball-Lehrer. Er hat bei zahlreichen Vereinen weit über die Landesgrenzen seiner Heimat hinaus gearbeitet, unter anderem bei Real Madrid. Doch auch als »Bondscoach« der niederländischen Nationalmannschaft war er zweimal im Kurzeinsatz. So wurde er im Sommer 1990 einzig für die WM in Italien verpflichtet, die für die »Oranjes« im Achtelfinale mit einer 1:2-Niederlage gegen Deutschland endete. Nun steht seine zweite WM-Teilnahme an. Und wenn es dabei wieder ein Achtelfinalspiel für ihn geben würde, wäre das eine riesige Überraschung.

In seiner langen Trainerkarriere wird Leo Beenhakker mit Sicherheit schon das ein oder andere Mal gedacht haben, was Dragoslav Stepanovic einst in seiner Funktion als Trainer von Eintracht Frankfurt nach besonders bitteren Niederlagen und Fehlschlägen ausgesprochen hat:
»Lebbe geht weider«

Die Aussichten

Die erstmalige Qualifikation für eine WM ist allein schon ein unheimlicher Erfolg für das kleine Land. Natürlich möchte sich die Mannschaft auch gut verkaufen in Deutschland. Die ganze Welt schaut schließlich zu. Mit ihrer Unbeschwertheit, Begeisterung und ihrem Temperament werden sie bestimmt viele Sympathien gewinnen.

Die wichtigste Aufgabe für Trainer Leo Beenhakker wird sein, den Spielern die Notwendigkeit taktischer Organisation zu vermitteln. Zudem macht ihm die karibische Lockerheit seiner Abwehrspieler zu schaffen. Auch hier gilt es, den Hebel anzusetzen. Disziplin und Ordnung einzuführen ohne Kreativität und Spielwitz einzubüßen, so lässt sich Beenhakkers Mission auf den Punkt bringen.

Fraglos wird Trinidad & Tobago bei der WM krasser Außenseiter sein. Zwar verdienen viele der Spieler ihr Geld in Großbritannien, ein Großteil jedoch bei unterklassigen Klubs. Inwieweit sie die Qualität mitbringen, um gegen die besten Fußballer der Welt zu bestehen, wird sich zeigen.

USA

Die Auswahl der USA steht vor ihrer achten WM-Teilnahme. Seit 1990 gehört die Mannschaft zum festen Inventar, und war immer dabei. Mitunter erreichen die US-Boys auch recht ansprechende Ergebnisse. Vor vier Jahren beispielsweise hieß es erst im Viertelfinale nach einer 0:1-Niederlage gegen Deutschland Endstation. Den größten Erfolg jedoch gab es gleich beim ersten Turnier 1930, als das Team gar bis ins Halbfinale vorstieß. Zwischenzeitlich mussten die US-Amerikaner eine lange Durststrecke verkraften. 40 Jahre gelang es den Fußballern nicht, sich für eine WM-Endrunde zu qualifizieren.

Auf kontinentaler Ebene zählt die USA auch erst wieder seit den 1990er Jahren zu den dominierenden Mannschaften. 2005 wurde zum dritten Mal der Titel beim CONCACAF Gold Cup gewonnen.

Der Star

Neben Claudio Reyna und Landon Donovan gehört **DaMarcus Beasley** zu den bekanntesten US-Boys. Der gelernte Mittelfeldspieler wagte 2004 den Schritt über den großen Teich und ist seither für den PSV Eindhoven am Ball. Aufgrund seiner Schnelligkeit und Dribbelstärke ist er vor allem auf dem linken Flügel zu Haus. Wegen seiner Sprinterqualitäten und der Leichtfüßigkeit wird er von den Kollegen »Jitterbug«, einem athletischen Tanz, der inzwischen zum Synonym für einen »Zappelphilipp« geworden ist, genannt.

Die WM-Erfahrung der aktuellen Nationalspieler

Name	WM-Teilnahmen	WM-Spiele	Länderspieldebüt
Cobi Jones	1994, 1998, 2002	11	1992
Claudio Reyna	1994, 1998, 2002	7	1994
Kasey Keller	1990, 1998, 2002	3	1990
Eddie Pope	1998, 2002	8	1996
Frankie Hejduk	1998, 2002	8	1996
Brian McBride	1998, 2002	6	1993
Landon Donovan	2002	5	2000
John O'Brien	2002	5	1998
Tony Sanneh	2002	5	1997
Eddie Lewis	2002	3	1996
DaMarcus Beasley	2002	3	2001
Pablo Mastroeni	2002	3	2001
Clint Mathis	2002	3	1998
Gregg Berhalter	2002	2	1994
Josh Wolff	2002	2	1999
Steve Cherundolo	2002	0	1999

Tabelle 12.3: Die erfahrensten Spieler

Seine ersten Gehversuche im Profifußball machte DaMarcus Beasley in der Major League Soccer, der amerikanischen Profiliga, bei Los Angeles Galaxy. Kurz vor Beginn seiner zweiten WM im Sommer 2006 wird er 24 Jahre alt.

Der Trainer

Die Spielerlaufbahn von **Bruce Arena** war wenig imposant. Immerhin ein Länderspiel hat der frühere Torhüter für die USA bestritten. Seine Trainerkarriere weist da deutlich mehr Meriten auf. Über die Universität von Virginia und die Olympia-Auswahl der USA diente sich Arena hoch bis in die Major League Soccer, ehe ihn 1998 erneut der Ruf des amerikanischen Fußballverbandes ereilte. Diesmal ging es um den wichtigsten Posten – Trainer der A-Nationalmannschaft.

Anfangs wurde ihm viel Skepsis entgegengebracht. Einen US-Amerikaner hielt man in Sachen Fußball für nicht kompetent genug. Mittlerweile hat er die Kritiker vom Gegenteil überzeugt. Die beiden Titel beim CONCACAF Gold Cup 2002 und 2005 sind Beleg dafür. Und im Sommer 2006 wird der 54-Jährige die Auswahl der USA zum zweiten Mal zu einer Weltmeisterschaft führen.

Was bedeutet: den Winkel verkürzen?

Als ehemaliger Keeper ist Bruce Arena natürlich bestens eingeweiht in die Geheimnisse des Torwartspiels. So weiß er auch genau, was es bedeutet, den Winkel zu verkürzen.

Mit ausgebreiteten Armen bewegt sich der Torhüter auf den ballführenden Gegenspieler zu. Der Stürmer verfügt nur noch über eingeschränkte Möglichkeiten, den Ball am Torwart vorbei ins Tor zu schießen. Je größer die Spannweite ist, die der Keeper mit seinen Armen erreicht, desto geringer werden die Chancen für den Gegner.

Eine Gefahr jedoch besteht aus Torhütersicht. Verfügt der Angreifer über die technischen Mittel, die Kugel über den Keeper hinweg ins Tor zu heben oder ihn mittels Körpertäuschung zu umlaufen, dann nützt dem Torwart auch der verkürzte Winkel nichts.

Die Aussichten

Bruce Arena verfügt über eine äußerst erfahrene Mannschaft. Selbst die noch recht jungen Spieler haben schon viele Länderspiele bestritten. Die meisten waren auch schon bei der WM vor vier Jahren dabei.

Mehr als Außenseiterchancen können der USA aber nicht eingeräumt werden. Sollten die Amerikaner erneut ins Viertelfinale einziehen, wäre dies eine sehr achtbare Leistung. In erster Linie jedoch sollte man sich darauf konzentrieren, zunächst einmal die Vorrunde zu überstehen. Denn abhängig von der Auslosung können da bereits richtig schwere Gegner warten.

Ozeanien

13

In diesem Kapitel

- Australien für Ozeanien

Traditionell wird Ozeanien bei der Vergabe der WM-Startplätze etwas stiefmütterlich behandelt. Maximal eine Fahrkarte nach Deutschland lag für die zwölf Mitglieder der Oceania Football Confederation (OFC) bereit. Nun ist es aber auch so, dass in Australien, ja eigentlich in ganz Ozeanien, Fußball nicht der Sport Nummer eins ist. Das ist hier Rugby. Auf jeden Fall hat sich Australien in der Qualifikation wacker geschlagen und wird das wohl auch weiter machen. Kein Wunder – bei so robuster Konkurrenz will sich ein gestandener Fußballer natürlich nicht blamieren.

Australien

Letztlich hat sich mit Australien eine der Größen des ozeanischen Fußballs durchgesetzt. Die schwierigste Hürde dabei waren jedoch die Ausscheidungsspiele, auch Relegationsspiele genannt, gegen Uruguay, den Fünften der Südamerika-Qualifikation. Solch ein Hindernis stellt die FIFA der besten Mannschaft Ozeaniens mittlerweile schon regelmäßig in den Weg. Endlich aber wurde diese Aufgabe auch gemeistert. Somit wird das Inselreich im Pazifik erstmals seit 1982 wieder bei einer Weltmeisterschaft vertreten sein. Damals war es Neuseeland.

Australien hatte bereits einen Auftritt auf der großen Fußballbühne. Die einzige WM-Teilnahme stammt aus dem Jahr 1974, bezeichnenderweise fand das Turnier auch damals in Deutschland statt. Darüber hinaus gab es für den viermaligen Ozeanienmeister kaum Gelegenheit, sich zu bewähren. Einzig der FIFA Confederations Cup bot den »Socceroos« die wirkliche Chance, sich mit Spitzenmannschaften zu messen. Als Zweiter 1997 und Dritter 2001 schlug man sich sehr beachtlich. Bei der jüngsten Ausgabe 2005 jedoch, gleichfalls WM-Generalprobe in Deutschland, verabschiedeten sich die Australier nach drei Niederlagen vorzeitig.

Der Star

Mittlerweile gibt es einige Akteure, die **Harry Kewell** den Status als Top-Star Australiens streitig machen könnten. Die körperliche Fitness vorausgesetzt, wird der 27-Jährige aber sehr wohl eine tragende Rolle im Mittelfeld übernehmen. Schließlich ist Kewell durch zahlreiche Spiele auf höchstem Niveau mit dem FC Liverpool gestählt. Zuletzt gewann er mit den »Reds« 2005 die Champions League. Dennoch, und das wird den Trainer freuen, steht und fällt nicht alles mit dem verletzungsanfälligen Mittelfeldspieler. Eine Reihe von Mannschaftskollegen besitzt die Fähigkeiten, um Kewell zu ersetzen beziehungsweise ihm zur Seite zu stehen.

»Das größte Problem beim Fußball sind die Spieler. Wenn wir die abschaffen könnten, wäre alles gut.« – Nicht ganz ernstgemeinte These von Helmut Schulte, ehemaliger Bundesligatrainer beim FC St. Pauli, 1. FC Dynamo Dresden und FC Schalke 04.

Der Trainer

Nach dem enttäuschenden Auftreten der Australier während des Confederationscups 2005 trat der australische Nationaltrainer Frank Farina zurück und macht Platz für **Guus Hiddink**.

Hiddink ist ein alter bekannter auf dem internationalen Parkett. Er trainierte Südkorea während der WM 2002 und führte die Mannschaft auf einen damals sensationellen Vierten Platz.

Ein wenig ungewöhnlich ist das Engagement Hiddinks in Australien aber doch. Er ist gleichzeitig Trainer beim PSV Eindhoven und bei der australischen Nationalmannschaft. Es ist also kein Wunder, das seine Schützlinge von »Down under« als erstes in die Niederlande zum Formcheck reisen mussten.

Die Aussichten

Für Australien ist es natürlich schon ein großer Erfolg, endlich mal wieder bei einer Fußball-WM dabei zu sein. Was die Mannschaft in Deutschland bewegen kann, wird sich zeigen. Im Kader werden sich einige viel versprechende Namen befinden. Eventuell gehört mit Paul Agostino vom TSV 1860 München auch ein Bundesligaprofi dazu.

Im Tor gilt **Mark Schwarzer**, einst auch in der Bundesliga aktiv, als zuverlässiger Rückhalt. Vor allem aber im Mittelfeld verfügt Australien über einige gute Fußballer. Tim Cahill, Brett Emerton, Harry Kewell und Josip Skoko stehen stellvertretend hierfür. Und Stürmer Mark Viduka ist auch kein Schlechter. Sorgen hingegen bereitet die Defensive. Den etwas hüftsteifen Abwehrrecken mangelt es besonders an Schnelligkeit.

Die Spieler stehen zum Großteil immerhin bei europäischen Klubs unter Vertrag und können daher auf einen nicht zu unterschätzenden Erfahrungsschatz bauen. Dies erscheint besonders wichtig, da der Nationalmannschaft Pflichtspiele gegen hochkarätige Gegner fehlen. In Ozeanien selbst ist das Team einfach zu selten gefordert.

Die Australier werden Asiaten

Australien wird Fußball zukünftig wider aller geographischer Klassifizierung unter dem Dach der Asiatischen Fußball-Konföderation (AFC) spielen. Mit Genehmigung des Weltfußballverbandes FIFA verlässt Australien die Ozeanische Fußball-Konföderation (OFC) und soll bereits 2006 in die Qualifikation für die nächste Asienmeisterschaft einsteigen.

Hauptgrund für die Flucht aus Ozeanien jedoch ist die bessere Chance, sich für die Weltmeisterschaften zu qualifizieren. Während Asien momentan über vier fixe WM-Plätze verfügt, muss der Sieger der Ozeanien-Qualifikation stets noch Relegationsspiele austragen. Zuletzt unterlagen die Australier vor der WM 1998 dem Iran und vor der WM 2002 Uruguay.

Umso kurioser erscheint es nun, dass die Mannschaft aus »Down Under« kurz nach Bekannt werden dieses Wechsels eben jene Relegationshürde gegen Uruguay genommen hat und sich für die WM 2006 qualifizieren konnte.

Teil IV

Fußball kompakt

The 5th Wave By Rich Tennant

In diesem Teil ...

Wie der Titel schon sagt, geht es hier recht kompakt zu. Vor allem in Sachen Fußballregeln soll für Aufklärung gesorgt werden – und zwar, ohne zu langweilen. Daher erfolgt eine Beschränkung auf die wichtigsten Dinge, die Ihnen dann in einer leichtverdaulichen Form präsentiert werden. Eines kann ich an dieser Stelle vorab versprechen: Selbst Fußball-Fans und Experten werden hier das ein oder andere Aha-Erlebnis haben.

Sollte Ihnen das trockene Regelwerk trotz aller Bemühungen um Auflockerung schwer im Magen liegen, sorgt Kapitel 15 umgehend für Entspannung. In unterhaltsamer Form werden Ihnen hier Taktiken und die Psychologie des Fußballs nähergebracht. Dabei geht es nicht immer bierernst zu.

Die wichtigsten Fußballregeln

14

In diesem Kapitel

- Grundlegende Dinge zu Spielfeld und Ball
- Die beteiligten Personen
- Zum Verlauf des Spiels
- Doch damit nicht genug

Das aktuelle Regelwerk umfasst mittlerweile mehrere Dutzend Seiten. Es befand sich in den vergangenen Jahren in ständiger Verfeinerung und Weiterentwicklung – mit dem Ziel, ein populäres Spiel noch interessanter zu gestalten. Ob das unbedingt nötig ist, darüber lässt sich streiten. Oft genug ging der Schuss auch nach hinten los. Jüngstes Beispiel: die Veränderung der Abseitsregel. Diskussionen wird es immer geben. Gerade das ist es ja, was den Fußball unter anderem ausmacht.

Das Vorhandensein von Regeln zur Durchführung der Spiele ist sicherlich nötig. Von A wie Abseits bis Z wie Zeichensprache des Schiedsrichters – alles wird dabei ausführlichst beschrieben. Selbst die Kleiderordnung der Aktiven oder das Verhalten von Trainern oder Betreuern wird inzwischen reglementiert.

Grundsätzliches

Die Geburtsstunde der modernen Regeln lässt sich auf das Jahr 1863 datieren. Lange Zeit gestaltete es sich schwierig, die unterschiedlichsten Ansichten unter einen Hut zu bekommen. Viele Versuche scheiterten. An der Universität Cambridge jedoch verfolgte man das Ziel schon seit 1848 unbeirrt. Schließlich konnte doch Einigung erzielt werden, insbesondere auch durch eine klare Abgrenzung vom Rugby. Die sogenannten »Cambridge-Regeln« bilden die Grundlage der heute bekannten Regeln. Diese sollen hier natürlich nicht in voller Pracht dargelegt werden. Nur bei den entscheidenden Dingen, die für das Verständnis des Spiels von Bedeutung sind, besteht selbstverständlich Erklärungsbedarf.

Ohne jemandem zu nahe treten zu wollen, sollen an dieser Stelle zunächst mal ein paar ganz grundlegende Dinge genannt werden. Beim Fußball treten zwei Mannschaften à elf Spielern gegeneinander an mit dem Ziel, den Ball im gegnerischen Tor unterzubringen. Wie der Name schon sagt, wird die Kugel vorrangig mit dem Fuß bewegt. Jedoch sind auch Berührungen mit anderen Körperteilen erlaubt. Den zehn

Feldspielern eines Teams ist einzig das Spielen des Balls mit Händen oder Armen untersagt. Für den Torhüter der Mannschaft gibt es in dieser Richtung überhaupt keine Restriktionen, er darf auch die Hände einsetzen, zumindest im Strafraum.

Um mit Heinz Erhardt zu sprechen:

»Vierundvierzig Beine rasen durch die Gegend ohne Ziel,
und weil sie so rasen müssen, nennt man das ein Rasenspiel.
Rechts und links steh'n zwei Gestelle, je ein Spieler steht davor.
Hält den Ball er, ist ein Held er, hält er nicht, schreit man: ›Du Tooor!‹
Fußball spielt man meistens immer mit der unteren Figur.
Mit dem Kopf, obwohl's erlaubt ist, spielt man ihn ganz selten nur.«

Wie kommt das Muster in den Rasen?

Dem aufmerksamen Betrachter eines Fußballspiels, sei es im Stadion oder am Fernsehschirm, wird natürlich der grüne Rasen und dessen Muster ins Auge stechen. Dies können simple Streifen oder vielleicht ein Schachbrettmuster sein. Da stellt sich die Frage: Wie entsteht ein solches Muster?

Eigentlich handelt es sich dabei lediglich um einen Nebeneffekt, der beim Mähen der »Spielwiese« auftritt. Zur Pflege solch hochwertiger Rasenflächen werden Spindelmäher genutzt. Deren Stütz- und Antriebsrollen wirken wie eine Walze und drücken die Gräser alle in eine Richtung. Entgegen der Fahrtrichtung eröffnet sich dem Betrachter nunmehr der Blick auf die Grasnarbe – der Rasen erscheint dunkler, während von der anderen Seite auf die niedergedrückten Grashalme geschaut wird, was einen helleren Eindruck erweckt.

Je nach Geschick kann der Fahrer des Rasenmähers die unterschiedlichsten Muster erzeugen. Ein Schachbrettmuster bedeutet natürlich doppelte Arbeit. Die Spielfläche muss schließlich längs und auch quer bearbeitet werden. Doch ein guter Platzwart kennt noch andere Tricks. Für feinere Muster wird dann schon mal umweltverträgliche Farbe eingesetzt.

Ach, ist der Rasen schön grün

Der klassische Untergrund für ein Fußballspiel ist ohne Frage Rasen. Auf höchstem Niveau wird fast ausschließlich auf Naturrasen gespielt. Gerade in den modernen Stadien jedoch hat es dieser oft schwer. Fehlende Sonneneinstrahlung erschwert das Wachstum. Seit dem 01. Juli 2004 erlaubt die FIFA daher die Verwendung von Kunstrasen. Der präsentiert sich natürlich viel pflegeleichter, ist bei den meisten Fußballprofis aber weniger beliebt. Es gibt in Europa mittlerweile einige Erstligisten, die ihre Spiele auf künstlichem Untergrund austragen. So wurde dieser Bodenbelag im Stadion Salzburg, im Polman-Stadion von Heracles Almelo in den Niederlanden oder im East End Park von Dunfermline Athletic in Schottland verlegt.

Der Rasen muss selbstverständlich noch markiert werden. Zunächst gilt es, ein rechtwinkliges Spielfeld zu kennzeichnen. Die Abmessungen für internationale Spiele dürfen sich im Bereich von 100 bis 110 Metern Länge bzw. 64 bis 75 Metern Breite bewegen. Die längeren Linien werden Seitenlinien genannt, die kürzeren heißen Torlinien

Die Mittellinie teilt das Spielfeld in zwei Hälften. Exakt in der Mitte wird der Anstoßpunkt platziert. Mit einem Radius von 9,15 m um ihn herum ist der Mittelkreis zu ziehen.

Wieso gerade 9,15 m?

In England, wo die Regeln ihren Ursprung haben, sind noch heute ganz andere Maßeinheiten geläufig. So werden Längenangaben in Yards gemacht. Ein Yard entspricht 0,9144 m. Somit lässt sich rückschließen, dass 9,15 m genau 10 Yards entsprechen. Eben diesen Abstand zum ruhenden Ball müssen gegnerische Spieler bei der Ausführung von Frei-, An- und Eckstößen einhalten.

Im allgemeinen Fußballersprachgebrauch hat es sich verfestigt, den Torraum auch Fünfmeterraum oder den Strafraum Sechzehnmeterraum zu nennen. Die Linie für den Torraum wird jedoch in sechs Yards Entfernung zur Torlinie kenntlich gemacht. Das sind also knapp 5,50 m. Dasselbe Maß wird von den Innenkanten der Torpfosten aus in Richtung Seitenlinien genommen, um den Torraum auch seitlich zu begrenzen. Ähnlich verhält es sich mit dem Sechzehnmeterraum, der in Wahrheit 16,50 m misst.

Den Strafraum ziert mittig, genau zwölf Yards, also elf Meter, vom Tor entfernt, der Strafstoßpunkt. Von diesem aus wird außerhalb des Strafraums ein Teilkreis mit einem Radius von 9,15 m gezogen.

An den vier Eckfahnen, die mindestens 1,50 m hoch sein müssen, haben den Rasen Viertelkreise mit einem Radius von einem Meter zu zieren, aus denen die Eckstöße auszuführen sind.

Alle Linien dürfen maximal zwölf Zentimeter breit sein, und sie gehören zu den Räumen, die sie begrenzen.

Der Ball ist rund

Das Anforderungsprofil, welches ein Ball zu erfüllen hat, umfasst fünf Punkte.

- ✔ Selbst die Form wird im Reglement nicht unbeachtet gelassen. Als eine der wichtigsten Eigenschaften muss das Spielgerät erstaunlicherweise Kugelförmigkeit mitbringen. Wer hätte denn so was vermutet?!?
- ✔ In der Frage des Materials gibt es Spielraum, zumindest *geeignet* sollte es sein. Das klassische Leder wurde mittlerweile von Kunststoffen abgelöst. Die Sportartikelhersteller entwickeln die Technologien ständig weiter, verbessern die Flugeigenschaften und vermindern die Wasseraufnahme bei Regen.
- ✔ Somit verändert sich das Gewicht des Balls während des Spiels nicht mehr entscheidend. Zu Beginn sind 410 bis 450 Gramm vorgeschrieben.
- ✔ Der Umfang muss zwischen 68 und 70 Zentimetern liegen.
- ✔ Auch zum Druck gibt es Vorschriften. So soll der Ball mit 0,6 bis 1,1 Atmosphären aufgepumpt sein.

Der Ball hat ohne Frage eine entscheidende Bedeutung in dieser Sportart. Ohne ihn geht nichts. Und im Spiel dreht sich alles nur um ihn. In Fußballerkreisen gibt es einige alternative Bezeichnungen für das Spielgerät: Leder, Kugel oder eine Kombination aus beiden Begriffen, eine Lederkugel. Dem technischen Fortschritt angepasst, ist auch der Ausdruck Kunststoffkugel geläufig. Ebenfalls als sehr beliebt gilt der Terminus Pille.

Ein Spiel dauert 90 Minuten und manchmal auch länger

Vor Beginn der Partie erfolgt die Seitenwahl. Der Referee wirft eine Münze. Der hierbei erfolgreiche Kapitän darf das Tor wählen, welches seine Mannschaft in der ersten Halbzeit verteidigt. Das andere Team wird dann den Anstoß ausführen. Der Zeitrahmen eines Fußballspiels ist klar definiert. Es gibt zwei Halbzeiten à 45 Minuten, unterbrochen durch eine Pause von 15 Minuten, auch Seitenwechsel genannt.

Die dramatischsten Momente des Fußballs jedoch gibt es immer wieder dann, wenn die 90 Minuten eigentlich vorüber sind. In der Nachspielzeit sind schon viele entscheidende Tore gefallen. Ihre Dauer liegt im Ermessen des Schiedsrichters. Er entscheidet aufgrund der zuvor aufgetretenen Spielunterbrechungen, wie lange er nachspielen lässt.

»Je länger das Spiel dauert, desto weniger Zeit bleibt.« - Marcel Reif, Fußballkommentator im deutschen Fernsehen.

Vor allem bei Weltmeisterschaften gibt es einen weiteren Grund für eine Verlängerung der Spielzeit. Es handelt sich um K.-o.-Spiele – Spiele also, in denen unter allen Umständen ein Sieger ermittelt werden muss. Steht es nach 90 Minuten unentschieden, folgt eine Verlängerung von zweimal 15 Minuten. In der Summe ergibt sich also eine maximal mögliche offizielle Spielzeit von 120 Minuten. Nicht eingerechnet ist hier das letzte Mittel der Entscheidungsfindung – das Elfmeterschießen.

Wie funktioniert das Elfmeterschießen?

Wurde nach zwei Stunden effektiver Spielzeit noch immer kein Sieger gefunden, dann kommt es zum Elfmeterschießen. Zunächst wird vom Schiedsrichter per Los bestimmt, vor welchem Tor der finale Showdown stattfindet und welche Mannschaft beginnt. Dann bestimmen die Trainer jeweils fünf Schützen. Dabei darf nur aus jenen elf Akteuren gewählt werden, die zum Ende der Verlängerung auf dem Rasen standen.

Geschossen wird abwechselnd, im Tor steht immer der Torwart des Gegners. Sollte nach den je fünf Versuchen noch immer Gleichstand herrschen, schickt jede Mannschaft solange einen weiteren Spieler zum Elfmeterpunkt, bis eine Entscheidung gefallen ist.

Elf Freunde sollt ihr sein

Die Protagonisten des Fußballs: Bei einem Spiel stehen sich zwei Mannschaften gegenüber, bestehend aus jeweils elf Spielern. Die Spielfähigkeit eines Teams erfordert zumindest sieben Akteure.

Doch nicht nur die ersten Elf sind wichtig, schließlich gehören insgesamt 23 Spieler zum WM-Kader eines jeden Teams. Gerade während eines langen Turniers kommt auch die Zeit für die Spieler auf der Bank. In Pflichtspielen dürfen pro Mannschaft maximal drei Spielerwechsel vorgenommen werden.

Dass die Akteure entsprechend gekleidet auf dem Spielfeld zu erscheinen haben, versteht sich eigentlich von selbst. Natürlich gibt es auch hier penible Vorschriften, die bei der Unterscheidung der Mannschaften, Torhüter und Schiedsrichter helfen sollen. Das Tragen von Schienbeinschützern und Schuhen steht ebenso in der Vorschrift. Es ist beispielsweise verboten, barfuß zu spielen.

Eines der sensationellsten Spiele der WM-Geschichte fand am 05. Juni 1938 in Strasbourg statt. In einem Achtelfinalspiel besiegte Brasilien Polen mit 6:5 nach Verlängerung. Vierfacher Torschütze für die Südamerikaner war dabei Leônidas. Eines seiner Tore hat er, der Legende nach, barfuß erzielt.

Das Runde muss in das Eckige

Das simple Ziel des Spiels ist es, den Ball im Tor des Gegners unterzubringen. Wer die meisten Tore erzielt, der gewinnt. Auf diese Formel lässt sich das Ganze reduzieren. Auch daher bezieht der Fußball seinen Ruf, ein relativ einfaches Spiel zu sein.

Der Teufel jedoch steckt im Detail. Ein Tor ist es nur, wenn der Ball die Linie zwischen dem Torgestänge vollständig überquert hat. Und selbst dann hat auch das Schiedsrichtergespann noch ein Wörtchen mitzureden. Wie oft wurde ein Tor nicht gegeben, obwohl der Ball drin war – oder umgekehrt! Berühmtestes Bespiel hierfür ist wohl das »Wembley-Tor«.

Das »Wembley-Tor«

London, 30. Juli 1966: Im Wembley-Stadion lief das WM-Endspiel zwischen England und Deutschland. Nach 90 Spielminuten stand es 2:2. Früh war die deutsche Mannschaft durch Helmut Haller in Führung gegangen. Die Antwort der Gastgeber folgte postwendend, nur gut fünf Minuten später erzielte Geoff Hurst den Ausgleich. Dann wurde es dramatisch. In der 78. Spielminute brachte Martin Peters die Engländer wieder in Front. Doch in der turbulenten Schlussphase gelang Wolfgang Weber noch das 2:2.

Es gab also Verlängerung. In dieser waren elf Minuten gespielt, als Geoff Hurst einen Ball an die Latte des deutschen Toren jagte. Die Kugel sprang von der Unterkante zurück in Spielfeld. Die Engländer jubelten schon mal prophylaktisch, die Deutschen sahen dies natürlich ganz anders. Zunächst schien es, als wollte Schiedsrichter Gottfried Dienst das Spiel weiterlaufen lassen. Doch sein sowjetischer Kollege Tofik Bachramow an der Linie war offensichtlich anderer Meinung. Nach Rücksprache mit ihm entschied der Schweizer Unparteiische auf Tor für England – 3:2.

Bis heute ist dieser Treffer das wohl umstrittenste Tor der Fußballgeschichte. Auch 40 Jahren danach diskutieren vor allem die Fans beider Lager über diese Situation. Mit allerlei technischen Hilfsmitteln wurde seither immer wieder versucht, dem Geschehen von damals auf den Grund zu gehen. Die entsprechend optimierten Bilder lassen den Schluss zu, dass der Ball die Linie tatsächlich nicht überschritten hatte. Davon wollen die Engländer selbstverständlich nichts wissen. Aber egal welche Erkenntnisse auch in Zukunft noch gewonnen werden, die Entscheidung des Referees steht. Das 3:2, heute weltweit als »Wembley-Tor« bekannt, brachte die Engländer auf die Siegerstraße.

Der Rest ist schnell erzählt. Die Deutschen warfen nun alles nach vorn und entblößten ihre Abwehr. Bei einem Konter hatte Geoff Hurst leichtes Spiel, sein drittes Tor in dieser Partie zu erzielen.

Nicht nur unter Fußballfans entzündet sich Streit bei solch brisanten Vorfällen. Auch die Funktionäre der FIFA zerbrechen sich den Kopf, wie diese strittigen Situationen zu klären sind. Bei der Weltmeisterschaft der unter 17-Jährigen im Herbst 2005 in Peru wurde daher der Einsatz des »Chip-Balls«, auch »Smart-Ball« genannt, getestet. Ein 15 Millimeter kleiner Chip im Inneren des Balls sendet bei der Überquerung von Tor- bzw. Seitenauslinien ein (Ton-)Signal, welches über am Spielfeldrand installierte Antennen an ein Empfangsgerät am Handgelenk des Schiedsrichters gesendet wird. Der Vorgang dauert maximal eine Sekunde. Ist sich der Referee in einer Situation unschlüssig, kann diese Technik das Treffen einer richtigen Entscheidung unterstützen.

Als Befürworter des »Chip-Balls« gilt FIFA-Präsident Joseph Blatter: »Wir werden die Technologie bei der WM in Deutschland nutzen, wenn in Peru alles reibungslos abläuft.« Das letzte Wort jedoch wird das FIFA International Board haben. Einzig diese oberste Regelinstanz im Weltfußball kann über Änderungen der Spielregeln befinden. Sie tagt im Frühjahr 2006 und wird dann über einen Einsatz bei der WM 2006 entscheiden.

Hattrick?

Ein Hattrick ist der Traum eines jeden Stürmers. Drei Tore in einem Spiel zu schießen, mehr kann man von einem Angreifer kaum verlangen. Während diese Voraussetzung beispielsweise den Amerikanern genügt, um den Begriff Hattrick anzuwenden, sind die Anforderungen in unseren Breiten deutlich höher. Der Spieler muss die Tore nicht nur in einer Halbzeit, sondern auch in ununterbrochener Folge schießen. Weder ein anderer Akteur der eigenen Mannschaft noch die gegnerische Seite darf währenddessen zum Torerfolg kommen. Dieses seltene Vorkommnis wird dann gern auch lupenreiner Hattrick genannt, was natürlich ein Pleonasmus wie »weißer Schimmel« ist.

Wie immer in derartigen Streitfällen gibt es auch die gegensätzliche Meinung. In diesem Fall sind das die Anhänger des ursprünglichen Fußballs, die Regeländerungen grundsätzlich weniger aufgeschlossen gegenüber stehen. Zu ihnen zählt u.a. Franz

Beckenbauer, der trotz der bitteren Erfahrungen von 1966, wo er als Spieler auf dem Platz unmittelbar beteiligt war, von einem Teil der Faszination Fußball spricht, die sich aus solch einem umstrittenen Sachverhalt ergibt: »Und wenn ich heute nach London fliege, werde ich immer noch garantiert auf das Wembley-Tor angesprochen.«

Von Interesse dürfte in diesem Zusammenhang noch die Größe des Tores sein. Die Trefferfläche erstreckt sich zwischen den Innenkanten der beiden Pfosten und von der Lattenunterkante bis zum Boden. In der Breite bieten sich somit 7,32 m und in der Höhe 2,44 m Platz. Die unrunden Angaben lassen sich wiederum auf die britischen Maßeinheiten zurückführen, wo die Breite mit acht Yards und die Höhe mit acht Fuß angegeben sind. Die Torstangen selbst, heute meist rund, sollten maximal 12 cm stark sein.

Da ist doch was »Foul«

Auch die Verhaltensregeln im Rahmen eines Fußballspiels sind deutlich definiert. Die Schiedsrichter entbindet dies jedoch nicht von der Aufgabe zu erkennen, wann etwas »Foul« ist und wann nicht. Erschwerend kommt hinzu, dass die Spieler nahezu jede Berührung mit dem Gegner dazu nutzen, sich fallen zu lassen. Dies stellt ein ziemliches Problem dar, denn Fußball ist kein körperloses Spiel. Ein gewisser Körpereinsatz ist sehr wohl erlaubt. Nur der übertriebene Gebrauch von Händen und Beinen beispielsweise wird geahndet.

Treten, Schlagen, Bein stellen bzw. der Versuch dessen ist in diesem Sinne strafbar. Auch Stossen, Rempeln und Halten sind nicht zulässig. Sicherlich ließen sich noch einige Verben finden, doch sollte der Sachverhalt diesbezüglich ausreichend beschrieben sein.

Was ist ein Tackling?

Das Tackling ist ein Angriff auf den ballführenden Spieler mit dem Ziel, ihm den Ball abzunehmen. Eine besondere Form ist das Sliding-Tackling. Hier rutscht der Abwehrspieler am Boden mit dem Fuß voran zum Ball. Die Schwierigkeit dabei ist, klar den Ball zu spielen. Verfehlt der Verteidiger die Kugel und trifft ausschließlich den Gegenspieler, wird der Schiedsrichter unweigerlich Foul pfeifen. Landläufig nennt man dieses Vorgehen auch die »Grätsche« und besonders in den unteren Fußballligen gibt es auch noch die Variante der so genannten »Blutgrätsche«. Der Begriff ist eigentlich selbsterklärend.

Unabsichtliche Fouls können ebenso geahndet werden. Ein Foul passiert schließlich meist im Kampf um den Ball. Ebenfalls nicht erlaubt ist das Handspiel, ausgenommen ist der Torhüter in seinem Strafraum.

Nach einem dieser Vergehen unterbricht der Schiedsrichter die Partie. Je nach Schwere der Tat erfolgt eine persönliche Strafe in Form einer Gelben oder Roten Karte. Die Fortsetzung des Spiels geschieht mittels Freistoß oder Elfmeter, sofern die Aktion im Strafraum geschah.

Die Karten und ihre Folgen

- ✔ Die **Gelbe Karte** kann auch als Verwarnung bezeichnet werden. Sie zieht keine unmittelbaren Folgen nach sich. Dennoch werden diese Karten bei den verschiedenen Wettbewerben, so auch bei der WM, über den Turnierverlauf zusammengezählt. Hat ein Spieler eine bestimmte Zahl an Gelben Karten gesammelt, bei der Weltmeisterschaft sind es zwei, muss er eine Partie aussetzen.
- ✔ Zwei Gelbe Karten in einem Spiel ziehen dagegen umgehend Konsequenzen nach sich. Der Sünder bekommt nach der zweiten sofort Rot zu sehen. Daher wird diese Sanktion **Gelb-Rote Karte** genannt. Geläufig ist auch der Begriff Ampelkarte. Der Spieler wird des Feldes verwiesen und seine Mannschaft muss die Partie in Unterzahl fortsetzen. Der Betroffene büßt für sein Handeln persönlich auch im nächsten Spiel, wo er nicht mitwirken darf.
- ✔ Besonders grobe Regelverstöße können auch direkt den Spielausschluss zur Folge haben. Dann zeigt der Schiedsrichter gleich die **Rote Karte**. Je nach Schwere der Tat muss der Spieler mit einer Sperre für kommende Spiele rechnen.

Grundsätzlich soll jedes unsportliche Verhalten unterbunden und Verstöße gegen die Spielregeln geahndet werden. Hierzu zählen auch wiederholte Spielverzögerungen, Spucken, Beleidigungen und Tätlichkeiten gegen Schiedsrichter, Gegen- und Mitspieler. Selbst das Ausziehen des Trikots beim Torjubel gilt mittlerweile als Verfehlung und wird mit einer Gelben Karte bestraft.

Die Aufzählung der Missetaten erhebt keinen Anspruch auf Vollständigkeit. Dennoch sollte deutlich geworden sein, wie sich ein Fußballspieler regelgerecht zu verhalten hat.

Sie haben die Augen (fast) überall

Den schwersten Job auf dem Fußballplatz hat mit Sicherheit das Schiedsrichtergespann. Wenn ein Spieler einen Fehler macht, ist der Ball beim Gegner. Wenn der Torhüter patzt, gibt es vielleicht ein Tor. Aber wenn der Referee falsch entscheidet, dann ist das Geschrei groß. Im Medienzeitalter, wo Fußballspiele von Dutzenden Kameras beobachtet werden, wo Zeitlupen und Standbilder jede Spielszene bis ins Detail zerlegen, bleibt kein Fehler unbemerkt. Insbesondere die Abseitsentscheidungen werden immer wieder diskutiert. Dabei geht es häufig nur um Millimeter, in realem Tempo vom menschlichen Auge ohnehin nicht zu erfassen. Die Schiedsrichter entscheiden oft nur intuitiv, profitieren einzig von jahrelanger Erfahrung. Von den Unparteiischen wird immer wieder Verständnis für ihre heikle Mission eingefordert. Nur selten wird dieses aufgebracht.

So ein Schiedsrichter, das muss schon ein besonderer Schlag Mensch sein. Dafür ist nicht jeder geeignet. Und nicht jeder will sich dies überhaupt antun. Ein »dickes Fell« ist eine der Voraussetzungen. Ein Schiedsrichter bekommt so einiges zu hören. Druckreif ist das wenigste davon. Dabei sollte doch eines klar sein: Ohne den Unparteiischen und seine Assistenten an den Linien geht es nicht.

Übrigens gibt es den Ausspruch »Der Schiedsrichter ist Luft«. Dies ist keinesfalls negativ gemeint. Hiermit soll lediglich die Situation erklärt werden, wenn einer der Unparteiischen angeschossen, also vom Ball berührt wird. So lange sich die Kugel innerhalb des Spielfeldes befindet, wird die Partie fortgeführt.

Was ist ein Schiedsrichterball?

Es gibt Gründe für Spielunterbrechungen, die im Regelwerk nicht oder gesondert angesprochen werden – äußere Einflüsse, ein luftloser Ball, ein beschädigtes Tor. Nach der Lösung derartiger Probleme wird das Spiel mittels Schiedsrichterball an der Stelle fortgesetzt, wo sich die Kugel zum Zeitpunkt der Unterbrechung befand. Der Referee lässt nun den Ball aus der Hand fallen. Sobald dieser den Boden berührt, ist das Spiel wieder freigegeben.

Abseits – was is'n das?

Das Abseits ruft wohl die häufigsten Diskussionen im Fußball überhaupt hervor. Annähernd genauso oft wurde versucht, die Regel einem Laien verständlich zu machen. Nicht selten scheiterten diese Versuche kläglich. Liegt das an den untauglichen Mitteln der Erklärenden? Oder sind die Unwissenden tatsächlich so unbedarft? Letzteres sicher nicht. Es kommt ganz einfach auf die Art der Beschreibung an. Ob an dieser Stelle die ideale Lösung gelingt – der Weisheit letzter Schluss?

Man könnte es sich natürlich einfach machen und auf die Worte von Franz Beckenbauer zurückgreifen: »Abseits ist, wenn der Schiedsrichter pfeift.« Doch ganz so hilfreich ist diese Definition wahrlich nicht.

Eine Abseitsposition der angreifenden Mannschaft kann nur in der gegnerischen Hälfte entstehen. Der entscheidende Augenblick bei der Beurteilung der Situation ist immer der Zeitpunkt, wenn der Ball den Fuß des Passgebers verlässt. In genau diesem Moment muss die Lage eingeschätzt werden. Befindet sich der potentielle Ballempfänger näher an der gegnerischen Torlinie als der Ball und der vorletzte Spieler des Gegners, dann liegt eine Abseitsstellung vor. In diesem Zusammenhang gilt es zu erwähnen, dass der letzte gegnerische Spieler zumeist der Torhüter ist, was aber nicht zwingend der Fall sein muss.

Nicht jede vorliegende Abseitsposition wird von den Unparteiischen geahndet. Wenn der betreffende Spieler nicht ins Spiel eingreift bzw. keinen Einfluss nimmt, keinen Gegner behindert und keinen Vorteil aus der Situation zieht, dann muss das Spiel nicht unterbrochen werden. Dieses Szenario wird passives Abseits genannt. Des Weiteren liegt keine Abseitsstellung vor, wenn der Ball direkt von einem Einwurf, Eckball oder Torabstoß kommt.

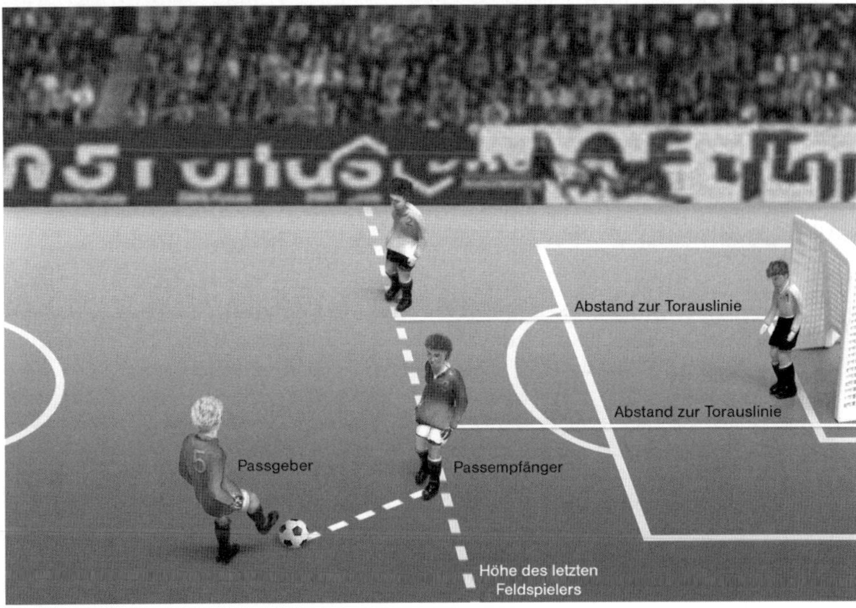

Abbildung 14.1: Kein Abseits, weil ein Abwehrspieler näher zur Torlinie steht als der Passempfänger

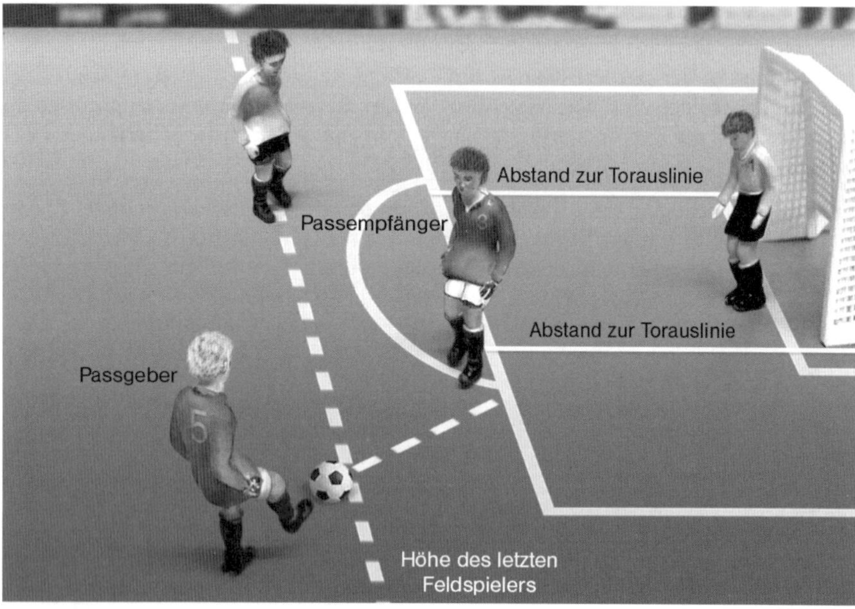

Abbildung 14.2: Abseits, der Passempfänger steht näher zur Torlinie als der Abwehrspieler

Wissenschaftlich ist ja längst erwiesen, dass das menschliche Auge und das Gehirn bei der Beurteilung von Abseitsstellungen schlicht überfordert sind. Zu komplex stellen sich die jeweiligen Spielsituationen dar.

In einer Studie kam der spanische Mediziner Francisco Belda Maruenda zu dem Schluss, dass ein Unparteiischer fähig sein müsste, »mindestens fünf Objekte zur selben Zeit in seinem Blickfeld zu verfolgen: zwei Spieler der angreifenden Mannschaft, die hintersten beiden Spieler der verteidigenden Mannschaft und den Ball«. Darüber hinaus müsste er auch deren Position zueinander erfassen, was besonders dadurch erschwert wird, da sich Abwehrspieler und Stürmer mit bis zu 14 Metern pro Sekunde relativ aufeinander zu bewegen können.

Zudem befinden sich die Objekte in unterschiedlicher Entfernung vom Auge des Schiedsrichters bzw. des Schiedsrichterassistenten. Es braucht also Zeit für die Akkommodation, das »Scharfstellen« des Auges. Des Weiteren spielt sich das Geschehen auf einer Fläche von einer Größe zwischen 3.200 und 4.125 Quadratmetern ab, die es zu überblicken gilt.

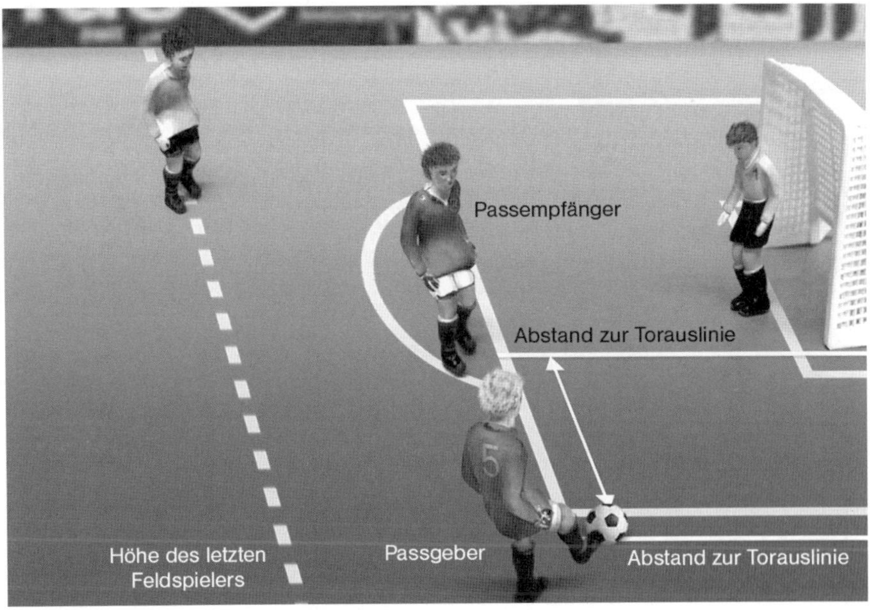

Abbildung 14.3: Kein Abseits, weil der Ball nicht nach vorne gespielt wird

Wer gewinnt denn?

Die Tore sind das »Salz in der Suppe«. Sie entscheiden über Sieg oder Niederlage und rufen daher die größten Emotionen hervor. Menschen mit Offensivgeist behaupten, es gewinnt die Mannschaft, die mindestens ein Tor mehr schießt. Die vorsichtigen Zeitgenossen meinen eher, Sieger ist das Team, das weniger Treffer kassiert.

Nach dem Schlusspfiff zählt einzig das Ergebnis. Der Verlauf des Spiels gerät schnell in Vergessenheit. Keiner Mannschaft ist geholfen, wenn sie schön oder überlegen spielt. Erzielt der Gegner das eine Tor mehr, war all das nur brotlose Kunst.

»Verlieren ist wie gewinnen – nur umgekehrt.« – Marc-Kevin Goellner, ehemaliger deutscher Tennisspieler.

Strategien, um das Turnier zu gewinnen

15

In diesem Kapitel

- Losglück
- Understatement
- Selbstvertrauen
- Fußballerische Klasse

Viele Wege führen zum Weltmeistertitel. Jeder Trainer geht mit der Überzeugung an die Sache, dass genau sein Kurs der richtige ist. Dabei gilt es selbstverständlich, die unterschiedlichen Ausgangssituationen zu beachten. Nicht jede Mannschaft bringt dieselben Voraussetzungen mit.

»Wenn jeder Spieler zehn Prozent von seinem Ego an das Team abgibt, haben wir einen Spieler mehr auf dem Feld.« – Hans-Hubert »Berti« Vogts, ehemaliger Bundestrainer.

Hoffen auf die Auslosung

Das Losglück hat in vielen Sportarten eine nicht unerhebliche Bedeutung. Wer rein fußballerisch nicht zur absoluten Spitze gehört, muss versuchen, andere wichtige Faktoren in den Mittelpunkt zu stellen, und daraus seine Stärke beziehen. Das Glück ist sicher nicht der einzige Umstand. Und ausschließlich auf »Fortuna« zu setzen, wird auf Dauer nicht gut gehen. Jedoch hilft sie schwächeren Mannschaften, im Turnierverlauf weiter zu kommen.

Bestes Beispiel hierfür ist die deutsche Mannschaft bei der WM 2002. Auf dem Weg ins Finale musste man sich, abgesehen vom damaligen Afrikameister Kamerun in der Vorrunde, nicht mit den richtig großen Namen messen. Im Achtelfinale Paraguay, im Viertelfinale die USA und im Halbfinale Südkorea – so hießen die Gegner. Erst im Endspiel gab es dann einen ganz dicken Brocken – Brasilien. Und trotz starker Leistung, die Mannschaft präsentierte sich erheblich besser als in manchem Spiel zuvor, unterlag man den Südamerikanern mit 0:2.

Dennoch wird deutlich, wie entscheidend die Auslosung sein kann. Heißt der Rivale zum Beispiel schon im Achtelfinale Brasilien, dann könnte das Turnier recht früh zu Ende sein.

Die Konkurrenz in Sicherheit wiegen

Auf diese Strategie wird, gewollt oder nicht, recht häufig zurückgegriffen. Das Phänomen zeigt sich im Vorfeld eines WM-Turniers. Wenn es in den wenigen verbleibenden Freundschaftsspielen darum geht, für den letzten Schliff zu sorgen, dann offenbaren hoch gehandelte Mannschaften nicht immer ihr ganzes Potenzial. Die eigenen Stärken, die aktuelle Form, einstudierte Spielzüge und taktische Feinheiten sollen verborgen bleiben. Die versammelte Gegnerschaft soll sich in Sicherheit wiegen und eventuell überheblich oder leichtsinnig werden.

Trick 17 mit Selbstzerstörung

Gern angewandt wird diese Taktik auch von der deutschen Mannschaft. Sollten sich also unmittelbar vor der WM keine positiven Ergebnisse einstellen, dann keine Angst – das ist beabsichtigt. Damit versuchen Fußballspieler gern das Anspruchsdenken mit aller Macht auf ein Minimum zu reduzieren. Nicht dass noch jemand auf die Idee kommt, bei der WM im eigenen Land auch nur irgendetwas von der deutschen Mannschaft zu erwarten. Es soll ja im Ausland immer noch Fachleute geben, die Deutschland entweder aus Anstand oder gar aus Überzeugung zumindest zum erweiterten Favoritenkreis zählen. Diese gilt es, möglichst noch im Vorfeld zu widerlegen. Erst dann kann man völlig unbelastet und von allen unterschätzt ins Turnier starten, um die besten Mannschaften der Welt aufzumischen.

Zu dumm nur, dass vereinzelt auch andere Nationen schon zu denselben taktischen Mitteln gegriffen haben. Allerdings wird es Niederländern, Brasilianern oder Argentiniern nicht vollends gelingen, ihre in der jüngeren Vergangenheit nachgewiesene fußballerische Klasse zu leugnen – Vorteil für Deutschland.

Somit geht das deutsche Team sicherlich bestens vorbereitet ins WM-Turnier. Vor allem die anderen Nationen, denen diese brillante und innovative Taktik vollkommen fremd ist, werden sich gehörig wundern, wenn die DFB-Elf am Ende wieder im Finale steht.

Selbstbewusstsein demonstrieren

Wer von den eigenen Fähigkeiten absolut überzeugt ist, hat schon einmal ein großes Plus auf seiner Seite. Natürlich setzt dies ein gewisses Maß an fußballerischer Klasse voraus. Doch schließlich verfügt jeder Spieler, der diesen Sport auf höchstem Niveau betreibt, über entsprechende Fertigkeiten, die ihn für die Aufgabe befähigen. Anspannung im Wettkampf, öffentlicher Druck und Versagensangst jedoch können hinderlich bei der Umsetzung des vorhandenen Potenzials sein. Mit unerschütterlichem Selbstvertrauen allerdings wird der Einfluss dieser Faktoren minimiert. Ballbehandlung, Passspiel und Torabschluss gelingen dann wie im Training tausendfach geübt. Die Spieler strahlen totale Sicherheit aus bei dem, was sie tun.

Selbst wenn nur einige Akteure einer Mannschaft über dieses Selbstbewusstsein verfügen, so hat das eine enorme Auswirkung auf die Mitspieler. Diese können sich an den Kollegen orientieren, sich mitziehen lassen und auf diesem Weg eigenes Selbstvertrauen aufbauen.

Doch auch der Einfluss auf die gegnerische Mannschaft ist nicht zu unterschätzen. Treten die Spieler bereits vor Beginn der Partie mit uneingeschränkter Siegesgewissheit auf, lässt sich so mancher Kontrahent verunsichern. Dabei jedoch kann Selbstbewusstsein leicht in Arroganz umschlagen. Überheblichkeit schafft keine Freunde und baut vielmehr den Gegner auf. Von sich überzeugt zu sein und auf der anderen Seite arrogant zu wirken, ist kleiner, aber feiner Unterschied. Hier bewegt man sich auf einem schmalen Grat.

»Bei einem Fußballspiel verkompliziert sich allerdings alles durch die Anwesenheit der gegnerischen Mannschaft.« – Jean-Paul Sartre, Schriftsteller und Philosoph.

Oder einfach die beste Mannschaft sein

Die Mannschaft Brasiliens fand in diesem Kapitel bereits Erwähnung. Und es überrascht nicht, dass sie auch unter dieser Überschrift eine Rolle spielt. Wenn es darum geht, wer das WM-Turnier gewinnt, dann könnte man schlicht sagen, die beste Mannschaft wird Weltmeister. Diese These bezieht ihre Einfachheit aus der Logik. Doch so simpel ist es nicht. Dann wäre Deutschland 1954 nicht Weltmeister geworden, Brasilien könnte nicht nur auf fünf sondern vielleicht auf zehn WM-Titel verweisen, und selbst die Niederländer würden dann möglicherweise zum erlauchten Kreis der Fußballweltmeister zählen.

Technik und Taktik

Die **Technik** im Fußball beschreibt die Fertigkeiten im Umgang mit dem Ball. Von der Ballannahme über die Ballführung bis zum Passspiel und Torschuss – die Gewandtheit des Spielers in dieser Hinsicht verdeutlicht sein technisches Potenzial.

Annähernd genauso wichtig ist das taktische Verständnis. Hierbei geht es um das Erfassen von Spielsituationen und das entsprechend richtige Handeln. Ausgehend von der **Taktik** des Trainers hat jeder Spieler spezielle Aufgaben zu erfüllen. Ein elementarer Unterschied besteht beispielsweise zwischen den Abwehrspielern und den Offensivkräften. Außerordentliche Bedeutung im modernen Fußball hat zudem die taktische Flexibilität der Spieler – die Fähigkeit also, ein breites Spektrum an verschiedensten Aufgaben erfüllen zu können.

Häufig wurden die vielen Faktoren angesprochen, die Einfluss auf ein Fußballspiel und dessen Verlauf haben. Wenn am Ende aber tatsächlich die Mannschaft ganz oben steht, die auch optisch den besten und schönsten Fußball geboten hat, dann sollten alle Freunde des Fußballs zufrieden sein. Das könnte auch darüber hinwegtrösten, dass die eigene Mannschaft mit ihrer gewählten Marschrichtung nicht zum Erfolg gekommen ist.

Andere große Turniere

16

In diesem Kapitel

- Kontinentale Titelkämpfe
- Weitere Turniere
- Frauenfußball

Unbestritten sind die Weltmeisterschaften, die alle vier Jahre stattfinden, die absoluten Höhepunkte im Fußball. Selbst über die Sportart hinaus gelten die Turniere als die größten Ereignisse nach oder gar neben den Olympischen Spielen.

Welche anderen Wettbewerbe gibt es auf der Welt? Wo können sich die Nationalmannschaften außerdem miteinander messen?

Alle Meister von Afrika bis Ozeanien

Auf allen Erdteilen sucht man in regelmäßigen Abständen den kontinentalen Meister. Dass dabei die Grenzen der Kontinente mitunter verwischen, werden die folgenden Zeilen verdeutlichen.

Europameisterschaften

Den EM-Turnieren, seit einigen Jahren kurz EURO genannt, sprechen die Fußballexperten mittlerweile einen sehr hohen Stellenwert zu. Hatte 1960 noch alles relativ klein angefangen, so sind die Endrunden heute mit ihren 16 teilnehmenden Mannschaften bereits nahe am WM-Niveau. Auf dem Kontinent genießen die Europameisterschaften, die ebenfalls im Vierjahresrhythmus stattfinden, mittlerweile fast die gleiche Akzeptanz und Beachtung wie die Welttitelkämpfe.

Aufgrund der Leistungsdichte und des hohen Niveaus im europäischen Fußball sind nicht wenige der Auffassung, dass es schwieriger ist, Europameister zu werden als Weltmeister. Ganz lässt sich diese These sicher nicht von der Hand weisen. Dennoch gilt der WM-Titel nach wie vor als das höchste Ziel.

Amtierender Europameister ist Griechenland. Der deutsche Trainer Otto Rehhagel hatte die Hellenen, als absolute Außenseiter angetreten, 2004 sensationell zum Titel geführt. Im Finale von Lissabon konnten sich die Griechen mit 1:0 gegen Gastgeber

Portugal durchsetzen. Die Mannschaft von Rekordeuropameister Deutschland war bereits früh gescheitert.

»Mal verliert man, mal gewinnen die anderen.« – Otto Rehhagel, 67-Jähriges Trainerurgestein.

Der nächste Champion auf dem europäischen Kontinent wird 2008 praktisch direkt vor unserer Haustür ermittelt. Das Turnier werden Österreich und die Schweiz gemeinsam ausrichten. Im Dezember 2002 fiel die Entscheidung zu Gunsten der beiden Alpenländer. Damit bietet sich natürlich erneut die Möglichkeit, bei einem Fußballgroßereignis live dabei zu sein.

Copa América

Analog zu den Europameisterschaften gibt es auch auf den anderen Kontinenten entsprechende Veranstaltungen. In Südamerika wird diese Copa América genannt. Aufgrund der übersichtlichen Anzahl von lediglich zehn nationalen Fußballverbänden lädt man sich gern Gaststarter ein. So ist Mexiko seit Jahren ein fester Bestandteil des Turniers. Jüngste Bestrebungen gehen sogar soweit, eine europäische Mannschaft zum Turnier zuzulassen.

Dominiert werden die Südamerikameisterschaften nicht nur von den großen Zwei – Brasilien und Rekordtitelträger Argentinien. Auch Uruguay triumphierte genauso wie Argentinien bereits 14 Mal. Zuletzt hatten die Brasilianer das bessere Ende. Bei der Copa América 2004 in Peru setzten sie sich im Finale gegen Argentinien durch. Das nächste Turnier wird 2007 in Venezuela stattfinden.

Gold Cup

Im Verantwortungsbereich des CONCACAF, des Kontinentalverbandes von Nord-, Mittelamerika und der Karibik, sind Gaststarter ebenfalls sehr willkommen. Während die Südamerikaner mittlerweile schon Stammgäste sind, war im Jahr 2005 erstmals ein Team aus Afrika dabei. Auf diese Weise versucht man, das Niveau der Veranstaltung zu heben.

Im letztjährigen Endspiel des Gold Cup waren dann aber doch die Teams der einheimischen Konföderation unter sich. Die Auswahl von Gastgeber USA gewann im Elfmeterschießen gegen Panama. Zur Titelverteidigung werden die US-Boys 2007 in einem noch zu bestimmenden Ausrichterland antreten.

African Nations Cup

Auch die Afrikameisterschaft hat einen festen Platz im Terminkalender des Weltfußballs. Auf dem »schwarzen Kontinent« misst man die Kräfte ebenfalls alle zwei Jahre. Tunesien gewann den Titel 2004 vor eigenem Publikum. Im Januar 2006 soll in Ägypten ein Nachfolger gefunden werden.

Asian Nations Cup

In Asien gilt momentan Japan als Nummer eins. Die Mannschaft setzte sich 2004 im Finale der letzten Asienmeisterschaft gegen Gastgeber China mit 3:1 durch und verteidigte ihren Titel aus dem Jahr 2000. Bereits 2007 kommt es zur nächsten Auflage des Asian Nations Cup. Gleich vier Länder werden dieses Turnier gemeinsam ausrichten – Indonesien, Malaysia, Thailand und Vietnam.

Oceanian Nations Cup

Die kontinentale Meisterschaft Ozeaniens machen Australien und Neuseeland alle zwei Jahre nahezu unter sich aus. Die Mannschaften der vielen kleinen Inselstaaten haben gegen die übermächtige Konkurrenz kaum eine Chance. Zuletzt war Australien 2004 erfolgreich. Damals, wie auch in der gerade zurückliegenden WM-Qualifikation, konnte eine Mannschaft immerhin in die Phalanx der Großen einbrechen. Doch in den beiden Finalspielen hatte das Team der Salomonen gegen die Australier keine Chance, unterlag mit 1:5 und 0:6.

Konföderationen-Pokal

Seit geraumer Zeit versucht die FIFA, ihren Confederations Cup nach vorn zu bringen. Dabei handelt es sich um ein Turnier, das mittlerweile in jedem ungeraden Jahr stattfindet. Eine Besonderheit ist, dass im Jahr vor einer Weltmeisterschaft der jeweilige WM-Gastgeber die Möglichkeit erhält, seine Qualitäten als Ausrichter eines Turniers unter Beweis zu stellen. Im Jahr 2005 war dies also Deutschland.

Teilnahmeberechtigt am Konföderationen-Pokal sind die amtierenden Meister aller Kontinente, der Weltmeister und der Turniergastgeber. Die letzte Ausgabe fand in Deutschland große Resonanz. Das Fernsehen berichtete allumfassend. Und die Stadien waren sehr gut besucht. Auch die Mannschaft des Gastgebers wusste zu überzeugen und belegte am Ende den dritten Platz. Den Titel holte sich Weltmeister Brasilien durch einen klaren 4:1-Sieg im Finale gegen Argentinien.

Fußball bei Olympia

Bei den Olympischen Spielen sind im Männerbereich leider nicht die besten Spieler dabei. Um die Weltmeisterschaften nicht abzuwerten, sind lediglich sogenannte Olympiaauswahlmannschaften zugelassen, die im Großen und Ganzen Nachwuchsteams darstellen. Die Spieler dürfen maximal 23 Jahre alt sein. Einziges Zugeständnis der FIFA: eine begrenzte Anzahl von drei Akteuren, die älter sind.

Der Olympiasieg gilt daher als weit weniger wertvoll. Dennoch setzte sich 2004 in Athen mit Argentinien eine der großen Fußballnationen durch. Die deutschen Herren hatten sich gar nicht qualifiziert.

Frauenfußball auf dem Vormarsch

Ganz anders stellt sich die Situation bei den Damen dar. Hier spielen auch bei Olympia die besten Fußballerinnen. Somit lässt sich die Goldmedaille durchaus mit dem Weltmeistertitel gleichsetzen. Olympiasieger in Athen wurde die USA. Deutschland holte Bronze.

Ein weiterer Unterschied ist, dass die deutschen Frauen absolute Weltspitze verkörpern. Sie sind das, was ihre männlichen Kollegen im Lande 2006 werden wollen – Weltmeister. Den Titel sicherten sie sich 2003 in den USA. Darüber hinaus scheinen die deutschen Damen den Europameistertitel abonniert zu haben. In Serie, zuletzt 2005, räumen sie hier die Trophäen ab. Phasenweise drohten die erfolgreichen Frauen den schwächelnden Herren der Schöpfung den Rang abzulaufen. Die Euphorie gipfelte 2003 in der Schlagzeile »Wir sind Weltmeisterin!«.

Die Länderspiele in Deutschland werden seit Jahren gut besucht. Man weiß, dass die Mannschaft guten Fußball bietet. Doch die Frauen-Bundesliga hinkt ihrem männlichen Pendant noch immer um Lichtjahre hinterher.

Teil V

Der Top-Ten-Teil

»Okay, welcher Agent hat denn dem Torwart erzählt er soll ein Trampolin benutzen?«

In diesem Teil ...

Der bekannten *Dummies*-Tradition folgend, halten die nächsten Seiten einige ergänzende Informationen in geballter Form bereit. Mundgerecht präsentiert in Zehnerpacks wird selbstverständlich auch Ihr hoffentlich sonniges Gemüt bedient.

Zunächst werden Sie über zehn Höhepunkte aus der WM-Geschichte seit 1930 informiert. Überrascht werden Sie jetzt vielleicht feststellen, dass dieses Turnier auf eine mehr als 75-jährige Geschichte zurückblicken kann.

Wenn Sie nun weiterblättern, werden Sie auf die zehn, meiner Meinung nach, besten Fußball-Weisheiten stoßen. Die dann folgenden möglichen Superstars sollten Sie bitte nicht genau nachzählen. Es sind nämlich deren zwölf. Bitte behalten Sie das für sich.

Besonders empfehlen möchte ich auch das Kapitel 20, das Ihnen helfen soll, sich gefahrlos auf dem Fußball-Parkett zu bewegen. Mit den besten Internetadressen zum Thema finden Sie weiterführende Informationen und sind dann ideal versorgt.

Zehn dramatische Momente der WM-Geschichte

17

In diesem Kapitel

- Die dramatischsten Entscheidungen
- Was neben dem Platz geschah
- Sieger-Verlierer, Verruchte
- Tore, Jubel, Tränen

Ob Jahrhundertspiel, das schönste Tor überhaupt oder der genialste Fußballer aller Zeiten – in 17 WM-Turnieren gab es eine Menge zu bestaunen. Einige herausragende Begebenheiten werden im Folgenden geschildert. Dabei handelt es sich nicht immer um die Endspiele oder die allseits bekannten Momente. Das WM-Finale 1966 beispielsweise und noch einiges mehr tauchen nicht hier, sondern an anderer Stelle im Buch auf.

1930

Im Finale der ersten Fußball-Weltmeisterschaft waren die Südamerikaner noch unter sich – Gastgeber Uruguay gegen Argentinien. Lange Zeit sahen die »Gauchos« wie die Sieger aus, führten zur Pause 2:1. Doch die »Urus« drehten die Partie mit drei Toren in der zweiten Halbzeit und gewannen am Ende 4:2. Die anschließenden Feierlichkeiten in Montevideo waren in der Tat weltmeisterlich. Mehrere Tage und Nächte tanzten die Menschen auf Straßen und Plätzen. In Uruguay schien man sich also schon damals der besonderen Tragweite dieses Ereignisses bewusst zu sein.

1938

Marseille, 16. Juni 1938 – Die Hose rutscht ...

An besagtem Tag fand im Stade Vélodrom in Marseille das WM-Halbfinale zwischen Italien und Brasilien statt. Der Weltmeister Italien war gerade vier Minuten zuvor durch ein Tor von Gino Colaussi mit 1:0 in Führung gegangen, da bekam die Mannschaft nach etwa einer Stunde Spielzeit vom Schweizer Schiedsrichter Hans Wüthrich einen Elfmeter zugesprochen – eindeutig eine Angelegenheit für den Kapitän.

Doch Giuseppe Meazza hatte ein Problem. Seine Hose rutschte, weil der Gummi im Bund gerissen war. Für den 27-Jährigen stellte dies jedoch keinen Grund dar, sich seiner Verantwortung zu entziehen. Unbeirrt schritt er zur Tat. Die linke Hand immer am Hosenbund, legte er sich den Ball zurecht und verwandelte souverän – 2:0. Am Ende siegten die Italiener mit 2:1, zogen erneut ins WM-Finale ein und wurden Weltmeister.

1954

Das »Wunder von Bern« ist wohl mittlerweile jedem Deutschen, ob Fußballanhänger oder nicht, ein Begriff. Vermutlich hat auch jeder schon einmal die entscheidenden Minuten der legendären Radioübertragung von Herbert Zimmermann gehört: »Sechs Minuten noch im Wankdorf-Stadion in Bern. Keiner wankt. Der Regen prasselt unaufhörlich hernieder. Bozsik, immer wieder Bozsik, der rechte Läufer der Ungarn – am Ball. Er hat den Ball verloren diesmal gegen Schäfer. Schäfer nach innen geflankt, Kopfball – abgewehrt. Aus dem Hintergrund müsste Rahn schießen, Rahn schießt – Tooor, Tooor, Tooor. Tor für Deutschland!« Unzählige Male gehört, gibt es noch immer Gänsehaut.

Das glorreiche Ende hat Zimmermann so gesehen: »Aus! Aus! Aus! Aus! Das Spiel ist aus! Deutschland ist Weltmeister! Schlägt Ungarn mit 3:2 Toren im Finale in Bern!«

»Alle Tore, die ich je erzielt habe, würde ich herschenken für das eine, das ich zu wenig erzielt habe – 1954 in Bern.« – Ferenc Puskás, ehemaliger Torjäger der ungarischen Nationalmannschaft, über das verlorene WM-Finale von 1954.

1962

Dramatisch ging es auch bei der WM 1962 in Chile zu. Doch das Gruppenspiel zwischen der Mannschaft des Gastgebers und der Auswahl Italiens zählt eher zu den dunklen Kapiteln der WM-Geschichte. Als »Schlacht von Santiago« ging diese Partie in die Annalen ein. Bereits nach acht Spielminuten verwies Schiedsrichter Kenneth Aston aus England Giorgio Ferrini des Feldes. Dem kam der Italiener zunächst nicht nach, es kam zu minutenlangen Tumulten auf dem Platz.

In ihrem rustikalen Vorgehen schenkten sich beide Teams nichts. Auch die Chilenen trugen ihr Scherflein dazu bei. So sah sich Italiens Umberto Maschio einer klassischen Linken ausgesetzt und ging mit einem Nasenbeinbruch zu Boden. Die Tat von Leonel Sánchez blieb ungesühnt, zumindest von Seiten des Schiedsrichters. Für Vergeltung sorgten die Italiener selbst. Mario David erledigte das, kassierte dafür jedoch einen Platzverweis. Mit nur noch neun Mann verlor Italien das Spiel 0:2.

1970

Eines der denkwürdigsten Spiele der WM-Geschichte gab es am 17. Juni 1970 in Mexiko-Stadt. Im Aztekenstadion standen sich Italien und Deutschland gegenüber – Halbfinale. Bereits in der Anfangsphase geriet die DFB-Auswahl in Rückstand. Alle Bemühungen zum Ausgleich blieben erfolglos. Erst in der zweiten Minute der Nachspielzeit gelang Karl-Heinz Schnellinger der 1:1-Ausgleich und rettete die deutsche Mannschaft in die Verlängerung.

Bundestrainer Helmut Schön hatte sein Auswechselkontingent bereits erschöpft. Trotz einer Schulterverletzung musste Franz Beckenbauer, den Arm nur notdürftig fixiert mit einer Schlinge, bis zum Ende durchhalten. Zunächst ging die DFB-Elf durch Gerd Müller in Führung. Tarcisio Burgnich glich für die Italiener aus, die dann ihrerseits durch Luigi Riva vorlegten. Dann war erneut Müller zur Stelle – 3:3. Den Siegtreffer für Italien markierte letztlich Gianni Rivera.

1974

Der Titelgewinn bei der WM im eigenen Land wurde vielleicht erst durch das deutsch-deutsche Duell möglich. Am 22. Juni 1974 unterlag die DFB-Auswahl im Hamburger Volksparkstadion überraschend gegen die Mannschaft der DDR mit 0:1. Den historischen Treffer markierte Jürgen Sparwasser.

»Wenn man auf meinen Grabstein eines Tages nur ›Hamburg '74‹ schreibt, weiß jeder, wer da drunter liegt.« – Jürgen Sparwasser, ehemaliger DDR-Nationalspieler.

Während die Staatsführung in der DDR das Spiel als Kampf der politischen Systeme empfand und den Erfolg als Sieg des Sozialismus feierte, rappelte es im Team der Westdeutschen gewaltig. Wie sich später herausstellen sollte, war die Pleite von Hamburg ein Warnschuss zur rechten Zeit. Das DFB-Team schwang sich fortan zu besseren Leistungen auf – bis zum ganz großen Triumph.

1978

Córdoba 1978 ist vor allem den Fußballfreunden in Österreich ein Begriff. Aus unerfindlichen Gründen siegten die »Ösis« gegen die »Piefkes« mit 3:2. Noch heute werden sie in der Alpenrepublik ganz »narrisch«, wenn sie an die Geschehnisse jenes 21. Juni zurückdenken. Sportlich nützte der Erfolg den Österreichern nichts mehr, aber immerhin nahmen sie nun die Deutschen gleich mit auf die Heimreise. Das machte diesen Sieg so süß. Und gegen Deutschland gewinnt Österreich auch nicht alle Tage. Zuvor war das ganze 46 Jahre nicht der Fall.

1982

Auch bei der WM 1982 in Spanien war die deutsche Mannschaft an einem legendären Halbfinale beteiligt. Diesmal hieß der Gegner Frankreich. Nach 90 Minuten hatte es auch hier 1:1 gestanden – Pierre Littbarski und Michel Platini waren die Torschützen. Das Spiel in Sevilla hatte alles: ein brutales Foul von Torhüter Harald »Toni« Schumacher an Frankreichs Patrick Battiston. Dann verweigerte der Schiedsrichter einem Tor der Deutschen wegen Abseits die Anerkennung. In der Verlängerung schien alles zu Gunsten der Franzosen zu laufen. Sie führten bereits mit 3:1. Karl-Heinz Rummenigge und Klaus Fischer mit einem sensationellen Fallrückzieher sorgten aber doch noch für den Ausgleich. Im Elfmeterschießen hatten die Deutschen dann die besseren Nerven und siegten mit 5:4.

1986

Diego Armando Maradona steht als Synonym für die WM 1986 in Mexiko. Argentiniens Kapitän war die prägende Figur des Turniers – positiv wie auch negativ. Beide Seiten offenbarten sich im Viertelfinale gegen England. Zum 2:1-Sieg Argentiniens steuerte Maradona beide Tore bei. Eines erzielte er irregulär, vom Schiedsrichter unbemerkt, mit der Hand. Anschließend sprach er von der »Hand Gottes«. Der andere Treffer gilt bis heute als eines der schönsten Tore überhaupt. Bei seinem phantastischen Solo über den halben Platz ließ Maradona zahlreiche Engländer aussteigen und ließ abschließend auch der Torhüterlegende Peter Shilton keine Chance.

1990

Bei der WM 1990 in Italien gehörten die Sympathien der Mannschaft Kameruns. Star des Teams war der damals 38-Jährige Roger Milla. Die »unzähmbaren Löwen« drangen bis ins Viertelfinale vor. Dort standen ihnen die Engländer gegenüber. Erneut begeisterten die Afrikaner mit wunderbarem Fußball, ließen sich auch durch den frühen Rückstand nicht beirren und waren insgesamt die bessere Mannschaft.

Zur zweiten Halbzeit wurde Altmeister Milla eingewechselt. Durch seinen Einsatz schien sich das Blatt zu Gunsten der Kameruner zu wenden. Ein an ihm verursachter Elfmeter führte zum Ausgleich. Kurz darauf gingen die Afrikaner sogar in Führung. Kamerun zauberte und begeisterte, dass es eine Freude war, stand am Ende aber mit leeren Händen da. Erst retteten sich die Engländer durch einen verwandelten Foulelfmeter von Gary Lineker in die Verlängerung, wo derselbe Spieler erneut mit einem Strafstoß für die Entscheidung sorgte.

Zehn Fußballweisheiten

18

In diesem Kapitel

- Zehn herausragenden Ansichten in Sachen Fußball

Fußball ist Volkssport. Jeder, der sich dafür interessiert, hat auch eine eigene Meinung und tut diese zumeist auch kund, sei es am Stammtisch oder in den Medien. Hier äußern sich in erster Linie direkt involvierte Personen zum Thema: Spieler, Trainer, Funktionäre, Journalisten.

Oft fördert das belanglose Statements zutage, die so oder in ähnlicher Form wieder und wieder zu hören sind. Manchmal aber kann es, gewollt oder ungewollt, auch lustig werden, wenn beispielsweise ein Fußballer direkt nach dem Spiel in ein Mikrofon spricht. Doch wirklich kluge Aussagen zu grundlegenden Dingen dieses Sports gibt es höchst selten. Es sind dies Sprüche, teils gar mit philosophischen Ansätzen oder zumindest vor jeder Menge Lebenserfahrung strotzend, die das Zeug zur Fußballweisheit haben.

Die zehn herausragenden Ansichten in Sachen Fußball sind nachfolgend aufgeführt. Recht oft vertreten ist dabei Josef »Sepp« Herberger, der als Urvater der Fußballweisheit gilt.

»Der Ball ist rund.«

Elementare Aussage von Josef »Sepp« Herberger.

»Das Runde muss ins Eckige.«

Das Ziel beim Fußball auf den Punkt gebracht von Helmut Schulte.

»Ein Spiel dauert 90 Minuten.«

Josef »Sepp« Herberger zeigte hiermit erneut, wie regelfest er war.

»Entscheidend ist auf'm Platz.«

Bis heute hat diese These von Alfred »Adi« Preißler nichts an Aktualität verloren. Gerade im Medienzeitalter haben Spieler und Trainer an vielen Fronten zu kämpfen. Der Fußball selbst wird aber immer noch auf dem grünen Rasen gespielt.

»Elf Freunde müsst ihr sein«

Diese Aussage stammt nicht, wie oft behauptet, von Herberger. Vielmehr hat ein gewisser Richard Girulatis diesen Satz bereits 1920 in seinem Buch »Fußball – Theorie, Technik, Taktik« geprägt.

»Der Star ist die Mannschaft.«

Hans-Hubert »Berti« Vogts brachte mit diesem Satz zum Ausdruck, dass nur das Funktionieren der Mannschaft im Ganzen der Schlüssel zum Erfolg ist.

»Wenn Du nicht weißt wohin mit dem Ball, schieß ihn ins Tor.«

Von dieser simplen Fußball-Weisheit ließ sich nicht mehr ergründen, wer sie ursprünglich prägte.

»Abseits ist, wenn der Schiedsrichter pfeift.«

Franz Beckenbauer hat erkannt, wer das Sagen auf dem Fußballplatz hat. Die Pfeife des Schiedsrichters hat das Wort. Der Satz könnte somit auch heißen: »Tor ist, wenn der Schiedsrichter pfeift.«

»Nach dem Spiel ist vor dem Spiel.«

Schon einem Josef »Sepp« Herberger war bewusst, dass der Blick unmittelbar nach einem Spiel, ob es nun gewonnen oder verloren wurde, bereits auf die nächste Partie gerichtet werden sollte. Der prall gefüllte Terminkalender, sei es im Vereinsfußball oder bei der WM, bringt häufig Spiele im Abstand von nur wenigen Tagen.

»Der nächste Gegner ist immer der schwerste.«

Dieser Satz von Josef »Sepp« Herberger geht in eine ganz ähnliche Richtung wie »Nach dem Spiel ist vor dem Spiel.« Es geht ganz einfach darum, die Konzentration hoch zu halten und die Sinne für die kommende Aufgabe zu schärfen.

Mehr als zehn mögliche Superstars der WM 2006

19

In diesem Kapitel

- Namen von Spielern, die sich bei der Weltmeisterschaft hervortuen könnten

Fußball ist ein Mannschaftssport. Das Team muss funktionieren, ein Rädchen ins andere greifen. Nur gemeinsam lässt sich ein erfolgreiches Turnier spielen. Doch gerade die Individualisten, die herausragenden Könner am Ball sind es, die häufig den Unterschied ausmachen. Sie sind in der Lage, ein Spiel mit einer genialen Aktion zu entscheiden. Sie haben die technischen Fähigkeiten, um die Fans auf den Rängen zu begeistern.

An dieser Stelle werden in willkürlicher Reihenfolge die Namen von Spielern genannt, die das Zeug haben, der WM 2006 ihren ganz persönlichen Stempel aufzudrücken. Obwohl diese Liste nun schon mehr als zehn Namen umfasst, erhebt sie natürlich keinen Anspruch auf Vollständigkeit. Selbst bei Nennung von 20 weiteren Spielern würde mancher seinen Favoriten noch immer vermissen. Vielmehr stellt diese Zusammenstellung nur eine Auswahl aus einer Vielzahl großartiger Spieler dar, die allesamt WM-Star-tauglich sind.

Adriano Leite Ribeiro

Der brasilianische Stürmer von Inter Mailand bringt die besten Voraussetzungen mit, Topstar der WM 2006 zu werden. Die Mischung aus brasilianischer Ballgewandtheit und unglaublichem Durchsetzungsvermögen macht ihn so wertvoll. Dank seiner großen und wuchtigen Figur ist er also nicht nur am Boden sondern auch im Kopfballspiel stets gefährlich. Mit all diesen Eigenschaften stellt Adriano den momentan wohl komplettesten Angreifer überhaupt dar.

Michael Ballack

Die größten Hoffnungen im Lande des WM-Gastgebers ruhen auf den Schultern von Michael Ballack. Der Mittelfeldspieler vom FC Bayern München ist die zentrale Figur des DFB-Teams. Er ist so ziemlich der einzige Spieler, dessen Ausfall nicht kompensiert werden könnte. Das Spiel der Elf von Jürgen Klinsmann ist insbesondere auf die Tore des Kapitäns angewiesen. Ballack zählt zu den torgefährlichsten Mittelfeldspielern weltweit. Und vor allem beim Kopfball kann ihm kaum einer das Wasser reichen.

Gianluigi Buffon

In Italien baut man auf den großen Rückhalt Gianluigi Buffon. Der Torhüter von Juventus Turin zählt zu den absolut Besten seines Fachs. 2003 und 2004 wurde er jeweils zum »Welttorhüter des Jahres« gewählt. Der teuerste Keeper ist er allemal. Etwa 50 Millionen Euro zahlte »Juve« im Sommer 2001 an den AC Parma.

Didier Drogba

Didier Drogba spielt in der Allstar-Truppe des FC Chelsea London. Allein das sagt schon viel über die Fähigkeiten des ungemein kopfballstarken Stürmers aus. In seiner Heimat ist er daher eine Berühmtheit und in der Nationalmannschaft der Elfenbeinküste die schillerndste Figur.

Thierry Henry

Auch Thierry Henry zählt zu den besten Angreifern der Welt. Extrem schnell, sehr effektiv beim Verwerten von Torchancen und dabei überaus elegant – das sind die Eigenschaften, die den Franzosen auszeichnen. Für seinen Verein, den FC Arsenal London, gilt Henry als eine Art »Lebensversicherung«. Und dem französischen Nationalteam stehen seine Tore ebenfalls gut zu Gesicht.

Ricardo Izecson dos Santos Leite »Kaká«

Der Mittelfeldspieler des AC Mailand verkörpert eine äußerst seltene Mischung. Er vereinigt brasilianische Genialität und die im europäischen Fußball geforderte Effektivität auf sich. Dies macht Kaká so kostbar und ließ ihn bereits mit Anfang 20 zu einem sehr wichtigen Spieler werden – im Verein wie auch in der Auswahl Brasiliens.

Frank Lampard

In der englischen Nationalmannschaft gilt Frank Lampard schon als der heimliche Chef, hat dem eigentlichen Kapitän David Beckham so ein wenig den Rang abgelaufen. Als zentrale Figur bekleidet der Mittelfeldspieler eine ähnliche Rolle wie Michael Ballack bei den Deutschen. Auch Lampard ist dank seiner starken Schusstechnik sehr torgefährlich. Der 27-Jährige spielt beim FC Chelsea London.

Alessandro Nesta

Italien verfügt mit Fabio Cannavaro und Alessandro Nesta über die vielleicht beste Innenverteidigung der Welt. In der heimischen Liga wie auch in der Champions League sehen sie sich regelmäßig absoluten Top-Stürmern gegenüber. Zweifel an der

Klasse eines Alessandro Nesta kommen da nicht auf. Und gerade für einen Abwehrspieler bewegt sich der Mann vom AC Mailand erstaunlich elegant übers Spielfeld. Gepaart mit gutem Aussehen, macht ihn das in Italien zu einem Frauenschwarm.

Ruud van Nistelrooy

Allein der Umstand, dass Roy Makaay, Top-Stürmer des FC Bayern München, in der niederländischen Nationalmannschaft nicht so recht zum Zuge kommt, sagt alles über die Fähigkeiten von Ruud van Nistelrooy aus. »Van The Man« ist mit allen Wassern gewaschen. Bei den meisten Abwehrspielern dieser Welt ist der Mann von Manchester United als einer der unbequemsten Angreifer überhaupt gefürchtet.

Ronaldo de Assis Moreira »Ronaldinho Gaúcho«

Ronaldinho gilt als der momentan wohl beste Fußballer überhaupt, in jedem Fall ist er der spektakulärste. Die Dichte an Tricks ist bei keinem höher. Erstaunlich, wie unglaublich effektiv der Brasilianer dabei agiert. Ihn spielen zu sehen, das macht einfach Spaß. Alles wirkt so leicht und locker. Man sieht ihm die Freude am Fußball förmlich an. Bereits 2004 war Ronaldinho »Weltfußballer des Jahres«. Und sollte sich der Mann vom FC Barcelona nicht schwer verletzen, wird er zu den prägenden Gestalten der WM 2006 zählen.

Andriy Shevchenko

Wer sich in Italiens Serie A durchgesetzt und für den AC Mailand weit über 100 Tore erzielt hat, über dessen Klasse braucht man nicht viel mehr Worte zu verlieren. Andriy Shevchenko gehört zu jenen Stürmern, die über weite Strecken des Spiels unauffällig bleiben. Aber die eine Torchance, die sich ihm irgendwann bietet, die nutzt er dann auch. Diese Effektivität zeichnet den Ukrainer besonders aus und brachte ihm 2004 die Auszeichnung als »Europas Fußballer des Jahres« ein.

Patrick Vieira

Trotz der Rückkehr von Zinedine Zidane gilt Patrick Vieira in Frankreichs Nationalteam als die zentrale Figur. Der 29-Jährige von Juventus Turin ist extrem zweikampfstark und verliert kaum einmal die Übersicht. Vom defensiven Mittelfeld aus zieht er die Fäden und bringt Ordnung ins Spiel seiner Mannschaft.

Zehn Möglichkeiten, für einen Experten gehalten zu werden

20

Fußballexperten gibt es viele. Was wirklich dahintersteckt, ist sehr unterschiedlich. Um jedoch selbst mitreden zu können, wenn es um Fußball geht, empfiehlt es sich, Anschauungsunterricht zu nehmen.

Sie sollten eine kurze und knackige Erklärung für Abseits parat haben.

Für den Fall, dass Sie jemand auf die Probe stellen möchte, müssen Sie zum Thema Abseits natürlich nicht unbedingt eine detaillierte, alles erschöpfende Definition präsentieren. Folgender Satz sollte vollkommen genügen, um den Gesprächspartner zu überzeugen: Ein Spieler steht Abseits, wenn er sich im Moment des Passes näher an der gegnerischen Torlinie befindet als der Ball und der vorletzte Spieler des Gegners. Möchten Sie es doch noch genauer wissen, hilft Ihnen dieses Buch an anderer Stelle weiter.

Werfen Sie bei einer Unterhaltung die Bemerkung ein, dass die »Jenaer Regel« ja noch immer Gültigkeit hat!

Die »Jenaer Regel« stammt aus dem Jahr 1896 und besagt, dass in Deutschland die Fußballfelder frei von Bäumen und Sträuchern sein müssen. Heute, wo es Fußballplätze zuhauf gibt, ist die Regel natürlich etwas überholt. Offiziell abgeschafft aber wurde sie nie.

Mit Spitzfindigkeiten aus dem Regelwerk können Sie selbst Fachleute verblüffen.

Auf den Seiten dieses Buches sollten Sie einige Punkte finden, die selbst den Fußballexperten nicht geläufig sind. Zur Abrundung vielleicht noch dies: Eine Mannschaft bekommt in der Nähe des eigenen Strafraums einen indirekten Freistoß zugesprochen. Der ausführende Akteur möchte den Ball zu seinem Torwart zurückspielen. Der jedoch ist nicht darauf gefasst. Hinzu kommt eine Unebenheit im Rasen. Der Ball verspringt und der Torhüter tritt daneben. Die Kugel rollt ins eigene Tor. Was nun? – Der

Schiedsrichter wird dem Treffer die Anerkennung verweigern und auf Eckball für die andere Mannschaft entscheiden.

Auch fußballhistorisches Wissen kann man sich leicht anlesen und bei passender Gelegenheit zum Besten geben.

Hier trainierte der König noch persönlich. In Rumänien genoss die erste Fußballweltmeisterschaft oberste Priorität. König Karl II. erließ sogar ein Dekret, wonach den Spielern drei Monate Urlaub einzuräumen war bzw. die Wiedereinstellung nach der Rückkehr zu erfolgen hatte. Damit aber nicht genug, betätigte sich Karl II. doch höchstselbst auch noch als Trainer der rumänischen Mannschaft. Nach einem 3:1-Sieg gegen Peru bedeutete die 0:4-Niederlage gegen Gastgeber Uruguay allerdings das Aus nach der Vorrunde.

Das Wissen um Kuriositäten der WM-Geschichte hilft selbstverständlich bestens aus so mancher Verlegenheit.

Da wäre beispielsweise die längste Nachspielzeit der WM-Geschichte: Der französische Schiedsrichter Michel Vautrot ließ im Halbfinalspiel der WM 1990 zwischen Argentinien und Italien in der ersten Halbzeit der Verlängerung sage und schreibe acht Minuten länger spielen. Wie er später zugab, handelte es sich um ein Versehen. Er hatte schlicht vergessen, auf die Uhr zu schauen.

Mit Faktenwissen aus der WM-Historie lässt sich ebenfalls sehr gut überzeugen.

Von Vorteil wäre da beispielsweise, wenn Ihnen die drei schnellsten Tore der WM-Geschichte geläufig sind.

- ✔ Ernst Lehner brauchte 1934 im Spiel um Platz drei 25 Sekunden, um Deutschland gegen Österreich in Führung zu bringen. Endstand 3:2.
- ✔ Deutlich schneller war da schon Václav Mašek, der für die ÐSSR in einem Vorrundenspiel der WM 1962 gegen Mexiko nach 15 Sekunden traf. Dennoch verlor seine Mannschaft am Ende mit 1:3.
- ✔ Der absolut schnellste Torschütze bei einer Weltmeisterschaft war Hakan Şükür. Bei der WM-Endrunde 2002 brachte der Türke seine Mannschaft im Spiel um Platz drei gegen Südkorea nach gerade einmal elf Sekunden auf die Siegerstraße. Die Partie endete 3:2.

Ein reicher Zitatenschatz erweist sich ebenfalls oft als äußerst nützlich.

Auch hierzu finden Sie in vorliegendem Buch reichlich Stoff. Oder Sie versuchen es mit folgender Aussage des ehemaligen Bundestrainers Erich Ribbeck: »Grundsätzlich werde ich versuchen zu erkennen, ob die subjektiv geäußerten Meinungen subjektiv oder objektiv sind. Wenn sie subjektiv sind, werde ich an meinen objektiven festhalten. Wenn sie objektiv sind, werde ich überlegen und vielleicht die objektiven subjektiv geäußerten Meinungen der Spieler mit in meine objektiven einfließen lassen.« Alles klar?

Oder wie wäre es, wenn Sie mit der Entstehungsgeschichte der Fußball-Hymne »You'll Never Walk Alone« aufwarten?

Komponiert 1945 von Richard Rodgers und Oscar Hammerstein II, war das Musikstück Teil des Broadway-Musicals »Carousel«. In den Folgejahren fanden zahlreiche Künstler Gefallen an dem Song. Louis Armstrong, Pink Floyd, Frank Sinatra und Die Toten Hosen, um nur einen Bruchteil zu benennen, sorgten für unzählige Versionen.

Die Verbindung zum Fußball geht auf die 1960er Jahre zurück. Im Stadion an der Anfield Road in Liverpool wurde vor den Spielen regelmäßig u.a. »You'll Never Walk Alone« in einer Interpretation von Gerry & The Pacemakers gespielt. Eines Tages fiel die Soundanlage aus, während genau dieses Lied lief. Das Publikum ließ sich nicht lange bitten. Seither singen die Fans vor jedem Spiel voller Inbrunst diesen Song, der sich auf diesem Weg zur Liverpooler Vereinshymne entwickelte.

Solch eine Gänsehautstimmung wollten natürlich auch andere Klubs in ihren Stadien haben, und so setzte sich das Lied weltweit durch. Und sollte die Rivalität zwischen den Fans zweier gegnerischer Mannschaften auch noch so groß sein, die Gesänge und Schlachtrufe, die man sich gegenseitig an den Kopf wirft, noch so deftig ausfallen, wenn »You'll Never Walk Alone« angestimmt wird, singen sie alle gemeinsam.

Sie sind mit allen Spielern, Trainern und Funktionären per Du.

Waldemar Hartmann, einer der bekanntesten Fußballmoderatoren im deutschen Fernsehen, verfährt nach dieser Methode. Von ihm wird einfach jeder geduzt. Das schafft Vertrautheit und vermittelt den Eindruck großer Fachkenntnis. Auf diese Weise ließen sich eventuelle Wissenslücken kaschieren, was im Falle Hartmann selbstverständlich nicht notwendig ist.

Sie heißen Franz Beckenbauer, Paul Breitner oder Günter Netzer.

In diesem Fall vergessen Sie all die hier aufgeführten Tipps.

Zehn Internetadressen, die den Fußball näher bringen

21

In diesem Kapitel

- Websites zum Thema WM
- Einige Internetadressen allgemeiner Fußballseiten

Das Internet ist ein überaus schnelles Medium. Es bietet darüber hinaus umfangreiche Informationen, gerade natürlich auch zum Thema Fußball. Das einzige Problem ist, sich im Dschungel des World Wide Web entsprechend zu orientieren, die wirklich wichtigen und interessanten Dinge herauszufinden. Hierbei soll der folgende Überblick helfen.

Hier geht's speziell um die WM

- »FUSSBALL-WM-total« ist ein kleines, unabhängiges WM-Portal, welches ich guten Gewissens empfehlen kann, da ich selbst dafür verantwortlich zeichne. Bereits zur WM 2002 mit großem Erfolg am Start, bietet diese Website äußerst umfangreiche Informationen zum Thema. So geballt, dürfte dies einzigartig zumindest im deutschsprachigen Raum sein. Zu finden unter: `http://www.fussball-wm-total.de`.
- Natürlich hat mittlerweile auch die FIFA selbst die Möglichkeiten des Internet erkannt und präsentiert speziell zur Fußball-WM eine eigene Website. Auch hier sind umfangreiche Informationen garantiert – und das in mehreren Sprachen. Siehe dazu: `http://www.fifaworldcup.com`.
- Ganz offiziell kommt die Website des Presse- und Informationsamts der Bundesregierung daher. Wer also ganz besonders viel Wert auf Seriosität legt, sollte mal unter `http://wm2006.deutschland.de` reinschauen.

Zum Fußball allgemein

- Das »kicker Sportmagazin« gilt in Deutschland gemeinhin als die Fußballbibel. Natürlich gibt es zur Zeitschrift auch ein Online-Angebot. Unter `http://www.kicker.de` bietet die Redaktion in sehr schlichtem Design das gewohnte Standardprogramm.

- Schon allein optisch geht es erheblich innovativer zu unter `http://www.offside.de`. Hier findet sich ein kleines unabhängiges Fußball-Portal, welches dennoch einen Großteil der europäischen Ligen mit Spielberichten abdeckt. Hotstorys, Interviews und die Interaktion mit den Usern geben dieser Website ihren besonderen Mehrwert.
- Die etwas andere Fußball-Website. Bei `http://www.blutgraetsche.de` geht es nicht immer so ganz bierernst zu. Humor und Satire werden hier großgeschrieben.
- Wenn Ihr Sohn oder Ihre Tochter selbst dem runden Leder nachjagen möchte, dann sollten Sie der Website `http://www.fussballd21.de` einen Besuch abstatten. Die Bezeichnung steht für »Fußball in Deutschland im 21. Jahrhundert«, auch kurz »fD21« genannt. Dabei handelt es sich um ein Projekt zur Förderung des Nachwuchsfußballs.
- Der Deutsche Fußball-Bund (DFB) kommt mit einer recht soliden Website daher, darf in dieser Aufstellung aber natürlich nicht fehlen. Informationen und Nachrichten zu den diversen Nationalteams, Damen und Nachwuchs inklusive, zu den Bundesligen und zum Amateurfußball gibt es unter `http://www.dfb.de`. Die ganze Bandbreite wird abgedeckt.
- Die Website `http://www.fussball.de` bietet einen Ergebnisdienst bis in die tiefsten Abgründe des Amateurfußballs. Hier bleiben Sie beispielsweise immer auf dem Laufenden, wie Ihr Lieblingsverein in der Heimatstadt oder -gemeinde am Wochenende gespielt hat.
- Natürlich sollen auch an dieser Stelle die Schiedsrichter Berücksichtigung finden. In diesem Buch wird schließlich mehrfach deutlich, dass sie ein unverzichtbarer Teil des Fußballs sind. Weitere Informationen speziell zu diesem Thema finden Sie unter `http://www.schiedsrichter-welt.de`.

Alle Weltmeister seit 1930

A

WM-Turnier	Endspiel	Weltmeister
WM 1930 in Uruguay	Uruguay – Argentinien 4:2	Uruguay
WM 1934 in Italien	Italien – ĐSR 2:1 n. V.	Italien
WM 1938 in Frankreich	Italien – Ungarn 4:2	Italien
WM 1950 in Brasilien	Finalrunde à vier Mannschaften	Uruguay
WM 1954 in der Schweiz	Deutschland – Ungarn 3:2	Deutschland
WM 1958 in Schweden	Brasilien – Schweden 5:2	Brasilien
WM 1962 in Chile	Brasilien – ĐSSR 3:1	Brasilien
WM 1966 in England	England – Deutschland 4:2 n. V.	England
WM 1970 in Mexiko	Brasilien – Italien 4:1	Brasilien
WM 1974 in Deutschland	Deutschland – Niederlande 2:1	Deutschland
WM 1978 in Argentinien	Argentinien – Niederlande 3:1 n. V.	Argentinien
WM 1982 in Spanien	Italien – Deutschland 3:1	Italien
WM 1986 in Mexiko	Argentinien – Deutschland 3:2	Argentinien
WM 1990 in Italien	Deutschland – Argentinien 1:0	Deutschland
WM 1994 in den USA	Brasilien – Italien 3:2 i. E.	Brasilien
WM 1998 in Frankreich	Brasilien – Frankreich 0:3	Frankreich
WM 2002 in Japan und Südkorea	Deutschland – Brasilien 0:2	Brasilien
WM 2006 in Deutschland		

Tabelle A.1: Alle WM-Turniere im Überblick

Alle Torschützenkönige seit 1930

B

WM-Turnier	Torschützenkönig	Tore
1930	Guillermo Stábile (Argentinien)	8
1934	Oldřich Nejedlý (ČSR) Angelo Schiavio (Italien) Edmund Conen (Deutschland)	4
1938	Leônidas da Silva (Brasilien)	8
1950	Ademir Marques de Menezes (Brasilien)	9
1954	Sándor Koscis (Ungarn)	11
1958	Just Fontaine (Frankreich)	13
1962	Manuel Francisco dos Santos Garrincha (Brasilien) Edwaldo Izídio Neto Vavá (Brasilien) Leonel Sánchez (Chile) Drazan Jerković (Jugoslawien) Valentin Ivanov (UdSSR) Flórián Albert (Ungarn)	4
1966	Eusébio da Silva Ferreira (Portugal)	9
1970	Gerd Müller (Deutschland)	10
1974	Grzegorz Lato (Polen)	7
1978	Mario Kempes (Argentinien)	6
1982	Paolo Rossi (Italien)	6
1986	Gary Lineker (England)	6
1990	Salvatore »Toto« Schillaci (Italien)	6
1994	Oleg Salenko (Russland) Hristo Stoitchkov (Bulgarien)	6
1998	Davor Šuker (Kroatien)	6
2002	Ronaldo Luís Nazário de Lima (Brasilien)	8

Tabelle B.1:Die Torschützenkönige der WM-Turniere

Die Rekordspieler seit 1930

C

	Name	Spiele	WM-Turniere
1.	Lothar Matthäus (Deutschland)	25	1982, 1986, 1990, 1994, 1998
2.	Paolo Maldini (Italien)	23	1990, 1994, 1998, 2002
3.	Diego Armando Maradona (Argentinien)	21	1982, 1986, 1990, 1994
	Uwe Seeler (Deutschland)		1958, 1962, 1966, 1970
	Władysław Żmuda (Polen)		1974, 1978, 1982, 1986
6.	Grzegorz Lato (Polen)	20	1974, 1978, 1982
7.	Wolfgang Overath (Deutschland)	19	1966, 1970, 1974
	Karl-Heinz Rummenigge (Deutschland)		1978, 1982, 1986
	Hans-Hubert »Berti« Vogts (Deutschland)		1970, 1974, 1978

Tabelle C.1: Die meisten WM-Spiele

	Name	Tore	WM-Turniere
1.	Gerd Müller (Deutschland)	14	1970, 1974
2.	Just Fontaine (Frankreich)	13	1958
3.	Édson Arantes do Nascimento »Pelé« (Brasilien)	12	1958, 1962, 1966, 1970
	Ronaldo Luíz Nazário de Lima (Brasilien)		1994, 1998, 2002
5.	Sándor Koscis (Ungarn)	11	1954
	Jürgen Klinsmann (Deutschland)		1990, 1994, 1998
7.	Helmut Rahn (Deutschland)	10	1954, 1958
	Gabriel Batistuta (Argentinien)		1994, 1998, 2002
	Gary Lineker (England)		1986, 1990
	Téofilo Cubillas (Peru)		1970, 1978, 1982
	Grzegorz Lato (Polen)		1974, 1978, 1982

Tabelle C.2: Die meisten WM-Tore

Der Spielplan der WM

D

Datum	Paarung	Ergebnis	Spielort
09.06.06	Deutschland - A2	:	München
09.06.06	A3 - A4	:	Gelsenkirchen
10.06.06	B1 - B2	:	Frankfurt
10.06.06	B3 - B4	:	Dortmund
11.06.06	C1 - C2	:	Hamburg
11.06.06	C3 - C4	:	Leipzig
11.06.06	D1 - D2	:	Nürnberg
11.06.06	D3 - D4	:	Köln
12.06.06	E1 - E2	:	Hannover
12.06.06	E3 - E4	:	Gelsenkirchen
12.06.06	F1 - F2	:	Berlin
12.06.06	F3 - F4	:	Kaiserslautern
13.06.06	G1 - G2	:	Stuttgart
13.06.06	G3 - G4	:	Frankfurt
13.06.06	H1 - H2	:	Leipzig
13.06.06	H3 - H4	:	München
14.06.06	Deutschland - A3	:	Dortmund
14.06.06	A4 - A2	:	Hamburg
15.06.06	B1 - B3	:	Nürnberg
15.06.06	B4 - B2	:	Berlin
16.06.06	D1 - D3	:	Hannover
16.06.06	D4 - D2	:	Frankfurt
17.06.06	E1 - E3	:	Kaiserslautern
17.06.06	E4 - E2	:	Köln
18.06.06	F1 - F3	:	München
18.06.06	F4 - F2	:	Nürnberg
18.06.06	G1 - G3	:	Leipzig
19.06.06	G4 - G2	:	Dortmund
19.06.06	H1 - H3	:	Stuttgart
19.06.06	H4 - H2	:	Hamburg
20.06.06	A4 - Deutschland	:	Berlin
20.06.06	A2 - A3	:	Hannover
20.06.06	B2 - B3	:	Kaiserslautern
20.06.06	B4 - B1	:	Köln
21.06.06	C4 - C1	:	Frankfurt
21.06.06	C2 - C3	:	München

Datum	Paarung	Ergebnis	Spielort
21.06.06	D4 - D1	:	Gelsenkirchen
21.06.06	D2 - D3	:	Leipzig
22.06.06	E4 - E1	:	Hamburg
22.06.06	E2 - E3	:	Nürnberg
22.06.06	F4 - F1	:	Dortmund
22.06.06	F2 - F3	:	Stuttgart
23.06.06	G2 - G3	:	Hannover
23.06.06	G4 - G1	:	Köln
23.06.06	H2 - H3	:	Berlin
23.06.06	H4 - H1	:	Kaiserslautern

Achtelfinale

24.06.06	C1 - D2 (III)	:	Leipzig
24.06.06	A1 - B2 (I)	:	München
25.06.06	D1 - C2 (IV)	:	Nürnberg
25.06.06	B1 - A2 (II)	:	Stuttgart
26.06.06	E1 - F2 (V)	:	Kaiserslautern
26.06.06	G1 - H2 (VII)	:	Köln
27.06.06	F1 - E2 (VI)	:	Dortmund
27.06.06	H1 - G2 (VIII)	:	Hannover

Viertelfinale

30.06.06	Sieger I - Sieger III	:	Berlin
30.06.06	Sieger V - Sieger VII	:	Hamburg
01.07.06	Sieger VI - Sieger VIII	:	Frankfurt
01.07.06	Sieger II - Sieger IV	:	Gelsenkirchen

Halbfinale

04.07.06	Sieger A - Sieger C (H1)	:	Dortmund
05.07.06	Sieger B - Sieger D (H2)	:	München

Spiel um Platz 3

08.07.06	Verlierer H1 - Verlierer H2	:	Stuttgart

Finale

09.07.06	Sieger H1 - Sieger H2	:	Berlin

Stichwortverzeichnis

A

B

C

D

E

F

R

S

T

U

V

W

Y

Z